U0369228

新编《管理信息系统》实验指导书

Management
Information System
Experiment
Instruction

吕新民 米天胜 主编

北京大学出版社
PEKING UNIVERSITY PRESS

图书在版编目（CIP）数据

新编《管理信息系统》实验指导书/吕新民，米天胜主编.—北京：北京大学出版社，2019.10

21世纪经济与管理规划教材·工商管理系列

ISBN 978-7-301-30893-6

Ⅰ.①新… Ⅱ.①吕… ②米… Ⅲ.①管理信息系统—高等学校—教学参考资料 Ⅳ.①C931.6

中国版本图书馆 CIP 数据核字（2019）第 233644 号

书　　　　名	新编《管理信息系统》实验指导书
	XIN BIAN《GUANLI XINXI XITONG》SHIYAN ZHIDAOSHU
著作责任者	吕新民　米天胜　主编
责 任 编 辑	周　莹
标 准 书 号	ISBN 978-7-301-30893-6
出 版 发 行	北京大学出版社
地　　　　址	北京市海淀区成府路 205 号　100871
网　　　　址	http://www.pup.cn
微信公众号	北京大学经管书苑（pupembook）
电 子 信 箱	em@pup.cn　QQ：552063295
电　　　　话	邮购部 010-62752015　发行部 010-62750672　编辑部 010-62752926
印 　刷 　者	北京溢漾印刷有限公司
经 销 者	新华书店
	787 毫米×1092 毫米　16 开本　25 印张　573 千字
	2019 年 10 月第 1 版　2019 年 10 月第 1 次印刷
定　　　　价	54.00 元

丛书出版前言

作为一家综合性的大学出版社，北京大学出版社始终坚持为教学科研服务，为人才培养服务。呈现在您面前的这套"21世纪经济与管理规划教材"是由我国经济与管理领域颇具影响力和潜力的专家学者编写而成，力求结合中国实际，反映当前学科发展的前沿水平。

"21世纪经济与管理规划教材"面向各高等院校经济与管理专业的本科生，不仅涵盖了经济与管理类传统课程的教材，还包括根据学科发展不断开发的新兴课程教材；在注重系统性和综合性的同时，注重与研究生教育接轨、与国际接轨，培养学生的综合素质，帮助学生打下扎实的专业基础和掌握最新的学科前沿知识，以满足高等院校培养精英人才的需要。

针对目前国内本科层次教材质量参差不齐、国外教材适用性不强的问题，本系列教材在保持相对一致的风格和体例的基础上，力求吸收国内外同类教材的优点，增加支持先进教学手段和多元化教学方法的内容，如增加课堂讨论素材以适应启发式教学，增加本土化案例及相关知识链接，在增强教材可读性的同时给学生进一步学习提供指引。

为帮助教师取得更好的教学效果，本系列教材以精品课程建设标准严格要求各教材的编写，努力配备丰富、多元的教辅材料，如电子课件、习题答案、案例分析要点等。

为了使本系列教材具有持续的生命力，我们将积极与作者沟通，争取每三年左右对教材进行一次修订。无论您是教师还是学生，您在使用本系列教材的过程中，如果发现任何问题或者有任何意见或建议，欢迎及时与我们联系（发送邮件至 em@pup.cn）。我们会将您的宝贵意见或建议及时反馈给作者，以便修订再版时进一步完善教材内容，更好地满足教师教学和学生学习的需要。

最后，感谢所有参与编写和为我们出谋划策提供帮助的专家学者，以及广大使用本系列教材的师生，希望本系列教材能够为我国高等院校经管专业教育贡献绵薄之力。

北京大学出版社
经济与管理图书事业部

前　　言

管理信息系统作为一门综合性学科,具有较强的理论性、实践性。随着我国企业对信息化人才的强烈需求,作为高等院校管理类专业核心课程之一的管理信息系统课程,只有紧密结合企业的实际需求,增强学生的信息系统实际应用能力,拉近书本知识与实际工作的距离,才能适应高等教育专业人才的培养目标和要求。由此,加强实践环节教学,为学习者提供一套先进、完整、可操作的实验教材,成为我们"管理信息系统"精品课程组共同的目标和任务。

本书分为两部分:模拟实战篇、系统开发篇。通过这两部分的上机实验,使学生更为系统、全面地加深对管理信息系统基础理论和基本知识的理解,让学生一方面掌握管理信息系统在企业经济业务中的实际运用能力,另一方面掌握信息系统分析、设计和实现的基本方法、技能,提高实际参与管理信息系统建设的开发能力。

第一部分实验为模拟实战篇,细分为3个单元,共17章。该部分实验选用了在国内企业中得到了广泛应用,并且为中国最大的企业管理软件供应商——用友软件股份有限公司研发的最新管理软件产品用友 ERP-U8作为实验软件平台,这将使教材更具实用性和适应性,更有利于提升学生的实践能力。本部分实验从 ERP 软件系统集成化、信息共享的特点出发,从用友 ERP-U8(V8.72)在企业的实际应用流程出发,以一个企业单位的经济业务贯穿始终,分别介绍了系统管理、基础档案设置、模块初始化、总账、应收款管理、应付款管理、固定资产管理、采购管理、销售管理、库存管理、存货核算、期末处理、UFO 报表等系统的基本功能、业务流程和操作使用,使学生能系统地、完整地掌握 ERP-U8(V8.72)管理软件在企业中的实际运用,以便在今后的工作中能适应企业信息系统管理软件的实际操作能力需求。

第二部分实验为系统开发篇,共4章。本部分主要以一个简化的企业职工考核评价系统为开发对象,引导学生学会如何进行系统分析、系统设计并最终实现该管理信息系统。本部分实验旨在帮助学生将管理信息系统课程的有关理论知识应用于具体实践,进一步加深学生对管理信息系统的理解,同时也训练和培养学生的实际动手能力。该部分实验涵盖了信息系统开发过程的主要内容与开发方法,以一个企业的"企业职工考核评价系统"为开发对象,介绍了具体的系统分析和系统设计过程,并以Microsoft Access 2010 为开发环境详细给出了该系统实现的全过程。

本书在每部分都分别给出了本部分实验的总体指导思想、实验目的、任务和教学方案建议;在作为各章节重点的实验部分,每个实验都按照实验准备、实验目的和要求、实验内容和资料、实验指导、实验总结等顺序展开,使学生在做实验时心中有数、有的放矢,能按照实验指导步骤顺利地完成实验内容,以达到实验目的。

本书具有结构设计新颖、独具匠心;内容安排全面周到、贴近实际,具有较强的实用性;图文并茂,有助于学生快速掌握等特色。多个实验单元的设置,更能适合不同专业、不同学时的学生的上机实验需求,具有较强的针对性。本书可作为高等院校管理类专业的管理信息系统实验教材使用,也可作为企业管理人员的业务学习资料。

本书由吕新民、米天胜主编。尽管我们做了很大努力,对实验中所涉及的每个实验都做了测试,力求内容的完善与数据的准确,但由于作者本身的局限,缺漏在所难免,诚恳希望读者予以批评指正。

21世纪经济与管理规划教材
工商管理系列

目　录

第二单元　用友 ERP 财务管理系统

第三单元 用友 ERP 供应链管理系统

系统开发篇

21世纪经济与管理规划教材

工商管理系列

模拟实战篇

第一单元　系统管理与基础设置

第1章 用友 ERP-U8 系统应用基础

1.1 ERP 基本概念

ERP 是 Enterprise Resource Planning（企业资源计划）的简称，是 20 世纪 90 年代美国 Gartner Group 咨询公司根据当时计算机信息技术的发展及企业对供应链管理的需求，预测信息时代企业管理信息系统的发展趋势和即将发生的变革而提出的概念。

ERP 是当今国际上最先进的企业管理模式和理念，代表了当前在全球范围内应用最广泛、最有效的一种企业管理方法，这种管理方法通过计算机软件得到体现。

ERP 系统涉及财务、销售、计划、人事、生产等环节，以"供需平衡"为目的、以计划为中心思想，并将各管理职能紧密集成，把客户需求、企业内部的生产经营活动与供应商的资源整合在一起，实现共享，达到最佳的企业运作状态。它为企业决策层提供了解决企业产品成本问题、提高作业效率及资金的运营情况一系列管理工作问题，使之成为能完全按照用户需求进行经营管理的一种全新的行之有效的管理方法。它是一个以管理会计为核心的信息系统，通过识别和规划企业资源，以获取客户订单，完成加工和交付，最后得到客户付款。它是综合客户机和服务体系系统、关系数据库结构、面向对象技术、图形用户界面、第四代语言、网络通信等信息产业成果，以 ERP 为管理思想的软件产品（见图 1-1）。

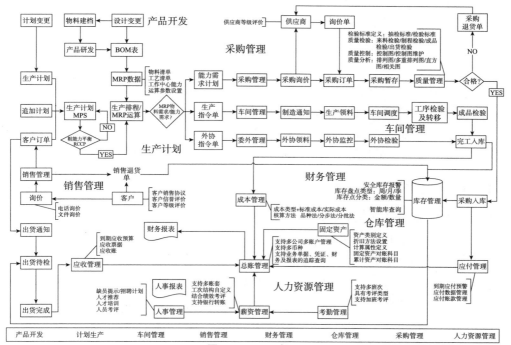

图 1-1　ERP 概况

ERP 将企业内部所有资源整合在一起,对采购、生产、成本、库存、分销、运输、财务、人力资源进行规划,从而达到最佳资源组合,取得最佳效益(见图 1-2)。

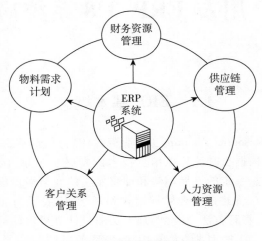

图 1-2　ERP 资源管理思想

ERP 的合理运用可以帮助企业实现内部业务操作合理化,通过系统的计划和控制等功能,结合企业的流程,优化、有效地配置各项资源,同时运用功能丰富的协作/合作技术(Collaborative Technologies)可以帮助企业在跨合作企业群体和贸易伙伴之间提高管理水平,扩展企业竞争空间和提高综合竞争能力。ERP 最为显著的作用是带来直接的经济效益的提高,其次是管理的标准化、规范化,然后是行业竞争力的提高。另外,它还对企业形象改善、管理思维提升、员工积极性的激励方面都有所帮助。

1.2　用友 ERP-U8 简介

用友 ERP-U8 是用友公司为企业快速部署先进的信息化应用系统而向市场交付的一套满足中国企业特色的,成熟、高效、低成本的 ERP 应用架构,以及在此基础上向企业客户交付的应用和行业全面解决方案。它可以满足企业复杂的、变化的、个性化的应用需求,以及不同规模企业在不同发展阶段的管理需求,并可实现平滑升级。

1.2.1　用友 ERP-U8 的总体结构

用友 ERP-U8 是中国 ERP 普及旗舰产品,是中国用户量最大、应用最全面、行业实践最丰富的 ERP。作为用友公司新一代的管理系统软件,它是面向中国市场的企业资源计划系统和全面管理解决方案。用友 ERP-U8 是以集成的信息管理为基础,以规范企业运营、改善经营成果为目标,以"优化资源、提升管理"为核心理念,以快速实施为特点,为中小型企业提供一套满足中国企业特色的,成熟、高效、低成本的 ERP 全面解决方案(见图 1-3)。

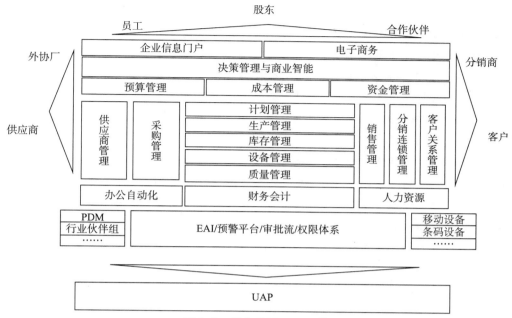

图 1-3　用友 ERP-U8 系统

传承"精细管理、敏捷经营"核心设计理念的用友 ERP-U8 企业应用套件作为中国企业最佳经营管理平台,可根据业务范围和应用对象的不同,划分为财务管理、供应链、生产制造、人力资源、决策支持、集团财务、企业门户、行业插件等系列产品,由四十多个系统构成且各系统之间信息高度共享。

用友 ERP-U8 平台是 U8 应用产品的基础,完整的平台功能将会有力地保证 U8 各产品的顺利开发和应用,保证各种不同的产品在数据、流程和应用上可以无缝集成,界面与操作完全一致。U8 产品的平台功能非常丰富和强大,涉及的范围和内容也相当广泛,能灵活地帮助用户实现 ERP 系统集中协作管理和高度的个性化定制,平台的架构主要包括企业应用门户、系统管理和服务、公共控件及权限管理、EAI(企业应用集成),以及 U8 工作流系统和应用开发平台 UAP。

1.2.2　用友 ERP-U8 的功能特点

用友 ERP-U8 是一套企业级的解决方案,定位于中国企业管理软件应用市场,可以满足不同的竞争环境下,不同的制造、商务模式下,以及不同运营模式下的企业经营,提供从企业日常运营、人力资源管理到办公事务处理等全方位的企业管理解决方案。

用友 ERP-U8 管理软件的主要功能特点有:

(1)"业务场景驱动"的应用模式。用友 ERP-U8 软件基于用友 UAP 技术构架,将"懂业务,就懂 ERP"的设计思想在个性化角色门户中充分展现,让 ERP 成为"人人会用的 ERP"的管理工具。

（2）提供多个行业及领域解决方案。用友 ERP-U8 软件融入数十个行业的先进管理模式,提供不同类型企业的全面管理解决方案,提供企业关键业务场景,并通过预配置方式,使快速应用成为可能。

（3）实现财务和业务一体化管理。用友 ERP-U8 软件实现了以销售订单为导向,以计划为主线,以财务为核心,业务范围覆盖财务、物流、生产制造、客户关系管理、管理会计、决策支持、网络分销、人力资源、OA(办公自动化)、集团应用以及企业应用集成等的一体化管理和全面应用。

（4）满足各层次管理者的应用需求。用友 ERP-U8 软件是一个企业综合运营平台,可以满足各级管理者对信息化的不同要求:为高层经营管理者提供大量收益与风险的决策信息,辅助企业制定长远发展战略;为中层管理者提供企业各个运作层面的运作状况,帮助做到各种事件的监控、发现、分析、解决、反馈等处理流程,帮助做到投入产出最优配比;为基层管理者提供便利的作业环境、易用的操作方式,实现工作岗位、工作职能的有效履行。

（5）较高的性能效率和易用性。用友 ERP-U8 软件实现了低配置、低资源占用、数百个高并发状态下的企业平台级大规模应用;支持全键盘操作,具有较好的易用性和交互性;个性化开发工具 UAP 平台内预置各种模板,可快速支持企业基于行业的个性化开发。

（6）支持制造企业、流通企业的深度应用。运用用友 ERP-U8 软件,可实现动态安全库存、集体计件工资、工序委外管理、标准成本管理等应用;实现滚动采购计划及供货信息联动查询;实现销售订单的全过程追溯查询;提供数十个关键业务点的内部控制;支持企业直营门店、直营专柜、加盟店业务模式,支撑连锁零售企业的经营扩张。

（7）满足新法规要求。用友 ERP-U8 软件提供了新劳动法、新会计准则和制度的完整解决方案以及适应国家财税制度新变化的财税一体化应用。

用友 ERP-U8 着眼于企业内部资源、关键业务流程的管理和控制,不仅考虑到信息资源在部门内、企业内、集团内共享的要求,还充分体现了预测、计划、控制、业绩评价及考核等管理方面的要求,实现了资金流、物流、信息流管理的统一。它能全盘掌握企业信息,并能清晰地提供决策所需资料的数据处理系统,解决了长期困扰企业管理的难题。

1.3　用友 ERP-U8(V8.72) 软件

1.3.1　用友 ERP-U8(V8.72) 的应用架构

用友 ERP-U8(V8.72)软件系统为 2008 年 3 月发布的产品"用友 ERP-U8(V8.71)"的升级版本。该软件基于用友 UAP 技术构架,将"懂业务,就懂 ERP"的设计思想在个性化角色门户中充分展现,软件的工作中心界面如图 1-4 所示。

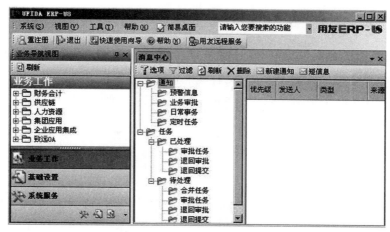

图 1-4　用友 ERP-U8(V8.72) 的工作中心界面

用友 ERP-U8(V8.72) 包含的明细功能模块主要有:

(1) 财务会计。它包括总账、应收款管理、应付款管理、固定资产、网上报销、网上银行、UFO 报表、现金流量表、报账中心等。这些模块从不同的角度实现了从核算到报表分析的财务管理全过程。

(2) 管理会计。它包括成本管理、项目管理、预算管理、资金管理。以预算管理为工具、以成本管理为基础、以资金管理为核心,使企业由过去以财务核算为主转为以预算管理为主,从而实现过程控制和目标管理。

(3) 客户关系管理。它包括客户关系管理、服务管理等。该模块可以管理从客户向企业表达意向开始,到商机挖掘、销售过程追踪、交易达成直至管理决策的完整业务过程,可以帮助企业将管理触角从后台业务运作扩展到前台销售行为。

(4) 供应链。它包括合同管理、售前分析、销售管理、采购管理、委外管理、库存管理、存货核算、质量管理、进口管理、出口管理等。其主要功能在于增加预测的准确性,减少库存,提高发货、供货能力;减少工作流程周期,提高生产效率,降低供应链成本;减少总体采购成本,缩短生产周期,加快市场响应速度。

(5) 生产制造。它包括物料清单、主生产计划、产能管理、需求规划、生产订单、车间管理、工序委外、工程变更、设备管理等。其主要功能在于增强面向订单生产的适应能力,提高计划产能平衡的准确度,同时降低生产成本与生产管理的复杂度,提高工厂的制造柔性,加快生产周转速度,更好地适应市场敏捷性需求。

(6) 人力资源。它包括 HR 基础设置、人事管理、薪资管理、保险福利管理、考勤休假管理。其主要功能在于提高企业人力资源管理的工作效率,增加对于人力资源业务的定量分析手段,提高全面掌控企业人力资源配备状况的能力,为企业经营战略的调整提供最新的人力资源信息以辅助决策。

(7) 集团应用。它包括集团财务、合并报表、行业报表、预算管理(集团版)、结算中心、网上结算、专家财务评估(集团版)、数据分析(集团版)、管理驾驶舱(集团版)。该模板从不同的角度实现了集团账务、报表、预算、资金和决策分析的财务管理全过程,为集团实现财务集中管理、财务信息的分析挖掘提供完整的解决方案。

（8）企业应用集成。它定义了用友 ERP-U8 产品的对外数据交换的标准格式，并提供多种接口模式，实现 ERP-U8 产品与用友其他产品、外部第三方软件产品之间的数据交换，从而使企业各个应用系统协同工作，打破信息孤岛的困境。

图 1-5 描述了本书中学习使用的各模块（子系统）之间的数据关系。

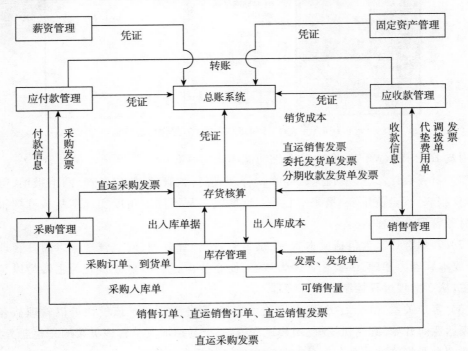

图 1-5　各模块之间的数据关系

需要说明的是，用友 ERP-U8（V8.72）软件功能众多，由于企业的类型不同和自身需求的不同，在使用 ERP-U8（V8.72）软件系统时，其业务流程也会有所区别。

1.3.2　用友 ERP-U8（V8.72）的应用流程

用友 ERP-U8（V8.72）软件支持 Windows 98/NT/2000/XP/2003/Vista/2008 操作系统，支持 2007 年新会计制度。用友 ERP-U8（V8.72）软件后台使用的数据库为 SQL Server 2000 SP4/2005 SP2/2008。用友 ERP-U8（V8.72）软件还充分考虑国外企业在华投资和国内企业向海外发展的国际化运营模式的需求，提供多语言（简体中文、繁体中文、英文）支持。

用户使用用友 ERP-U8（V8.72）系统时，其应用流程如下：

（1）安装 SOL 数据库，支持 SQL2000（SP4）、SQL2005（SP2）和 MSDE（SP4）；

（2）安装用友 ERP-U8（V8.72）系统；

（3）设置操作员；

（4）建立账套及其基本信息；

（5）为操作员赋予账套操作权限；

（6）进入账套，进行账套参数设置；

（7）进入企业应用平台，启用各模块；

（8）进行账套基础档案资料设置；

（9）模块初始化，包括业务参数设置、期初数据录入；

（10）进行日常业务处理；

（11）月末处理；

（12）每年 12 月末处理完毕后，进行年度账处理；

（13）开始下一年度的业务处理。

1.3.3 安装用友 ERP-U8(V8.72)软件

1. 系统技术架构

用友 ERP-U8(V8.72)管理软件采用 3 层架构体系，即逻辑上分为数据服务器、应用服务器和客户端，这样可以提高系统效率与安全性，降低硬件投资成本。

物理上，既可以将数据服务器、应用服务器和客户端安装在一台计算机上（即单机应用模式）；也可以将数据服务器、应用服务器和客户端安装在 2 台或 3 台计算机上（网络应用模式）。如果是 C/S 网络应用模式，在服务端和客户端分别安装了不同的内容，需要进行 3 层结构的互联。在系统运行过程中，可根据实际需要随意切换远程服务器，即通过在登录时改变服务器名称来访问不同服务器上的业务数据，从而实现从单机应用模式到网络应用模式的转换。

2. 系统运行环境

系统的运行环境是指能够充分发挥用友 ERP-U8(V8.72)软件系统的优良特性，并实现信息共享处理以及软件能够正常稳定运行所需要的环境。系统的运行环境包括系统运行的硬件环境和软件环境。

运行用友 ERP-U8(V8.72)软件需要的运行环境如表 1-1 所示。

表 1-1 用友 ERP-U8(V8.72)软件要求的硬件环境和软件环境

对象	硬件环境		软件环境
	最低配置	推荐配置	
客户端	主频 500 MHz 以上；内存 512 KB 以上；硬盘剩余空间大于 1 GB	主频 800 MHz 以上；内存 1 GB 以上；硬盘剩余空间大于 10 GB	操作系统：Windows XP+SP1 或 Windows 2000 Server/Professional+SP4 或 Windows 2003 Server 或 Windows NT+SP6a；数据库：SQL Server 2000/2005/2008
数据服务器	主频 1.8 GMHz 以上；内存 1GB 以上；硬盘剩余空间大于 20 GB	主频 2.4 GHz 以上；内存 2 GB 以上；硬盘剩余空间大于 40 GB	操作系统：Windows 2000 Server+SP4 或 Windows 2003 Server 或 Windows NT+SP6a；数据库：SQL Server 2000/2005/2008

（续表）

对象	硬件环境		软件环境
	最低配置	推荐配置	
应用服务器	主频 1.8 GMHz 以上；内存 1 GB 以上；硬盘剩余空间大于 10 GB	主频 1.8 GHz 以上；内存 1 GB 以上；硬盘剩余空间大于 10 GB	操作系统：Windows XP+SP1 或 Windows 2000 Server+SP4 或 Windows 2003 Server；数据库：SQL Server 2000/2005/2008
网络协议	IE6.0 + SP1，TCP/IP，Named Pipe		

（1）在局域网环境下，应在服务器上安装用友 ERP-U8（V8.72）的服务器程序，在客户端上安装用友 ERP-U8（V8.72）的应用客户端程序。

（2）如果单机使用 ERP-U8（V8.72），则在一台机器上既要安装用友 ERP-U8（V8.72）的服务器程序，又要安装用友 ERP-U8（V8.72）的应用客户端程序。

（3）一般的中小型企业在使用 ERP-U8（V8.72）时，只使用一台服务器来进行数据处理，有些大型企业也可能有多台服务器，可以分为数据服务器、应用服务器、加密服务器等。

第 2 章　用友 ERP-U8 实验指南

企业信息化的全面推进,引发了新一轮对企业信息化人才的强烈需求。ERP 系统融先进的管理思想、最佳企业业务实践为一体,受到企业界的广泛关注,也近乎成为企业管理软件的代名词。当前,ERP 已成为企业管理信息化中的主流,无论将来在企业中从事何种职业,与 ERP 相关的知识、应用能力都将应是我们掌握的必备知识和技能。

2.1　实验指导思想

实践教学环节是培养学生运用计算机进行管理业务信息处理的能力的重要组成部分。本书以用友 ERP-U8(V8.72)作为实训平台。该软件功能齐全,技术先进,具有一定的代表性,能更好地拉近书本知识与实际工作之间的距离,增强学生的实际应用能力。

学生通过用友 ERP-U8(V8.72)管理软件上机实验,熟悉用友 ERP-U8 系统的使用过程,结合相关理论知识进一步掌握 ERP 的各功能模块的作用和主要实施方法,为今后实际工作中能有效地应用 ERP 软件打下良好的基础。

本实验以突出实战为主导思想,以一个企业单位的经济业务为原型,重点介绍了信息化环境下企业财务与业务的处理方法和处理流程,为读者量身定做了十多个实验项目,每个实验既环环相扣,又可以独立运作。针对经济类和管理类学生的现实情况,管理信息系统实验内容的设置简单易懂,通过理论联系实际的授课方式,使初学者能从学生的角度转换为管理工作者的角度去做实验,从而能更好地理解管理信息系统的核心——管理信息化。

实验各章节的内容在安排上均分为两部分,第一部分讲述了用友 ERP-U8(V8.72)各个业务应用模块的功能特点、业务内容、业务流程等内容,融理论知识于具体的软件中,使学生能更好地加深对基本理论知识的理解、加快对基本技能的掌握;第二部分的上机实验部分是教材的重点,每个实验都按照实验准备、实验目的和要求、实验内容、实验资料和实验指导的内容顺序展开,使学生能了解每个实验的数据环境要求、应掌握的知识和技能,理解和掌握运用用友 ERP-U8(V8.72)软件如何处理实际业务问题。在实验指导部分不仅给出了具体的操作内容和步骤,而且配以丰富的软件图形界面,更能有效地指导学生顺利完成各部分的实验,使学生能快速掌握软件的操作使用,提高实验教学效果。通过实验指导,还有助于使学生通过自学掌握实际应用技能。

2.2　实验教学方案

用友 ERP-U8 管理软件功能模块众多,如果全面展开所有内容的教学无疑面临着资源瓶颈——教学学时。为了避免实验内容大而全、却不切实际的弊端,在综合考虑教学对象、教学内容、教学学时以及增强实验教学针对性的基础上,本书选择了用友 ERP-U8(V8.72)财务管理系统、供应链管理系统中的常用模块作为实验学习对象,搭建了本书的实验体系,以支撑企业财务、业务的一体化管理。这样既适应了不同专业、不同层次对象的实践教学需求,又能有效地提高学生对信息化管理方法、技术与工具的综合运用能力和操作技能。

本书以用友 ERP-U8.72 为实验平台,并以同一企业模拟经济业务贯穿始终,将用友 ERP-U8 管理软件实验按功能群分为两个实验单元:财务管理系统实验、供应链管理系统实验。学生在上机实验时,既可以选择其中的一个实验单元,掌握 ERP 财务或供应链业务的处理,也可以同时选择两个实验单元,掌握 ERP 财务与业务的一体化管理。

实验单元一:用友 ERP 财务管理系统实验

ERP 中的财务管理系统是 ERP 整个方案中不可或缺的一部分,与一般的财务软件不同,作为 ERP 系统中的一部分,它和系统的其他模块有相应的接口,能够相互集成,比如:它可将由生产活动、采购活动输入的信息自动计入财务模块生成总账、会计报表,免去了输入凭证烦琐的过程,几乎完全替代了以往传统的手工操作。ERP 环境下的财务管理系统实现了企业物流、资金流和信息流的综合集成管理,具有集成度高、信息处理及时等优点。

本实验单元分别介绍了用友 ERP-U8 财务管理系统中最重要和最基础的总账、应收款管理、应付款管理、固定资产、UFO 报表 5 个子系统的应用方法。其中,总账是财务系统中最核心的模块,企业所有的核算最终在总账中体现;应收款管理、应付款管理主要用于核算和管理企业销售和采购业务所引起的资金的流入、流出;固定资产提供对设备的管理和折旧费用的核算;UFO 报表可生成企业所需的各种管理分析表等。

通过用友 ERP-U8 财务会计系列的产品应用,可以充分满足企事业单位对资金流的管理和统计分析。

实验单元二:用友 ERP 供应链管理系统实验

供应链管理是 ERP 系统的重要组成部分,ERP 中的供应链管理系统提供了对采购、销售等业务环节的控制,以及对库存资金占用的控制,完成对存货出入库成本的核算。它是以企业购销存业务环节中的各项活动为对象,不仅记录各项业务的发生,还有效跟踪其发展过程,对企业购销存业务环节所产生的物流、资金流进行统一管理、控制和核算,为财务核算、业务分析、管理决策提供依据,并实现了财务、业务的一体化管理。

本实验单元分别介绍了用友 ERP-U8 供应链管理系统中最重要和最基础的采购管理、销售管理、库存管理、存货核算 4 个子系统的应用方法。其中,采购管理根据企业生产计划安排,组织物料供应的业务流程,提供请购、订货、到货、入库、开票、采购结算的完整采购流程;销售管理提供了报价、订货、发货、开票的完整销售流程,支持普通销售、委托代销、分期收款、直运、零售、销售调拨等多种类型的销售业务;库存管理可实现出入库和结存管理;存货核算提供按部门、按仓库、按存货的入库成本、出库成本、结余成本核算及调整等,生成各种凭证。

作为中国企业最佳经营管理平台的一个基础应用,用友 ERP-U8 供应链管理帮助企业实现销售、生产、采购、财务部门的高效协同,逐步消除管理瓶颈,构建竞争优势。

总之,学生通过对用友 ERP-U8 财务管理系统、供应链管理系统中的常用功能模块的实验操作,能真实体验 ERP 系统流程,深入了解 ERP 系统环境下的企业财务与业务处理流程,理解 ERP 系统的流程管理、集成思想和方法,也对所学的知识有进一步的了解。

2.3　实验目的、任务和要求

2.3.1　实验目的和任务

用友 ERP- U8 管理软件实验,旨在让学生在掌握管理信息系统、企业管理的理论知识基础上,了解管理信息系统的总体功能结构,理解 ERP 系统的设计理念,体验 ERP 软件在企业财务与业务中的具体运用,具备从事信息化管理工作所必需的业务知识和工作能力,为其走向企业对应工作岗位并在工作中实际使用 ERP 系统奠定基础。

本实验主要有以下几方面的目的和任务:

(1)使学生在了解用友 ERP-U8 总体架构的基础上,系统学习、理解用友 ERP-U8 管理软件的基本工作原理、工作过程,熟悉和掌握用友 ERP-U8 财务管理系统、供应链管理系统各软件模块的工作原理和过程,并从管理和监督的角度掌握企业财务与供应链业务数据处理的流程,掌握利用财务与供应链管理系统查找、统计有关业务和账表资料的方法。

(2)通过对实验现象的观察分析以及对 ERP-U8 财务与供应链业务数据的处理,了解用友 ERP-U8 系统的总体功能结构,掌握在计算机处理方式下企业财务、供应链业务的处理过程、具体操作方法和控制要求。

(3)通过实验,了解用友 ERP-U8 有关软件模块间的数据传递关系,掌握财务管理系统、供应链管理系统各软件模块的运行机制、工作流程、规律及具体实施过程。

(4)通过实验,使学生养成严肃认真的工作态度,严格遵守操作规程、遵守国家财经制度和企业管理制度的品德,以及相互协作、共同完成任务的优良作风。

(5)通过实验,使学生能将所学的理论知识与实际操作相结合,提高分析和解决实际问题的能力,提高信息化环境下业务处理的动手实践能力,培养创新能力,以适应企业管理信息化的需求。

2.3.2　实验要求

本实验要求学生系统学习用友 ERP-U8 管理软件的系统管理、基础设置的主要内容

及操作方法,并掌握 ERP-U8 财务管理系统、供应链管理系统中各主要软件模块的应用方法。具体要求如下:

（1）上机实验操作前,应认真学习和理解用友 ERP-U8 财务管理系统、供应链管理系统各软件模块的功能及业务处理流程、方法、步骤,了解各软件模块与系统中其他软件模块之间的紧密联系和数据传递关系。

（2）按照实验给定的模拟企业业务数据,按规定的操作程序和方法进行计算机操作,完成实验内容,以及得到正确的实验结果。

（3）通过实验,掌握用友 ERP-U8 系统中设置操作员及权限、建立账套的方法;掌握基础档案设置、数据权限设置、单据设置的内容和方法;掌握各软件模块初始设置的内容、方法、步骤;掌握日常主要业务的处理方法和程序,以及各种单据的录入、审核、制单等操作;掌握期末处理的方法、步骤;熟悉账套输出与引入的方法。

（4）实验是对财务与供应链业务的模拟操作,在实验中学生应能运用已学的财务会计、企业管理及管理信息系统等知识来加深对实验的认识、理解和掌握,培养自己的理论联系实际、综合分析和解决问题的能力。

（5）每次实践课后,应及时将实验数据备份至指定的硬盘、U 盘等。

2.4　实验学时和教学建议

本实验要求学生具备管理信息系统、会计学、管理学的相关知识背景,具备一定的计算机应用能力,以便能更好地理论联系实际,理解和掌握实验内容,熟练掌握 ERP 管理软件的基本操作技能,提高实验教学效果。

根据实验内容和要求,表 2-1 列出了本书各部分的学时安排建议,以供老师在教学中参考。

表 2-1　实验教学课时安排计划一览表

实验内容	上机课时
实验一　系统管理与建账	1
实验二　基础档案设置	3
实验单元一：用友 ERP 财务管理系统	
实验三　财务会计系统模块初始化设置	3
实验四　总账系统日常业务处理	2
实验五　应收款管理	2
实验六　应付款管理	2
实验七　固定资产管理	1
实验八　财务会计系统期末处理	1
实验九　UFO 报表	2

（续表）

实验内容	上机课时
实验单元二：用友 ERP 供应链管理系统	
实验十 供应链管理系统模块初始化设置	3
实验十一 采购管理	3
实验十二 销售管理	3
实验十三 库存管理	2
实验十四 存货核算	1
实验十五 供应链管理系统期末处理	1

第 3 章　系统管理与企业应用平台

在用友 ERP-U8 系统一体化的应用管理模式下,各系统模块之间既相互独立,又相互联系、数据共享,软件各模块的环境必须统一,整个软件系统的所有模块的公共任务也需要统一管理,如企业账套的建立、修改、删除和备份,操作员的建立、角色的划分和权限的分配,基础信息及基本档案的设置等。为此,用友 ERP-U8 为各个系统提供了一个公共平台,用于对整个软件系统的公共任务进行统一管理,软件中任何产品的独立运行都必须以此为基础。它的设立对于企业的资金流、物流、信息流的统一管理和实时反映提供了有效的方法和工具。

系统平台主要由系统管理和企业应用平台两部分组成。

3.1　系　统　管　理

3.1.1　系统管理的功能

系统管理是用友 ERP-U8 管理软件中一个非常特殊的组成部分,也是系统使用时必须首先操作的模块。它的主要功能是对用友 ERP-U8 软件的各个模块进行统一操作管理和数据维护,具体包括账套管理、年度账管理、操作员及其权限的集中管理、系统数据及运行安全管理等方面。

1. 账套管理

账套指的是一组相互关联的数据,它是用友 ERP-U8 软件进行数据管理的基本形式。每一个企业(或每一个独立核算部门)的数据在系统内部都体现为一个账套。一般来说,可以为企业中每一个独立核算的单位建立一个账套,或者可以为多个企业(或企业内多个独立核算的部门)分别建账。账套管理包括账套的建立、修改、删除、引入和输出等。

2. 年度账管理

年度账与账套是两个不同的概念,一个账套中包含了企业所有的数据。把企业数据按年度划分,称为年度账。用户不仅可以建立多个账套,而且每个账套中还可以存放不同年度的年度账。这样,对不同核算单位、不同时期的数据,就可以方便地进行操作。年度账管理包括年度账的建立、清空、引入、输出和结转上年数据等。

3. 操作员及其权限的集中管理

为了保证系统及数据的安全与保密,系统管理提供了操作员及其操作权限的集中管理功能。通过对系统操作分工和权限的管理,一方面可以避免与业务无关的人员进入系统,另一方面可以对系统所含各个模块的操作进行协调,按企业需求对各个用户进行管理授权,以保证各司其职。操作员及其权限的集中管理包括定义角色、设定操作员和设置操作员权限。

4. 系统数据及运行安全管理

对企业来说,系统运行安全、数据存储安全是必需的。通过设立统一、强有力的安全机制,可以监控并记录整个系统的运行过程,清除系统运行过程中的异常任务,设置数据自动备份计划等。

3.1.2　操作流程

系统管理是用友 ERP-U8 系统必须首先操作的模块。软件安装完成后,第一次使用用友 ERP-U8 系统时,由于此时系统内尚未有任何账套数据,需要先运行系统管理,并按照以下步骤执行操作:

启用系统管理→以系统管理员(Admin)身份注册进入系统管理→设置用户→创建企业账套→设置角色和用户权限→配置数据服务器及相关参数→在企业应用平台启用各模块→进行相关业务处理。

3.2　企业应用平台

企业应用平台是用友 ERP-U8 管理软件的集成应用平台,可以实现系统基础数据的集中维护、各种信息的及时沟通和共享,使系统资源能够得到高效、合理、有效的利用。企业应用平台为企业员工、合作伙伴建立了访问系统的唯一通道。通过企业应用平台,用户可以定义自己的业务工作,并设计自己的个性化工作流程,提高工作效率,还可以实现与日常办公的协同进行。进入企业应用平台,用户可进行基础设置和有关业务处理等工作。

企业应用平台中包含的内容非常丰富,与系统应用相关的主要项目包括:

1. 基础设置

基础设置可进行整个账套的基础信息设置,为系统的日常业务运行做好基础工作。主要包括基本信息设置、基础档案设置、数据权限设置和单据设置。其中,在基本信息中可以设置系统启用、修改建账时设置的分类编码方案和数据精度;在基础档案中可以设置用友 ERP-U8 管理软件各个子系统公用的基础档案信息,如机构人员、客商信息、财务信息、业务信息等;在数据权限中可以针对系统数据的操作权限进行一部分细分;单据设置提供了个性化单据显示及打印格式的定义。

2. 业务处理

在用友 ERP-U8 企业应用平台的业务页签中,集成了登录操作员拥有操作权限的所有功能模块,企业各种业务管理需求都是通过这样的业务管理模块来实现的。此处也是用户访问用友 ERP-U8 管理软件中各个功能模块的唯一通道。

3. 工具

用友 ERP-U8 软件提供了常用的系统配置工具。它集中了系统管理、系统配置、总账工具和科目转换,以及数据仓库配置、专家财务数据库维护决策等工具。

第一次使用用友 ERP 系统首先要注册进入系统管理模块建立企业账套设置操作员权限等,然后要在企业应用平台中进行基础档案信息的设置。

实验一　系统管理与建账

【实验准备】

安装好用友 ERP-U8(V8.72)软件,将系统日期修改为"2012/12/31"。

【实验目的与要求】

(1)熟悉用友 ERP-U8 软件中系统管理的相关内容。

(2)理解系统管理在用友 ERP-U8 软件中的重要地位。

(3)掌握建立企业账套的过程及方法。

(4)掌握用户与权限的含义及设置方法。

(5)掌握账套输出及引入的方法。

【实验内容】

(1)系统注册。

(2)设置操作员。

(3)建立单位新账套(不进行系统启用设置)。

(4)权限设置。

(5)备份账套数据。

【实验资料】

1. 账套信息

账套号:999;账套名称:南京市珠江机械有限公司;采用默认账套路径;启用会计期:2012 年 12 月;会计期间设置:默认。

2. 企业相关信息

南京市珠江机械有限公司位于南京市浦口区珠江镇浦珠路 138 号,法人代表张晓军,固定电话 025-58317777,传真 025-58317778,邮政编码 210058,电子邮件 njzjjx@ sina.com,企业纳税登记号 320158000000188,单位简称"珠江机械",机构代码 3201587777。

珠江机械属于机械加工类的工业企业,主营业务自行车制造与销售,根据国家财政部要求采用 2007 年新会计制度进行会计核算,记账本位币为人民币(RMB),无外币业务。管理系统于 2012 年 12 月 1 日开始启用。

3. 基础信息

该企业供应商、客户以及存货很多,采用分类管理。企业的分类方案如下:

会计科目编码级次:4222;

客户分类编码级次:222;

供应商分类编码级次:122;

存货分类编码级次:2222;

部门编码级次:122;

地区分类编码级次：22；

结算方式编码级次：12；

收发类别编码级次：11。

4．数据精度

该企业对数量、单价小数位定为 2。

5．公司管理信息系统岗位划分

公司岗位分工情况如表 3-1 所示。

表 3-1　公司岗位分工

编号	姓名	口令	所属部门	角色	职责
001	张晓军	001	财务部	账套主管	系统的全部权限
002	王明	002	财务部	总账会计、应收会计、资产管理	总账（除凭证审核、出纳签字、出纳以外权限）、应收款管理和固定资产权限
003	江平	003	财务部	总账会计、应付会计、薪酬经理	总账（除凭证审核、出纳签字、出纳以外权限）、应付款管理和薪资管理权限
004	张芳	004	财务部	出纳	总账中出纳签字、出纳权限
005	李燕	005	财务部	材料会计、存货核算员、成本核算员	存货核算、成本管理中核算权限
006	朱挺	006	采购部	采购主管	公用单据设置、公用目录设置、应付款管理和采购管理权限
007	姚明	007	销售部	销售主管	公用单据设置、公用目录设置、应收款管理和销售管理权限
008	刘祥	008	仓储部	仓库主管	库存管理和存货核算权限
009	曾晓贤	009	生产部	生产主管	主生产计划、需求规划、物料清单和车间管理权限

注：本书用友 ERP-U8 管理软件实验分为用友 ERP-U8 财务管理系统实验、用友 ERP-U8 供应链管理系统实验两个单元。如实验教学中只学习其中 1 个实验单元，那么只需设置该单元中所涉及模块的操作员及权限。

【实验指导】

1．以系统管理员的身份注册进入系统管理

操作步骤：

① 执行"开始"→"程序"→"用友 ERP-U872"→"系统服务"→"系统管理"命令，进入"用友 ERP-U8［系统管理］"窗口，如图 3-1 所示。

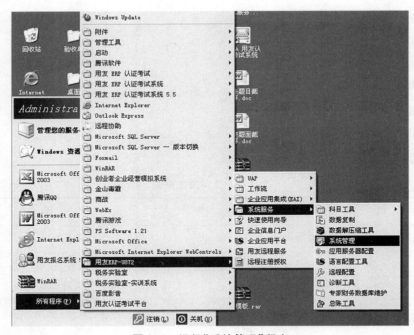

图 3-1　运行"系统管理"程序

②　执行"系统"→"注册"命令，打开"登录"窗口，如图 3-2 所示。

图 3-2　选择"注册菜单"

③　"登录到"文本框中默认为本地计算机名称。

④　在"操作员"文本框中输入用友软件默认的系统管理员"admin"，系统管理员密码为空，账套选择系统默认账套(default)，如图 3-3 所示。

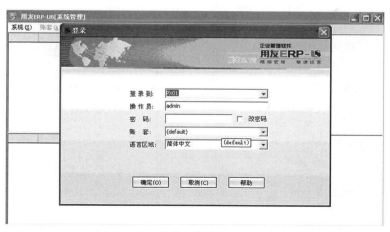

图 3-3　以系统管理员身份登录系统管理

⑤ 单击【确定】按钮,以系统管理员身份进入到系统管理。

注意:

● 为了保证系统的安全,在"登录"系统管理对话框中,应及时设置或更改系统管理员密码。

● 在本实验教学环境下,建议不要设置系统管理员密码。

2. 增加用户

操作步骤:

① 在系统管理中,执行"权限"→"用户"命令,进入"用户管理"窗口,如图 3-4 所示。

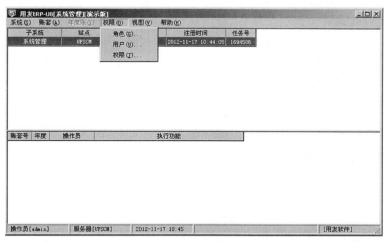

图 3-4　选择"用户"菜单

② 单击【增加】按钮,打开"增加用户"对话框,输入编号"001"、姓名"张晓军"、口令"001"、所属部门"财务部",所属角色栏下选中"账套主管"复选框。

③ 用户"张晓军"的详细信息增加完毕后,再单击【增加】按钮,根据实验资料中给定的操作员资料,增加其他用户信息,如图 3-5 所示。

图 3-5　增加用户

④ 全部完成后,单击【退出】按钮返回。

注意:

· 只有系统管理员才有权限设置角色和用户。

· 人员编号允许键入数字、字母,一般在企业的具体应用中遵循方便、便于记忆的原则进行编码。

· 口令可以为空,但一般在企业的具体应用中,为了企业信息的安全,需将口令修改为安全性较高的口令。

· 用户可以在设置角色前设置,也可以在设置角色后设置。

· 由于系统中已经为预设的角色赋予了相应的权限,因此,如果此时在设置操作员时就指定了相应的角色,那么其就已经拥有了该角色的所有权限;如果该用户所拥有的权限与该角色的权限不完全相同,那么可以到"权限"功能中进行修改。

3. 建立账套

操作步骤:

① 以系统管理员身份登录系统管理,执行"账套"→"建立"命令,打开"创建账套—账套信息"对话框,如图 3-6 所示。

注意:

· 所有蓝色字体都为必填选项,黑色字体为选填选项。

· 账套号用以标识该账套,但不允许与已存账套的账套号重复,账套号设置后将不允许修改。

· 建立账套时系统会将启用会计期自动默认为系统日期,应注意根据所给资料修改,否则将会影响企业的系统初始化及日常业务处理等内容的操作。

② 填写账套信息。

· 已存账套:用户只能查看,不能输入或修改,目的是避免重复建账。

· 账套号:本例输入账套号 999。

图 3-6　账套信息

● 账套名称:本例输入"南京市珠江机械有限公司"。

● 账套路径:本例建议使用系统默认的路径"C:\U8SOFT \Admin"。账套路径是用来确定新建账套将要被放置的位置,用户可以利用"[...]"按钮进行参照输入。

● 启用会计期:系统默认为计算机当前的系统日期,本例更改为"2012 年 12 月"。

③ 单击【下一步】按钮,打开"创建账套—单位信息"对话框,如图 3-7 所示。

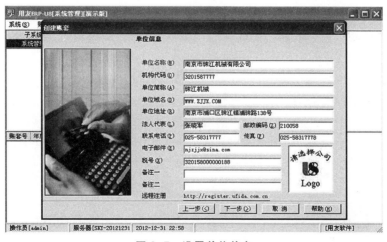

图 3-7　设置单位信息

④ 填写单位信息。

● 单位名称:本例输入"南京市珠江机械有限公司"。

● 单位简称:本例输入"珠江机械"。

● 其他栏目:属于任选项,参照所给资料输入即可。

⑤ 输入完成后,单击【下一步】按钮,打开"账套信息—核算类型"对话框,如图 3-8所示。

⑥ 填写核算类型。

● 本币代码:本例采用系统默认值"RMB"。

24

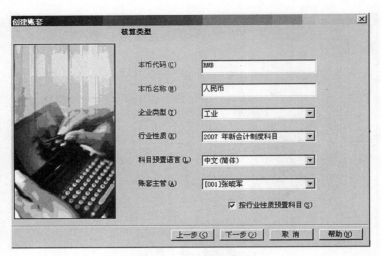

图 3-8　设置核算类型

- 本币名称：本例采用系统默认值"人民币"。
- 企业类型：本例采用系统默认值"工业"。
- 行业性质：本例采用系统默认值"2007 年新会计制度科目"。
- 账套主管：本例选择"[001]张晓军"。
- 按行业性质预置科目：本例选中"按行业性质预置科目"复选框。

注意：

- 如果用户希望预置所属行业的标准一级科目，那么应选中"按行业性质预置科目"复选框。
- 行业性质将决定系统预置科目的内容，必须选择正确。
- 账套主管应按企业的情况选择。如果欲设置为账套主管的操作员还未在用户设置中设置，那么应在用户设置中先补充设置后再开始建立账套，或者也可以先选择一个操作员作为该账套的主管，待账套建立完成后再到权限功能中修改账套主管的设置。

⑦ 输入完成后，单击【下一步】按钮，打开"创建账套—基础信息"对话框，如图 3-9 所示。

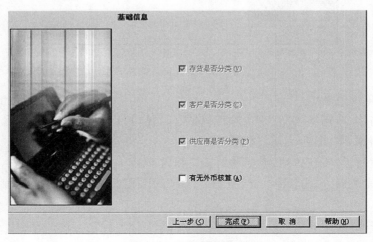

图 3-9　设置基础信息

⑧ 填写基础信息。

根据实验资料要求,分别选中"存货是否分类""客户是否分类""供应商是否分类"复选框。

注意:

• 如果此时不能确定是否进行分类核算,也可以在建账完成后由账套主管在"修改账套"功能中设置分类核算。

• 是否对存货、客户及供应商进行分类将会影响其档案的设置。有无外币核算将会影响基础信息的设置及日常业务处理的有无外币的核算内容。

• 如果对基础信息设置错误,可以由账套主管在"修改账套"功能中进行修改。

⑨ 单击【完成】按钮,系统弹出"可以创建账套了么?"信息提示,单击【是】按钮。

注意:

该过程中系统按输入信息的要求在后台数据库系统建立相应的基础数据,此过程需要较长的处理时间,建议在此期间不要进行其他操作以免造成系统数据损坏。

⑩ 完成后打开"编码方案"对话框,如图 3-10 所示。

项目	最大级数	最大长度	单级最大长度	第1级	第2级	第3级	第4级	第5级	第6级	第7级	第8级	第9级
科目编码级次	9	15	9		2	2	2					
客户分类编码级次	5	12	9	2	2	2						
供应商分类编码级次	5	12	9	1	2	2						
存货分类编码级次	8	12	9	1	2	2	2					
部门编码级次	5	12	9	1	2	2						
地区分类编码级次	5	12	9	2	2							
费用项目分类	5	12	9	1	2							
结算方式编码级次	2	3	3	1	2							
货位编码级次	8	20	9	2	3	4						
收发类别编码级次	3	5	5	1	1							
项目设备	8	30	9	2	2							
责任中心分类档案	5	30	9	2	2							
项目要素分类档案	8	30	9	2	2							
客户权限组级次	5	12	9	2	3	4						

图 3-10　修改分类编码方案

⑪ 根据实验资料给定的编码分类方案要求,修改系统编码方案的默认值。

注意:

• 为了便于对经济业务数据进行分级核算、统计和管理,系统要求预先设置某些基础档案的编码规则,即规定各种编码的级次及各级的长度。

• 编码方案的设置,将会直接影响基础信息设置中其相应内容的编码级次及每级编码的位长。

⑫ 单击【确定】按钮,再单击【取消】按钮,打开"数据精度定义"对话框,如图 3-11
所示。

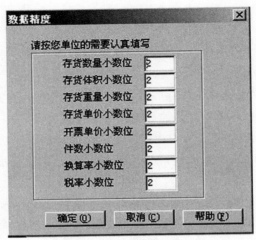

图 3-11 "数据精度"对话框

⑬ 定义数据精度。本例采用系统默认值。

注意:

● 数据精度涉及核算精度问题。涉及购销存业务环节时,会输入一些原始单据,如发
票、出入库单等,需要填写数量及单价,数据精度定义就是用来确定有关数量及单价的小
数位位数的。

⑭ 单击【确定】按钮,系统弹出"南京珠江机械有限公司:[999]建立成功您可以现在
进行系统启用的设置,或以后从[企业门户-基础信息]进入[系统启用]功能"并提示"现
在进行系统启用的设置?"如图 3-12 所示。

图 3-12 是否进行系统启用提示

⑮ 单击【否】按钮,系统弹出"请进入系统应用平台进行业务操作!"信息提示。

⑯ 单击【确定】按钮,返回系统管理。

注意:

● 账套建立以后,如果需要修改账套参数,那么需要以账套主管的身份注册进入系统
管理进行修改。

● 账套中的很多参数不能修改,若这些参数存在错误,则只能删除此账套,再重新建立。

4. 权限设置

(1)打开"操作员权限"窗口。

以系统管理员身份注册进入系统管理,执行"权限"→"权限"命令,进入"操作员权
限"窗口,如图 3-13 所示。

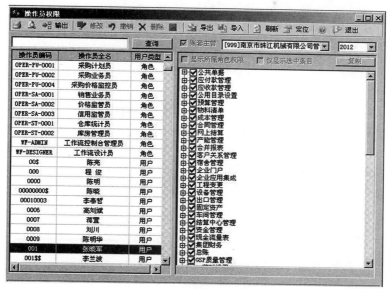

图 3-13 操作员权限

（2）指定账套主管。

操作步骤：

① 在"操作员权限"窗口，选择账套"［999］南京市珠江机械有限公司"、时间"2012"。

② 在窗口左侧操作员列表中选择"［001］张晓军"，选中"账套主管"复选框，系统弹出"设置用户［001］账套主管权限么？"信息提示。

③ 单击【是】按钮，则张晓军拥有了账套主管权限。

注意：

● 指定账套主管可以在两个环节中确定账套的账套主管，一个是在建立账套环节，如图 3-7 所示；一个是在权限设置环节，如图 3-13 所示。只有系统管理员才能够指定账套主管。

● 一个账套可以设定多个账套主管。

● 账套管理自动拥有该账套的所有权限。

● 设置权限时应注意分别选中"用户"及相应的"账套"。

（3）给其他操作员赋权。

以"张芳"为例，在建立用户时，已经赋予了张芳的"出纳"的角色，但出纳角色中不含"出纳签字"功能，所以应增加张芳"出纳签字"的权限功能。

操作步骤：

① 在操作员权限窗口中，选择账套"［999］南京市珠江机械有限公司"、时间"2012"，再从窗口左侧操作员列表中选择"004 张芳"，单击【修改】按钮。

② 在选择权限"修改"对话框，依次展开"GL（总账）"→"GL02（凭证）"，选中"GL0203（出纳签字）"复选框，如图 3-14 所示。

图 3-14　增加和调整"张芳"权限

③ 单击【确定】按钮,权限列表中又增加了"004 张芳"的"出纳签字"权限。

④ 同理,根据实验资料给定的要求,依次给其他操作员赋权。

注意:

系统管理员和账套主管都可以给操作员赋权。

5. 备份账套数据

(1) 账套输出。

操作步骤:

① 以系统管理员身份注册进入系统管理,执行"账套"→"输出"命令,打开"账套输出"对话框。

② 从"账套号"下拉列表中选择要输出的账套号"[999]南京市珠江机械有限公司",如图 3-15 所示。

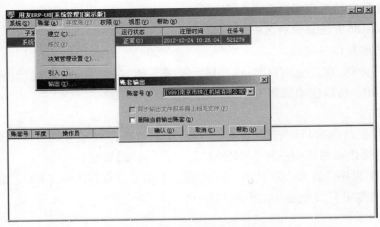

图 3-15　"账套输出"对话框

③ 单击【确认】按钮,系统对所要输出的账套数据进行压缩处理。压缩完成后,自动打开"请选择账套备份路径"对话框。

④ 选择存放账套备份数据的文件夹为"C：\实验账套\实验一",如图 3-16 所示。

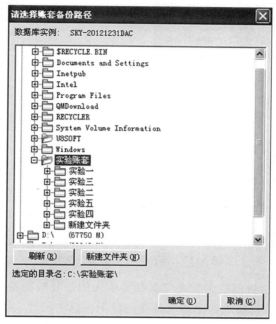

图 3-16　选择账套备份路径

⑤ 单击【确定】按钮,系统弹出"输出成功!"提示信息。

⑥ 单击【确定】按钮,即可完成账套数据的备份。

注意:

● 备份账套时应先建立一个备份账套的文件夹,以便将备份数据存放在目标文件夹中。

● 假设本书所有实验存储于"C：\实验账套"文件夹中,则首先需要在"C：\"中建立"实验账套"文件夹,再在该文件夹中分别建立"实验一""实验二"……"实验十五"子文件夹,用于存放本书中各实验的结果。

● 一般在企业实际应用过程中会对管理信息系统的数据进行定期的数据备份,并将数据存储在较为安全的存储介质上,一般至少保存 3 年以上,重要的数据要求保存的时间更长,后面会介绍另外一种数据备份方式"自动备份"。

● 账套输出功能可以分别进行"账套备份"和"删除账套"的操作。

● 只有系统管理员有权进行账套输出。

(2) 引入账套。

操作步骤:

① 以系统管理员身份注册进入系统管理,执行"账套"→"引入"命令,打开"请选择账套备份文件"对话框,如图 3-17 所示。

30

图 3-17　选择账套数据备份文件

② 从存放账套备份数据的文件夹中选择要引入的账套数据备份文件 UfErpAct.Lst。

③ 单击【确定】按钮,系统弹出请求确认的提示信息。

④ 单击【确定】按钮,系统提示正在引入 999 账套,完成后提示"账套[999]引入成功!"。

⑤ 单击【确定】按钮返回。

（3）账套自动备份。

操作步骤:

① 以系统管理员身份或者账套主管身份注册进入系统管理,执行"系统"→"设置备份计划"命令,如图 3-18 所示。

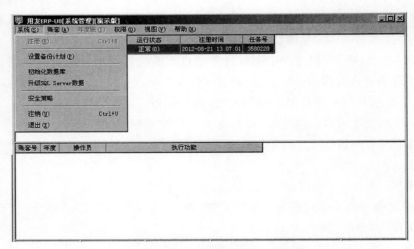

图 3-18　选择"设置备份计划"菜单

② 打开"设置备份计划"窗口，单击【增加】按钮，进入"备份计划详细情况"对话框，如图 3-19 所示。

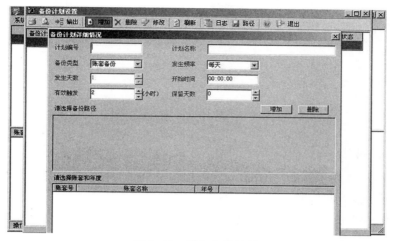

图 3-19　增加备份计划

③ 输入计划编号"001"、计划名称"001"，选择备份类型"账套备份"、发生频率"每天"、发生天数"1"、开始时间"00：00：00"、有效触发"2"、保留天数"10"。

注意：

● "备份类型"可以选择对整个账套进行备份，也可以选择对账套的某个年度账进行备份。当发生频率为每天时，对应的发生天数为 1 天；当发生频率为周时，对应的发生天数可以在 1—7 选择，以此类推。

● 当保留天数为 0 时，表示账套永久保存，一般在企业应用过程中会综合考虑数据的安全性与计算机存储空间的经济性来确定保留天数。

④ 单击【增加】按钮，选择"备份路径"为"C：\001 账套自动备份数据"，单击【确定】按钮。

注意：

● 本例应首先在"C：\"下建立文件夹"C：\001 账套自动备份数据"。

● 备份路径可以选择备份的目的地，但只能选择本地硬盘。

⑤ 在"请选择账套和年度账"中，选择需要备份的账套号"999"。

⑥ 单击【增加】按钮保存设置，再单击【退出】按钮退出设置。

6. 备份本次实验数据，命名为实验账套一

第4章 基础设置

4.1 基础设置概述

用友 ERP-U8 系统中,基础设置是所有子系统共享公用的模块,也是整个系统的企业编码、命名、供应商、客户等统一、规范运行的基础。基础设置的良好规划,是 ERP 软件在企业成功运行的基石和保障。

用友 ERP-U8 系统在建立账套后的应用之初,必须首先进行基础设置。它可以为该企业整个账套设计和设置基础信息。基础信息是企业中各部门公用的共享信息,是整个系统的基础。如果一种产品在仓库部门和技术部门中的编码不一致,那么系统将会认定这是两种不同的产品,必然无法有效地对企业的业务进行真实的处理。因此,企业在使用 ERP 系统前,必须规划好适合自身业务需求的基础信息设置方案,建立各部门认可的信息标准(如编码规则、名称等),制定公认的符合有关标准规范以及企业管理要求的数据规范。

4.2 基础设置内容

基础设置是运用系统进行日常业务处理的前提和基础工作,也是系统初始化的一项重要工作。通过基础设置可以进行整个账套的基础信息设置,主要包括基本信息设置、基础档案设置、数据权限设置和单据设置。

1. 基本信息设置

基本信息设置主要包括系统启用、编码方案及数据精度。在基本信息设置中,可以对建账过程确定的编码方案和数据精度进行修改,并进行系统启用设置。

用友 ERP-U8 系统分为财务会计、供应链、生产制造、人力资源、集团应用、决策支持和企业应用集成等产品组,每个产品组中又包含若干模块,它们中大多数既可以独立运行,又可以集成使用,但两种用法的流程是有差异的。一方面,企业可以根据本身的管理特点选购不同的模块;另一方面,企业也可以采取循序渐进的策略有计划地先启用一些模块,一段时间之后再启用另外一些模块。系统启用为企业提供了选择的便利,它可以表明企业在何时点及启用了哪些模块。只有设置了系统启用的模块才可以登录。

设置系统启用的方法有两种:一种是在企业建账完成后立即进行系统启用,另一种是在建账结束后由账套主管在企业应用平台中进行系统启用设置。

2. 基础档案设置

基础档案是系统日常业务处理所必需的基础资料,是一个账套中各子系统共享公用的基础数据。因此,应根据企业的实际业务处理需求,结合系统基础档案设置的要求,事先做好基础数据的准备工作。基础档案设置主要内容包括机构人员信息、客商信息、存货信息、财务信息、收付结算信息、业务信息、对照表及其他信息。其中:

（1）机构人员信息设置包括本单位信息设置、部门档案设置、人员档案设置、人员类别设置、职务档案设置及岗位档案设置。

（2）客商信息设置包括地区分类设置、行业分类设置、供应商分类设置、供应商档案设置、客户分类设置、客户级别设置和客户档案设置。

（3）存货信息设置包括存货分类设置、计量单位设置和存货档案设置等。

（4）财务信息设置包括会计科目设置、凭证类别设置、外币设置和项目目录设置。

（5）收付结算信息设置包括结算方式设置、付款条件设置、银行档案设置和本单位开户银行设置。

（6）业务信息设置包括仓库档案设置、收发类别设置、采购类型设置、销售类型设置、产品结构设置、成套件设置、费用项目设置、发运方式设置、货位档案设置和非合理损耗类型设置等。

（7）对照表设置包括仓库存货对照表、存货货位对照表、供应商存货对照表、客户存货对照表、单据类型与收发类别对照表和存货自由项对照表。

应该说明的是,企业设置哪些基础档案资料应以其用友 ERP-U8 应用方案为基础,并不一定需要面面俱到地将所有基础档案项目进行设置。一般说来,许多设置如果没有应用到对应的系统软件模块,是没有必要进行设置的。

3. 数据权限设置

用友 ERP-U8 软件中,提供了功能权限、数据权限和金额权限。

（1）功能权限在系统管理中进行设置,主要规定了每个操作员对各模块及细分功能的操作权限。

（2）数据权限是针对业务对象进行的控制,可以选择对特定业务对象的某些项目和某些记录进行查询和录入的权限控制。

（3）金额权限的主要作用体现在两个方面:一是设置用户在填制凭证时,对特定科目允许输入的金额范围;二是设置用户在填制采购订单时,允许输入的采购金额范围。

4. 单据设置

不同企业各项业务处理中使用的单据可能存在细微的差别,应根据业务的需要,对所需的单据格式、单据编码进行设置。单据设置主要包括单据格式设置、单据编号设置及单据打印设置。

用友 ERP-U8 软件中预置了常用单据模板,并允许用户对各单据类型的多个显示模板和多个打印模板进行设置,以定义本企业需要的单据格式,以及各种单据需要的显示格式和打印格式。

实验二　基础设置

【实验准备】

引入实验一的账套备份数据，将系统日期修改为"2012/12/31"。

【实验目的和要求】

（1）熟悉基础档案设置的相关内容。

（2）理解基础档案设置的目的和重要性。

（3）掌握基础档案设置的具体操作方法和过程。

【实验内容】

（1）基础档案设置。

（2）数据权限设置。

（3）单据设置。

【实验资料】

（1）在企业应用平台中启用财务与供应链各子系统。

（2）基础档案。

① 机构人员档案（见表 4-1 至表 4-3）。

表 4-1　部门档案

部门编码	部门名称	负责人
1	管理中心	
101	财务部	张晓军
102	人力资源部	章先科
2	供销中心	
201	采购部	朱挺
202	销售部	姚明
203	仓储部	刘祥
3	制造中心	
301	生产部	曾晓贤
302	一车间	华岚
303	二车间	郭炜

表 4-2　人员类别

人员类别编码	人员类别名称
001	综合管理岗
002	业务管理岗
003	车间管理岗
004	技术工人岗

表 4-3　人员档案

人员编号	人员姓名	性别	人员类别	行政部门	是否业务员
10101	张晓军	男	综合管理岗	财务部	是
10102	王明	男	综合管理岗	财务部	是
10103	江平	男	综合管理岗	财务部	是
10104	张芳	女	综合管理岗	财务部	是
10105	李燕	女	综合管理岗	财务部	是
10201	章先科	男	综合管理岗	人力资源部	是
20101	朱挺	男	业务管理岗	采购部	是
20102	朱民意	男	业务管理岗	采购部	是
20201	姚明	男	业务管理岗	销售部	是
20202	李菊	女	业务管理岗	销售部	是
20301	刘祥	男	业务管理岗	仓储部	是
20302	张宁	男	业务管理岗	仓储部	是
30101	曾晓贤	男	车间管理岗	生产部	是
30201	华岚	男	车间管理岗	一车间	是
30202	王继伟	男	技术工人岗	一车间	否
30301	郭炜	男	车间管理岗	二车间	是
30302	周涛	男	技术工人岗	二车间	否

② 客户和供应商档案（见表 4-4 至表 4-7）。

表 4-4　客户分类

客户分类编码	客户分类名称
01	大客户
02	普通客户
03	小客户

表 4-5　客户档案

客户编号	客户名称	所属分类码	税号	开户银行	银行账号	分管部门	专管业务员
001	南京进香河自行车商贸公司	01	230102896504356	中行南京进香河路分理处	367840357	销售部	李菊
002	沃尔玛南京桥北店	02	243518762102354	工行南京桥北分理处	456135890	销售部	李菊

（续表）

客户编号	客户名称	所属分类码	税号	开户银行	银行账号	分管部门	专管业务员
003	家乐福南京大桥南路店	02	256398425698147	招行南京下关支行	582314765	销售部	李菊
004	江苏省供销总社	01	302007568942135	工行南京分行	456135001	销售部	李菊
005	南京江浦珠江镇车行	03	——	——	——	销售部	李菊
006	合肥自行车商城	01	456073541892216	工行合肥分行	638554628	销售部	李菊
007	青岛车友俱乐部	02	525068753216754	交行青岛分行	758365731	销售部	李菊
008	贵州车辆交易中心	01	683016532875653	建行贵州分行	832165467	销售部	李菊

表 4-6　供应商分类

供应商分类编码	供应商分类名称
一级分类	
1	华东地区
2	华北地区
3	华南地区
4	东北地区
5	西南地区
二级分类	
01	材料及半成品供应商
02	服务类提供商

表 4-7　供应商档案

供应商编号	供应商名称	所属分类码	税号	开户银行	账号	分管部门	分管业务员
001	南京钢铁加工公司	101	110500654785248	工行南京大厂支行	456135782	采购部	朱民意
002	南京塑料制品有限公司	101	110500654736537	工行南京大厂支行	456136575	采购部	朱民意
003	盐城精诚坐垫加工厂	101	131257436827915	工行盐城分行	456125174	采购部	朱民意

（续表）

供应商编号	供应商名称	所属分类码	税号	开户银行	账号	分管部门	分管业务员
004	无锡脚踏专卖店	101	151256325738125	工行无锡分行	456138125	采购部	朱民意
005	北京雪融车辆配件商城	201	100487436963596	建行北京分行	100128128	采购部	朱民意
006	北京天盛飞轮厂	201	100555765674135	交行北京分行	100558158	采购部	朱民意
007	深圳静文变速器工厂店	301	181018857692667	交行深圳分行	112398918	采购部	朱民意
008	广州昭阳轮胎有限公司	301	181018856581556	工行广州分行	181058007	采购部	朱民意
009	南京顺风快递物流公司	102	——	支票	——	采购部	朱民意
010	国家电网公司南京分公司	102	110500358615367	中行南京分行	234235001	财务部	李燕

③ 物料档案（见表 4-8 至表 4-10）。

表 4-8 计量单位组及计量单位

计量单位组编号	计量单位组名称	计量单位组类别	计量单位编号	计量单位名称
01	数量组	无换算率	01	套
			02	台
			03	只
			04	本
			05	瓶
			06	个
			07	箱
			08	片
			09	辆
			10	次

表 4-9 存货分类

存货类别编码	存货类别名称
01	原材料
02	辅助材料

（续表）

存货类别编码	存货类别名称
03	产成品
04	办公用品
05	其他

表 4-10　存货档案

存货编码	存货名称	计量单位	所属分类	税率%	存货属性
1001	自行车主结构	套	01	17	外购、生产耗用
1002	自行车套件	套	01	17	外购、生产耗用
1003	轮胎	只	01	17	外购、生产耗用
1004	变速器	台	01	17	外购、生产耗用
1005	飞轮	片	01	17	外购、生产耗用
1006	脚踏	只	01	17	外购、生产耗用、外销
1007	坐垫	个	01	17	外购、生产耗用、外销
2001	多功能安装工具	套	02	17	外购、生产耗用
3001	山地自行车	辆	03	17	自制、内销、外销
3002	公路自行车	辆	03	17	自制、内销、外销
4001	原稿纸	本	04	17	外购、生产耗用、内销
4002	蓝黑墨水	瓶	04	17	外购、生产耗用、内销
4003	A4 打印纸	箱	04	17	外购、生产耗用、内销
5001	运费	次	05	7	应税劳务

④ 财务核算档案（见表 4-11 和表 4-12）。

表 4-11　凭证类别

凭证类别	限制类型	限制科目
记账凭证	无	无

表 4-12　会计科目

科目编号及名称	辅助核算（计量单位）	方向	币别/计量
库存现金（1001）	日记账	借	RMB
银行存款（1002）	银行账、日记账	借	RMB
农行珠江分行（100201）	银行账、日记账	借	RMB
应收票据（1121）	客户往来	借	RMB

（续表）

科目编号及名称	辅助核算（计量单位）	方向	币别/计量
应收账款（1122）	客户往来	借	RMB
预付账款（1123）	供应商往来	借	RMB
其他应收款（1221）	个人往来	借	RMB
备用金（122101）	个人往来	借	RMB
应收个人款（122102）	个人往来	借	RMB
材料采购（1401）		借	RMB
原材料（1403）		借	RMB
自行车主结构（140301）	数量（套）	借	RMB
自行车套件（140302）	数量（套）	借	RMB
轮胎（140303）	数量（只）	借	RMB
变速器（140304）	数量（台）	借	RMB
飞轮（140305）	数量（片）	借	RMB
脚踏（140306）	数量（只）	借	RMB
坐垫（140307）	数量（个）	借	RMB
多功能安装工具（140308）	数量（套）	借	RMB
库存商品（1405）		借	RMB
山地自行车（140501）	数量（辆）	借	RMB
公路自行车（140502）	数量（辆）	借	RMB
周转材料（1411）		借	RMB
原稿纸（141101）	数量（本）	借	RMB
蓝黑墨水（141102）	数量（瓶）	借	RMB
打印纸（141103）		借	RMB
A4 纸（14110301）	数量（箱）	借	RMB
消耗性生物资产（1421）		借	RMB
待摊费用（1801）		借	RMB
固定资产（1601）		借	RMB
累计折旧（1602）		贷	RMB
固定资产清理（1606）		借	RMB
短期借款（2001）		借	RMB
应付票据（2201）	供应商往来	贷	RMB

（续表）

科目编号及名称	辅助核算（计量单位）	方向	币别/计量
应付账款（2202）	供应商往来	贷	RMB
预收账款（2203）	客户往来	贷	RMB
应付职工薪酬（2211）		贷	RMB
应交税费（2221）		贷	RMB
应交增值税（222101）		贷	RMB
进项税（22210101）		贷	RMB
销项税（22210102）		贷	RMB
应交所得税（222106）		贷	RMB
企业所得税（22210601）		贷	RMB
个人所得税（22210602）		贷	RMB
应交城市维护建设税（222108）		贷	RMB
应交环保税（222109）		贷	RMB
预提费用（2191）		贷	RMB
长期借款（2501）		贷	RMB
实收资本（4001）		贷	RMB
盈余公积（4101）		贷	RMB
法定盈余公积（410101）		贷	RMB
任意盈余公积（410102）		贷	RMB
本年利润（4103）		贷	RMB
利润分配（4104）		贷	RMB
未分配利润（410401）		贷	RMB
提取法定盈余公积（410403）		贷	RMB
提取任意盈余公积（410404）		贷	RMB
应付现金股利（410406）		贷	RMB
生产成本（5001）	项目核算	借	RMB
直接材料（500101）	项目核算	借	RMB
直接人工（500102）	项目核算	借	RMB
制造费用（500103）	项目核算	借	RMB
制造费用（5101）	项目核算	借	RMB
生产成本转出（5102）	项目核算	借	RMB

（续表）

科目编号及名称	辅助核算（计量单位）	方向	币别/计量
主营业务收入（6001）	项目核算	贷	RMB
营业外收入（6301）		贷	RMB
罚款净收入（630101）		贷	RMB
主营业务成本（6401）	项目核算	借	RMB
其他业务成本（6402）		借	RMB
管理费用（6602）	部门核算	借	RMB
工资（660201）	部门核算	借	RMB
福利费（660202）	部门核算	借	RMB
办公费（660203）	部门核算	借	RMB
差旅费（660204）	部门核算	借	RMB
招待费（660205）	部门核算	借	RMB
折旧费（660206）	部门核算	借	RMB
其他（660207）	部门核算	借	RMB
财务费用（6603）		借	RMB
利息支出（660301）		借	RMB
手续费（660302）		借	RMB
销售费用（6601）		借	RMB
工资（660101）		借	RMB
福利费（660102）		借	RMB
办公费（660103）		借	RMB
差旅费（660104）		借	RMB
招待费（660105）		借	RMB
折旧费（660106）		借	RMB
广告费（660107）		借	RMB
展览费（660108）		借	RMB
其他（660109）		借	RMB

说明：将"库存现金（1001）"科目指定为现金总账科目；将"银行存款（1002）"科目指定为银行总账科目；将"库存现金（1001）""农行珠江支行（100201）""其他货币资金（1012）"科目指定为现金流量科目。

⑤ 项目核算档案(见表4-13)。

表4-13　项目核算目录

项目大类	产品						
项目分类	产成品自行车						
核算科目	生产成本	直接材料	直接人工	制造费用	生产成本转出	主营业务收入	主营业务成本
山地自行车	是	是	是	是	是	是	是
公路自行车	是	是	是	是	是	是	是

⑥ 收付结算档案(见表4-14和表4-15)。

表4-14　开户银行

编号	名称	账号	开户日期
01	农行南京浦口区珠江镇支行	800545788210	20080901

表4-15　结算方式

结算方式编码	结算方式名称	票据管理
1	现金结算	否
2	支票结算	否
201	现金支票	是
202	转账支票	是
3	银行汇票	否
4	商业承兑汇票	否
5	其他	否

⑦ 业务档案(见表4-16至表4-18)。

表4-16　收发类别

入库方式		出库方式	
1:入库		2:出库	
11:采购入库	收发标志:收	21:销售出库	收发标志:发
12:产成品入库		22:材料领用出库	
13:其他入库		23:其他出库	

表 4-17　采购类型

编号	名称	入库类别
1	材料采购	采购入库

表 4-18　销售类型

编号	名称	出库类别
1	批发	销售出库
2	零售	销售出库

（3）数据权限设置。

设置操作员有对张晓军、张芳所填制凭证的查询、删改、审核、弃审以及关闭的权限。

（4）单据设计。

单据设计编号设置要求：分别选取"销售普通发票""销售专用发票""采购普通发票""采购专用发票""运费发票""代垫费用单""收款单"，修改为完全手工编号。

【实验指导】

1．系统启用

操作步骤：

① 以"张晓军"身份进入企业应用平台，执行"开始"→"程序"→"用友 ERP—U8"→"企业应用平台"命令，打开"登录"对话框。输入操作员"001"、密码"001"，在账套下拉列表框中选择［999］（default）"南京市珠江机械有限公司"，更改操作日期为"2012-12-01"，如图 4-1 所示。

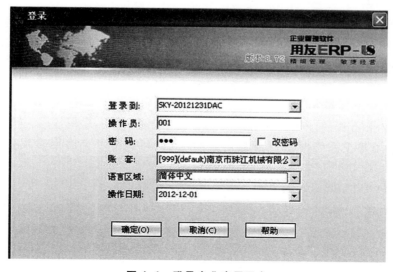

图 4-1　登录企业应用平台

② 单击【确定】按钮,进入"UFIDA—ERP［工作中心］"窗口。

③ 在"基础设置"页签中,执行"基本信息"→"系统启用"命令,打开"系统启用"对话框。

④ 单击"GL 总账"前的复选框,系统弹出"日历"对话框,选择"2012－12－01",如图 4-2 所示。

图 4-2 启用总账

⑤ 单击【确定】按钮,系统弹出"确定要启用当前系统吗?"信息提示框。

⑥ 单击【是】按钮返回。

⑦ 以此类推,分别选择要启用的"应收款管理""应付款管理""固定资产""销售管理""采购管理""库存管理""存货核算"系统,选择启用日期"2012－12－01",进行各模块的启用设置。

⑧ 各模块启用完毕后,单击【退出】按钮返回。

注意:

● 只有账套主管才有权在"企业应用平台"中启用系统。

● 一般企业应用为了核算方便以及保证正常的核算周期,启用日期一般都从当月的 1 日开始,在启用各子系统时要注意它们之间的逻辑关系,以免启用时发生错误或系统冲突。

● 各系统的启用时间必须大于等于账套的启用时间。

2. 部门档案设置

操作步骤:

① 在企业应用平台"基础设置"页签中,执行"基础档案"→"机构人员"→"部门档案"命令,进入"部门档案"窗口。

② 单击【增加】按钮,根据实验资料给定的部门信息,输入部门编码"1"、部门名称"管理中心"信息,单击【保存】按钮保存,如图 4-3 所示。

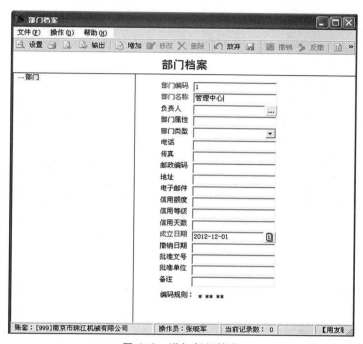

图 4-3　增加部门档案

③ 以此类推,分别增加其他部门的档案信息,如图 4-4 所示。

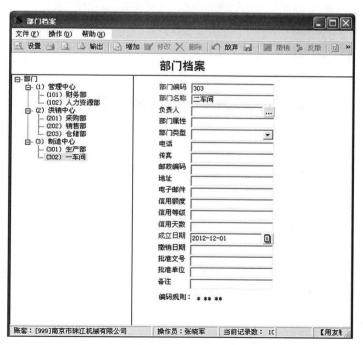

图 4-4　部门档案信息

注意：

● 蓝色部门为必须键入部分，编码必须符合该页面下方所显示的编码方案，否则将会报错。

● 正常情况下页面上所有字段都有实质性变量意义，如果不是必输项或必须使用项，建议可以保持默认值。

④ 输入完毕后，单击【退出】按钮返回。

注意：

● 部门档案既可以在企业门户的基础档案中进行设置，也可以在使用部门档案的其他系统中进行设置，系统中基础档案信息是共享的。

● 部门编码必须符合编码规则。

● 由于此时还未设置"人员档案"，部门中的"负责人"现在不能设置。如果需要设置，那么只能在设置完成"人员档案"后，再回到"部门档案"中以修改的方式补充设置"负责人"并保存。

3. 建立人员类别

操作步骤：

① 在"基础设置"页签中，执行"基础档案"→"机构人员"→"人员类别"命令，进入"人员类别"窗口。

② 在左边窗口选择"在职人员"人员类别，单击【增加】按钮，根据实验资料，在"在职人员"下分别增加各人员类别，如图4-5所示。

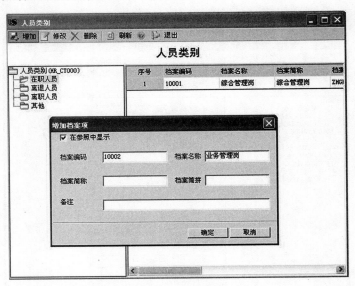

图4-5　人员类别

③ 输入完毕后，单击【退出】按钮返回。

4. 设置人员档案

操作步骤：

① 在"基础设置"页签中，执行"基础档案"→"机构人员"→"人员档案"命令，进入

"人员列表"窗口。

② 单击左窗口的"部门类别"下的"财务处",单击【增加】按钮,输入财务处"张晓军"的人员档案信息。

③ 输入完毕后,单击【保存】按钮。

④ 同理,根据实验资料要求,依次输入其他人员的档案信息,如图 4-6 所示。

注意:

• 如图 4-6 所示,"是否业务员"选项必须都勾选,如果没有勾选此选项,该人员就不能在 U8 系统中发生任何业务。

• 人员编码必须唯一。

• 人员所属部门只能是末级部门。

图 4-6 增加人员档案

⑤ 全部输入完毕后,单击【退出】按钮返回。

5. 客户分类

操作步骤:

① 在"基础设置"页签中,执行"基础档案"→"客商信息"→"客户分类"命令,进入"客户分类"窗口。

② 在左边窗口选择"客户分类",单击【增加】按钮,输入分类编码"01"、分类名称"大客户"。

③ 单击【保存】按钮保存设置。

④ 同理,根据实验资料要求,分别在客户分类列表增加各客户类别,如图 4-7 所示。

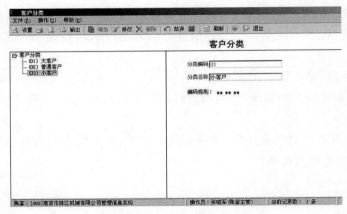

图 4-7　客户分类

⑤ 增加完毕后,单击【退出】按钮返回。

注意:

客户是否需要分类应在建立账套时确定。

6. 建立客户档案

操作步骤:

① 在"基础设置"页签中,执行"基础档案"→"客商信息"→"客户档案"命令,进入"客户档案"窗口。

② 在左边窗口选择"大客户",单击【增加】按钮。

③ 在"增加客户档案"窗口,输入客户编号为"001"的客户档案信息。

④ 同理,根据实验资料要求,输入其他客户的档案信息。

注意:

● 客户所属客户分类只能是末级客户分类。

● 建立客户档案时,客户开户银行及账号需要在增加完客户档案后单击【银行】按钮,打开"客户银行档案"对话框录入,如图 4-8 和图 4-9 所示。

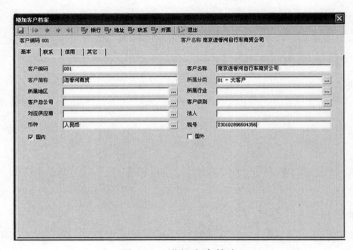

图 4-8　增加客户档案

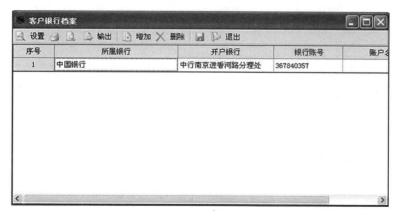

图 4-9　客户银行档案

⑤ 增加完毕后,单击【退出】按钮返回。

7. 供应商分类

根据实验资料中给定的供应商分类资料要求,参照客户分类操作步骤,依次完成供应商分类数据的添加,如图 4-10 所示。

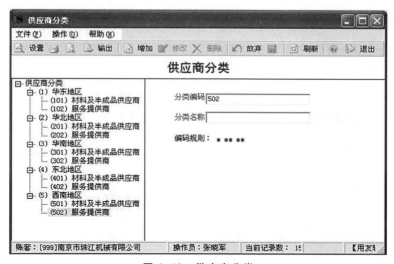

图 4-10　供应商分类

注意:

供应商是否分类应在建立账套时确定,此时不能修改;如若修改只能在未建立供应商档案的情况下,在系统管理中以修改账套的方式修改。

8. 建立供应商档案

根据实验资料中给定的供应商档案资料要求,参照客户档案操作步骤,依次完成供应商档案数据的添加,如图 4-11 所示。

图 4-11 增加供应商档案

9. 计量单位组及计量单位设置

操作步骤：

① 在"基础设置"页签中，执行"基础档案"→"存货"→"计量单位"命令，打开"计量单位—计量单位组"对话框。

② 单击【分组】按钮，打开"计量单位组"对话框，再单击【增加】按钮，输入计量单位组编码"01"、计量单位组名称"数量组"、计量单位组类别"无换算率"，如图 4-12 所示。

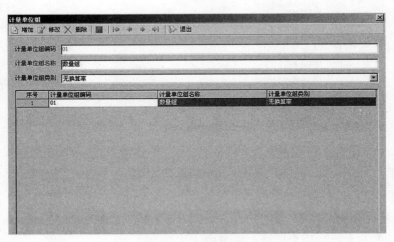

图 4-12 计量单位组

③ 单击【保存】按钮，再单击【退出】按钮。

④ 选择"计量单位组—(01)数量组<无换算关系>"，单击【单位】按钮，打开"计量单位"对话框，如图 4-13 所示。

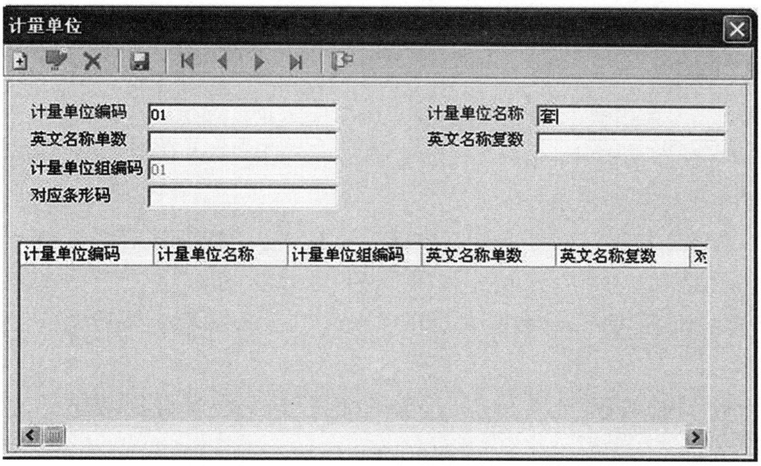

图 4-13 增加计量单位

⑤ 单击【增加】按钮,根据实验资料要求分别增加有关计量单位信息。

⑥ 增加完毕后,单击【退出】按钮返回。

注意:

在设置计量单位时,应先设置计量单位组,然后在不同的计量单位组下设置相应的计量单位。

10. 存货分类设置

操作步骤:

① 在"基础设置"页签中,执行"基础档案"→"存货"→"存货分类"命令,打开"存货分类"窗口,如图 4-14 所示。

② 在"存货分类"窗口中,单击【增加】按钮,根据实验资料要求,分别增加各存货类别和名称。

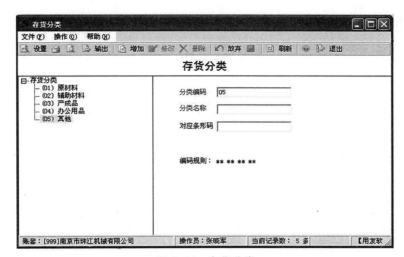

图 4-14 存货分类

③ 增加完毕后,单击【退出】按钮返回。

11. 存货档案设置

操作步骤:

① 在"基础设置"页签中,执行"基础档案"→"存货"→"存货档案"命令,打开"存货档案"对话框。

② 选中"(01)原材料",单击【增加】按钮,系统弹出"增加存货档案"窗口。

③ 在"基本"选项卡中,录入存货编码"1001"、存货名称"自行车主结构"、所属分类"原材料"、计量单位组"01"、计量单位"01"、税率"17.00",存货属性中分别勾选"外购"项、"生产耗用"项。

④ 单击【保存】按钮,完成存货"自行车主结构"档案信息设置,如图4-15所示。

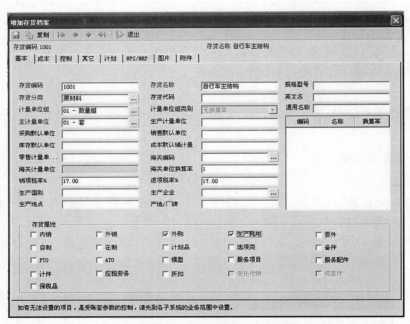

图4-15 增加存货档案

⑤ 同理,根据实验资料要求,增加其他存货的档案信息。

注意:

设置存货档案时,应注意存货属性的合理选择。

⑥ 增加完毕后,单击【退出】按钮返回。

12. 凭证类别设置

操作步骤:

① 在"基础设置"页签中,执行"基础档案"→"财务"→"凭证类别"命令,打开"凭证类别预置"对话框,如图4-16所示。

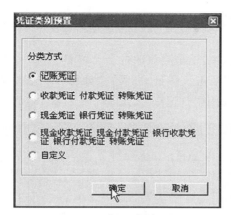

图 4-16 凭证类别预置

② 选择"记账凭证"单选按钮,单击【确定】按钮,保存后退出。

13. 会计科目设置

(1) 增加会计科目。

操作步骤:

① 在"基础设置"页签中,执行"基础档案"→"财务"→"会计科目"命令,进入"会计科目"窗口。

② 单击【增加】按钮,打开"会计科目—新增会计科目"窗口,如图 4-17 所示。

图 4-17 新增会计科目

③ 输入科目编码"100201"、科目名称"农行珠江分行",选中"日记账""银行账"复选框。

④ 单击【确定】按钮保存。

⑤ 同理,单击【增加】按钮,继续输入实验资料要求的其他明细科目的相关信息。

⑥ 全部增加完成后,单击【关闭】按钮后退出。

注意:

● 增加的会计科目编码长度及每级位数应符合编码规则。

● 增加会计科目也可以利用"成批复制"功能增加会计科目。

（2）修改会计科目。

操作步骤：

① 在"会计科目"窗口中，单击要修改的会计科目"1001　库存现金"科目。

② 单击【修改】按钮或双击该科目，进入"会计科目__修改"对话框。

③ 单击【修改】按钮，选中"日记账"复选框，如图 4-18 所示。

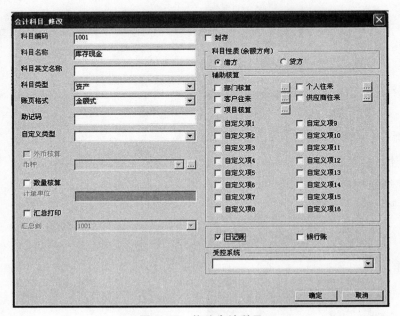

图 4-18　修改会计科目

④ 单击【确定】按钮，保存修改后的"1001　库存现金"科目信息。

⑤ 同理，根据实验资料要求，单击【修改】按钮，依次修改其他会计科目的辅助核算属性。

⑥ 修改完成后，单击【返回】按钮。

注意：

● 通常在以下两种情况下需要修改科目：第一，系统预置的科目中没有指定科目的辅助核算内容，如现金科目未设置日记账核算、应收账款未指定客户往来核算等，因此需要对实验资料中标注了辅助核算的科目进行修改，以补充指定科目的辅助核算内容；第二，系统中预置了生产成本二级科目"基本生产成本"和"辅助生产成本"，按实验资料要求修改为"直接材料"和"直接人工"。

● 如果科目已经使用，那么不能被修改或删除。

（3）指定会计科目。

操作步骤：

① 在"会计科目"窗口中，执行"编辑"→"指定科目"命令，打开"指定科目"对话框。

② 单击"现金科目"按钮，从"待选科目"列表框中选择"1001　库存现金"科目，单击【>】按钮，将库存现金科目添加到"已选科目"列表中，如图 4-19 所示。

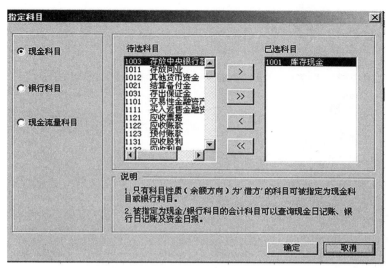

图 4-19　指定科目

③ 同理,单击"银行科目"按钮,将"1002 银行存款"科目设置为银行科目。

④ 同理,单击"现金流量科目"按钮,将"1001 库存现金""100201 农行珠江分行""1012 其他货币资金"科目设置为现金流量科目。

⑤ 单击【确定】按钮,保存。

注意:

● 指定会计科目是指定出纳专管科目,只有指定科目后,才能执行出纳签字。

● 只有指定现金及银行总账科目才能查询现金及银行存款日记账。

14. 项目目录设置

操作步骤:

① 在"基础设置"页签中,执行"基础档案"→"财务"→"项目目录"命令,打开"项目档案"对话框。

② 单击【增加】按钮,打开"项目大类定义__增加"对话框。

③ 输入新项目大类名称"产品",选择新增项目大类的属性"普通项目",如图 4-20 所示。

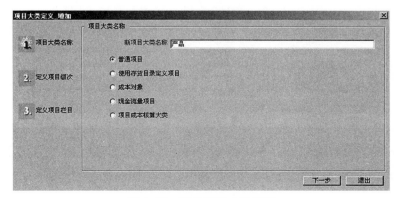

图 4-20　定义项目大类名称

④ 单击【下一步】按钮,打开"定义项目级次"对话框,设定项目级次:一级 1 位,如图 4-21 所示。

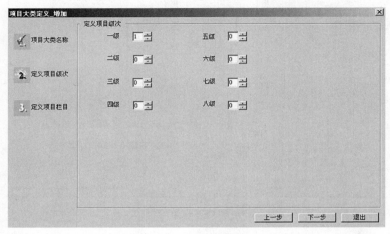

图 4-21　定义项目级次

⑤ 单击【下一步】按钮,打开"定义项目栏目"对话框,取系统默认,不做修改。

⑥ 单击【完成】按钮,返回"项目档案"对话框。

⑦ 从"项目大类"下拉列表中选择"产品",单击"核算科目"卡片,单击【≫】添加按钮,将全部待选科目选择为按产品项目大类核算的科目,单击【确定】按钮保存,如图 4-22 所示。

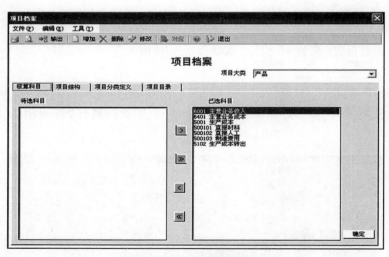

图 4-22　指定项目核算科目

⑧ 单击"项目分类定义"卡片,选择项目大类为"产品",输入分类编码"1",分类名称"产成品自行车",单击【确定】按钮,如图 4-23 所示。

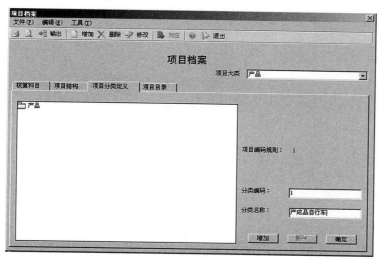

图 4-23 项目分类定义

⑨ 单击"项目目录"卡片,单击【维护】按钮,进入"项目目录维护"窗口。

⑩ 单击【增加】按钮,输入项目编号"01"、项目名称"山地自行车"、所属分类码"1"。

⑪ 再单击【增加】按钮,输入项目编号"02"、项目名称"公路自行车"、所属分类码"1",如图 4-24 所示。

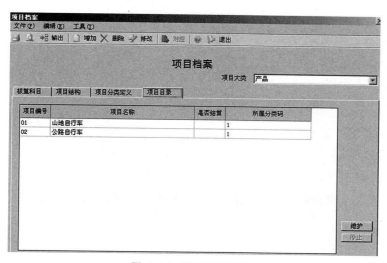

图 4-24 项目目录维护

⑫ 单击【退出】按钮返回,再单击【退出】按钮退出。

注意:

● 一个项目大类可以指定多个科目,一个科目只能指定一个项目大类。

● 标志结算后的项目将不能再使用。

15. 结算方式设置

操作步骤:

① 在"基础设置"页签中,执行"基础档案"→"收付结算"→"结算方式"命令,进入

"结算方式"窗口。

② 单击【增加】按钮,输入结算方式编码"1"、结算方式名称"现金",不选中"是否票据管理"复选框,如图 4-25 所示。

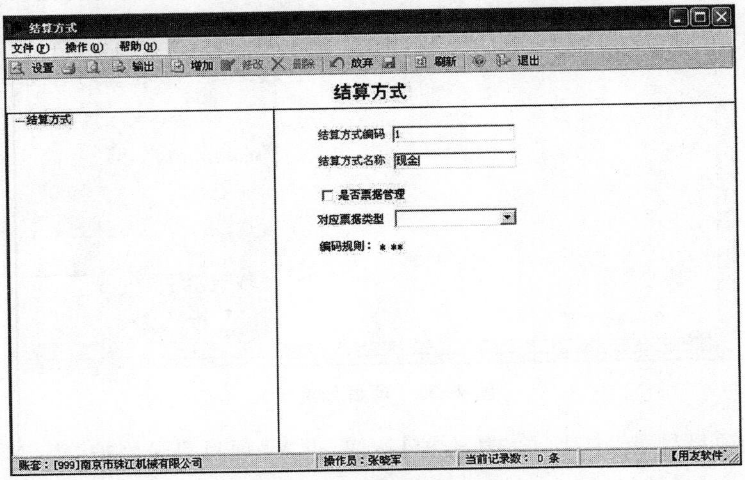

图 4-25 设置结算方式

③ 单击【保存】按钮。

④ 同理,单击【增加】按钮,根据实验资料要求依次输入其他结算方式。

注意:

若需实施票据管理,应选中"是否票据管理"复选框。

16. 开户银行设置

操作步骤:

① 在"基础设置"页签中,执行"基础档案"→"收付结算"→"本单位开户银行"命令,进入"本单位开户银行"窗口。

② 单击【增加】按钮,进入"增加本单位开户银行"对话框。

③ 根据实验资料输入银行档案信息,图 4-26 所示。

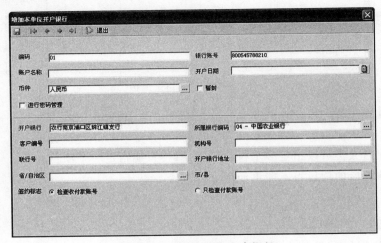

图 4-26 增加本单位开户银行

④ 单击【保存】按钮保存。

17. 收发类别设置

操作步骤：

① 在"基础设置"页签中，执行"基础档案"→"业务"→"收发类别"命令，打开"收发类别"对话框。

② 在"收发类别"对话框中，单击【增加】按钮，根据实验资料要求，依次添加收发类别，如图 4-27 所示。

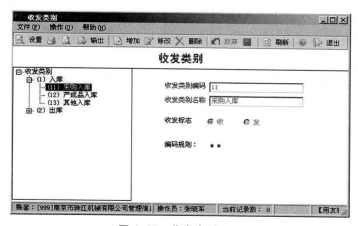

图 4-27　收发类别设置

③ 输入完毕后，单击【退出】按钮。

18. 采购类型设置

操作步骤：

① 在"基础设置"页签中，执行"基础档案"→"业务"→"采购类型"命令，打开"采购类型"对话框。

② 在"采购类型"对话框中，单击【增加】按钮。

③ 输入采购类型编码"1"、采购类型名称"材料采购"、入库类别"采购入库"，"是否默认值"选择"是"，如图 4-28 所示。

图 4-28　采购类型设置

④ 单击【保存】按钮,再单击【退出】按钮。

19. 销售类型设置

操作步骤:

① 在"基础设置"页签中,执行"基础档案"→"业务"→"销售类型"命令,打开"销售类型"对话框。

② 在"销售类型"对话框中,单击【增加】按钮。

③ 输入销售类型编码"1"、销售类型名称"批发"、出库类别"销售出库","是否默认值"选择"是",单击【保存】按钮。

④ 同理,根据实验资料要求添加其他销售类型,如图 4-29 所示。

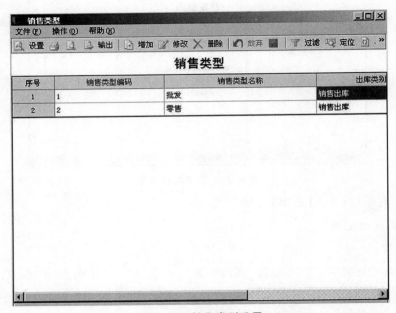

图 4-29 销售类型设置

⑤ 输入完毕后,单击【退出】按钮。

20. 数据权限设置

操作步骤:

① 在"系统服务"页签中,执行"权限"→"数据权限分配"命令,进入"权限浏览"窗口。

② 从"业务对象"下拉列表中选择"用户",从"用户及角色"列表中选择"002 王明"。

③ 单击【授权】按钮,打开"记录权限设置"对话框。

④ 从"禁用"列表中分别选择"001 张晓军""004 张芳",单击【>】按钮,将其从"禁用"列表选入"可用"列表中,如图 4-30 所示。

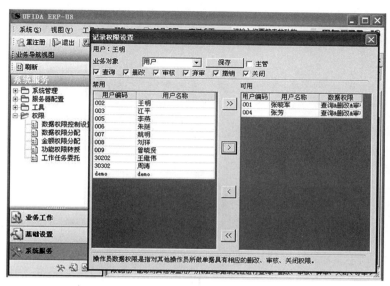

图 4-30　数据权限设置

⑤ 单击【保存】按钮,系统出现"保存成功"信息提示,再单击【确定】按钮返回。

21. 设置单据编号方式

操作步骤:

① 在"基础设置"页签中,执行"单据设置"→"单据编号设置"命令,打开"单据编号设置"对话框。

② 选择需要设置编码的单据"销售普通发票",然后单击【修改】按钮,修改销售普通发票的编码产生方式"完全手工编号",如图 4-31 所示。

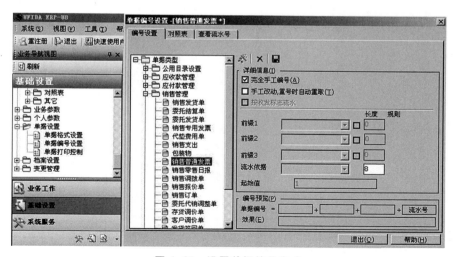

图 4-31　设置单据编号方式

③ 修改完成后,单击【保存】按钮。

④ 同理,根据实验资料要求,依次选择需要设置编号方式的单据,再单击【修改】按

钮,修改其他单据的编码产生方式。

⑤ 全部修改完毕后,单击【退出】按钮。

注意:

如果不在"单据编号设置"中设置"允许手工修改"某一单据的编号,那么在填制这一单据时其编号由系统自动生成而不允许手工录入编号。

22. 备份本次实验数据,命名为实验账套二

21世纪经济与管理规划教材

工商管理系列

模拟实战篇

第二单元　用友 ERP 财务管理系统

第5章 财务会计系统模块初始化设置

财务会计系统是用友 ERP-U8 管理软件的核心系统。它节约了会计凭证的生成时间,能及时查询和汇总子公司或分公司的财务和业务信息;缩短了财务会计报表的生成时间,内部报表和分析报告的形式更加多样化了;提高了会计信息的可靠性,一定程度上减少了舞弊行为。同时,财务、业务一体化也为财务管理与控制的开展奠定了基础,能够将资金控制点设置到业务流程的各个环节,真正实现节约资金、提高资金利用效率。

在启用财务会计系统各模块时,首先必须建立各模块的启用日期及对各模块进行初始化工作。其目的是设置各软件模块在启用日从原系统过渡到新系统所需的基础数据。

5.1 初始化设置概述

用友 ERP-U8 系统中各模块的初始化非常重要,直接关系到各业务模块系统的使用、业务点控制和模块启用日期前后业务处理的连续性。第一次使用各业务模块进行日常业务处理前,用户应根据本企业的需要将用友 ERP-U8 系统变成适合本单位实际需要的业务应用环境,将截止到各模块启用时尚未处理完的业务单据和启用日期手工账目的期初数据录入各功能系统。

财务会计系统是用友 ERP-U8 软件的重要组成部分,通过系统各业务模块的初始化设置,用户根据本企业的需要建立账务应用环境,将用友 ERP-U8 通用财务会计系统变成适合本单位实际需要的专用系统,使各模块能适应企业财会业务处理的需要,保持启用日期前后业务处理的连续性。

5.2 初始化设置内容

初始化是财务会计系统各业务模块启用后,为使用其进行日常业务处理所做的必要准备工作。在用友 ERP-U8 系统的"基础设置"中进行了基础数据设置后,在使用财务会计系统进行日常业务处理前,还需要转入对财务会计系统各个模块进行初始化设置。模块初始化主要包括业务参数设置、基础档案信息设置及期初数据录入等内容。

1. 业务参数设置

用友 ERP-U8 软件中各模块的业务参数设置关系到该业务系统的使用和业务点控制,就像功能开关一样,决定用户使用该系统的业务流程、业务模块和数据流向,因此非常重要。例如,在总账系统中可以设置是否允许使用应收受控科目。如果设置允许,那么意味着既可在总账系统中增加应收账款,又可在应收款系统中增加应收款项,结果会造成对账不平衡。因此，一般应设置不允许，以便有关应收款业务完全交由应收款系统去完成。

由于有些参数选项在日常业务开始后不允许随意修改，所以用户需要详细了解选项开关对业务处理流程的影响，并结合企业的实际业务需要，在业务开始前进行全盘考虑，再进行相关参数设置，尤其一些对其他系统有影响的选项设置更要考虑清楚。

2．基础档案信息设置

在使用各模块进行日常业务处理前，应根据企业的实际情况，结合各模块基础档案信息设置的要求，事先做好基础数据的准备工作。在用友 ERP-U8 软件各模块集成使用的环境下，一些系统共享的信息可以在系统应用平台基础档案中设置，另外一些各模块的专用基础信息则需要在各模块中设置。

3．期初数据录入

用友 ERP-U8 软件中各模块的期初数据是各业务系统运行的基础。在使用各业务模块进行日常业务处理前，应将各模块启用时尚未处理完的业务单据和启用日期手工账目的期初数据录入各功能系统，以便后期业务处理时的引用，从而使启用日期前后业务的处理能保持连续性。如账套从 2012/01/01 开始启用，则需要启用日期各账簿的期初余额数据，以便总账系统能正确计算以后的本期发生额、期末余额等数据。

5.3　财务会计系统各模块初始化设置

本实验单元主要涉及用友 ERP-U8 财务系统中的总账系统、应收款管理系统、应付款管理系统、固定资产管理系统初始化设置。

1．总账系统初始化设置

总账系统初始化是总账系统进行日常业务处理的前提和基础工作。总账系统初始化设置包括以下方面：

（1）总账系统启用。通过企业应用平台"基本信息"页签启用总账系统。

（2）设置控制参数。它是对总账系统的一些系统选项进行设置，以便为总账系统配置相应的功能或设置相应的控制。

（3）设置基础数据。它主要包括定义外币及汇率、建立会计科目、设置辅助核算档案、设置凭证类别、设置结算方式、定义常用凭证及常用摘要、设置明细权限。

（4）录入期初余额。它是将总账系统启用日期手工账目的余额数据输入系统，以保持启用日前后业务处理的连续性。期初余额的录入分为总账期初余额录入、辅助账期初余额录入。

2．应收款管理系统初始化设置

应收款管理系统初始化是使用应收款管理系统的前提条件，直接关系到系统的日后使用和业务点控制。应收款管理系统初始化主要包括以下方面：

（1）应收款管理系统启用。通过企业应用平台"基本信息"页签启用应收款管理系统。

（2）设置控制参数。它是对应收款管理的一些系统选项进行设置，以便为应收款管理系统配置相应的功能或设置相应的控制。

（3）设置基础数据。它主要包括设置科目、设置坏账准备、设置账龄区间、设置报警级别等。其他公共信息（会计科目、部门档案、职员档案、存货分类档案、计量单位组和计量单位、地区分类档案、客户分类档案、单据类型和单据格式、外币与汇率、开户银行、结算方式、付款条件）已在企业应用平台"基础设置"页签中和总账系统初始设置中完成。

（4）录入期初余额。它是将系统启用日未处理完成的所有客户的期初应收账款（销售发票数据）、预收账款、应收票据等数据输入系统，以便于以后的核销处理。

3. 应付款管理系统初始化设置

应付款管理系统初始化与应收款管理系统初始化的作用一样，也是使用应付款管理系统的前提条件。应付款管理系统初始化设置主要包括以下方面：

（1）应付款管理系统启用。通过企业应用平台"基本信息"页签启用应付款管理系统。

（2）设置控制参数。它是对应付款管理的一些系统选项进行设置，以便为应付款管理系统配置相应的功能或设置相应的控制。

（3）设置基础数据。它主要包括设置科目、设置账期内账龄区间设置、设置逾期账龄区间、设置报警级别等。其他公共信息（会计科目、部门档案、职员档案、存货分类档案、计量单位组和计量单位、地区分类档案、供应商分类及档案、单据类型和单据格式、外币与汇率、开户银行、结算方式、付款条件）已在企业应用平台"基础设置"页签中和总账系统初始设置中完成。

（4）录入期初余额。它是将系统启用日未处理完成的所有供应商的应付账款（采购发票数据）、预付账款、应付票据等数据输入系统，以便于以后的核销处理。

4. 固定资产管理系统初始化设置

固定资产管理系统初始化是使用固定资产管理系统进行日常业务处理的前提和基础工作，直接关系到系统的日后使用和业务点控制便利与否。固定资产管理系统初始化设置包括以下方面：

（1）固定资产管理系统启用。通过企业应用平台"基本信息"页签启用固定资产管理系统。

（2）设置控制参数。它是对固定资产管理的一些系统选项进行设置，以便为固定资产管理系统配置相应的功能或设置相应的控制。

（3）设置基础数据。它主要包括卡片项目定义、卡片样式定义、资产类别设置、部门设置、部门对应折旧科目设置、使用状况设置、增减方式设置等。其他公共信息（会计科目、部门档案、职员档案等）已在企业应用平台"基础设置"页签中和总账系统初始设置中完成。

（4）录入期初余额。它是将系统启用日原始卡片录入固定资产管理系统，以便于以后的固定资产业务的处理。

实验三　财务会计系统模块初始化设置

【实验准备】

引入实验二的账套备份数据，将系统日期修改为"2012/12/31"。

【实验目的和要求】

（1）了解用友 ERP-U8 财务会计系统各模块中基础数据及初始化管理的重要性，能够对企业的基础数据进行归纳和整理。

（2）熟悉用友 ERP-U8 软件中总账系统、应收款管理系统、应付款管理系统、固定资产管理系统初始设置的相关内容。

（3）理解用友 ERP-U8 软件中总账系统、应收款管理系统、应付款管理系统、固定资产管理系统系统初始设置的意义。

（4）掌握用友 ERP-U8 软件中总账系统、应收款管理系统、应付款管理系统、固定资产管理系统初始设置的具体内容和操作方法。

【实验内容】

（1）总账系统参数设置、基础数据设置、期初数据录入。

（2）应收款管理系统参数设置、基础数据设置、期初数据录入。

（3）应付款管理系统参数设置、基础数据设置、期初数据录入。

（4）固定资产管理系统参数设置、基础数据设置、期初数据录入。

【实验资料】

1. 在企业应用平台中注销供应链管理系统各模块

2. 常用摘要设置（见表5-1）

表 5-1　常用摘要

编号	摘要内容
001	提现
002	预借差旅费
003	报销差旅费
004	个人借款
005	银行短期借款

3. 总账初始化设置

总账控制参数如表5-2所示。

表 5-2　总账控制参数

选项卡	参数设置
凭证	制单序时控制：否 支票控制：是

（续表）

选项卡	参数设置
	赤字控制：资金及往来科目 赤字控制方式：提示 可以使用应收、应付、存货受控科目 现金流量科目必录现金流量项目：否 凭证编号方式为系统编号
账簿	账簿打印位数按软件的标准设定 明细账打印按年排页
预算控制	超出预算允许保存
权限	出纳凭证必须经由出纳签字 允许修改、作废他人填制的凭证 可查询他人凭证 明细账查询权限控制到科目：否
会计日历	会计日历为 12 月 31 日 数量小数位和单价小数位设为两位
其他	外币核算采用固定利率 部门、个人、项目按编码方式排序

（1）总账期初明细如表 5-3 所示。

表 5-3　期初余额

单位：元

科目编号及名称	期初借方余额	期初贷方余额
库存现金（1001）	28 430	
银行存款（1002）	439 515	
农行珠江支行（100201）	439 515	
应收账款（1122）	23 400	
其他应收款（1221）	8 000	
备用金（122101）	8 000	
原材料（1403）	281 550	
库存商品（1405）	770 000	
山地自行车（140501）	320 000	
公路自行车（140502）	450 000	
固定资产（1601）	2 706 207	
累计折旧（1602）		122 655
短期借款（2001）		229 883

（续表）

科目编号及名称	期初借方余额	期初贷方余额
应付账款（2202）		16 200
预收账款（2203）		3 840
应付职工薪酬（2211）		
应交税金（2221）		882
应交增值税（222101）		
进项税额（22210101）		
销项税（22210102）		
应交所得税（222106）		
应交城市维护建设税（222108）		882
其他应付款（2241）		1 185
长期借款（2501）		400 000
实收资本（4001）		3 335 475
盈余公积（4101）		4 494
法定盈余公积（410101）		4 494
未分配利润（410301）	4 276 302	42 57 102

（2）辅助账期初明细如表5-4至表5-9所示。

表5-4　应收账款

发生日期	凭证号	客户	摘要	方向	金额（元）	业务员	票号
2012/09/15	记-315	贵州车辆交易中心	应收销货款	借	13 800	李菊	120915
2012/10/24	记-518	南京进香河自行车商贸公司	应收销货款	借	7 680	李菊	121024
2012/11/20	记-918	家乐福南京大桥南路店	应收销货款	借	1 920	李菊	121120

表5-5　预收账款

发生日期	凭证号	客户	摘要	方向	金额（元）	业务员	票号
2012/11/10	记-858	青岛车友俱乐部	预收货款	贷	3 840	李菊	121110

表 5-6　原材料

科目名称	数量	单价（元）	金额（元）
自行车主结构	150 套	1 110	166 500
自行车套件	70 套	200	14 000
轮胎	114 只	150	17 100
变速器	120 台	245	29 400
飞轮	160 片	70	11 200
脚踏	300 只	50	15 000
坐垫	810 个	35	28 350

表 5-7　库存商品

科目名称	数量（辆）	单位成本（元）	金额（元）
山地自行车	160	2 000	320 000
公路自行车	300	1 500	450 000

表 5-8　应付账款

发生日期	凭证号	供应商	摘要	方向	金额（元）	业务员	票号
2012/09/24	记-176	北京天盛飞轮厂	应付购料款	贷	2 200	朱民意	225 165
2012/10/20	记-388	南京钢铁加工公司	应付购料款	贷	10 000	朱民意	754 186
2012/11/15	记-712	北京雪融车辆配件商城	应付购料款	贷	4 000	朱民意	123 568

表 5-9　其他应收款

发生日期	凭证号	部门	个人	摘要	方向	金额（元）	单据号
2012/11/20	记-966	采购部	朱挺	出差借款	贷	8 000	20 116

4．应收款管理初始化设置

（1）主要参数控制如表 5-10 所示。

表 5-10　应收款管理系统控制参数设置

选项卡	参数设置
常规	坏账处理方式：应收余额百分比法
权限与预警	启用客户权限 单据报警：按信用方式提前 7 天

（2）科目设置。

基本科目设置：应收科目　1122

预收科目　2203

销售收入科目　　　6001

税金科目　　　22210102

控制科目设置：应收科目　1122

预收科目　2203

（3）结算方式科目设置如表 5-11 所示。

表 5-11　结算方式

结算方式	币种	账号	科目
现金支票	RMB	800245788210	100201
转账支票	RMB	800245788210	100201

（4）坏账准备。

提取比例为0.5%，期初余额为0；坏账准备科目：1231；坏账准备对方科目：管理费用（660207）。

（5）账龄区间如表 5-12 和表 5-13 所示。

表 5-12　账期内账龄区间

单位：天

序号	起止天数	总天数
1	1—60	60
2	61—90	90
3	91 以上	

表 5-13　逾期账龄区间

单位：天

序号	起止天数	总天数
1	1—60	60
2	61—90	90
3	91 以上	

（6）应收余额及明细（尾款）如表 5-14 所示。

表 5-14　应收账款

单据日期	客户	票号	销售部门	业务员	科目	存货	数量	金额（元）
2012/09/15	贵州车辆交易中心	120915	销售部	李菊	1122	山地自行车	6	13 800
2012/10/24	南京进香河自行车商贸公司	121024	销售部	李菊	1122	山地自行车	3	7 680
2012/11/20	家乐福南京大桥南路店	121120	销售部	李菊	1122	公路自行车	1	1 920

（7）预收余额及明细如表 5-15 所示。

表 5-15　预收账款

单据日期	客户	单据号	销售部门	业务员	科目	存货	数量	金额（元）
2012/11/10	青岛车友俱乐部	121110	销售部	李菊	1122	公路自行车	3	3 840
摘要	结算科目	结算方式	票据号					
预收货款	100201	现金支票	321523					

5. 应付管理初始化设置

（1）主要参数控制如表 5-16 所示。

表 5-16　应付款管理系统控制参数设置

选项卡	参数设置
权限与预警	启用供应商权限 单据报警：按信用方式提前 7 天

（2）科目设置。

基本科目设置：应付科目　　2202

预付科目　　1123

采购科目　　1401

税金科目　　22210101

控制科目设置：应付科目　　2202

预付科目　　1123

（3）结算方式科目设置如表 5-17 所示。

表 5-17　结算方式

结算方式	币种	账号	科目
现金支票	RMB	800245788210	100201
转账支票	RMB	800245788210	100201

（4）账龄区间如表 5-18 和表 5-19 所示。

表 5-18　账期内账龄区间

单位：天

序号	起止天数	总天数
1	1—60	60
2	61—90	90.
3	91 以上	

表 5-19　逾期账龄区间

单位:天

序号	起止天数	总天数
1	1—60	60
2	61—90	90
3	91 以上	

（5）应付余额及明细如表 5-20 所示。

表 5-20　应付账款余额

单据日期	客户	票号	销售部门	科目	存货	数量	金额（元）
2012/09/24	北京天盛飞轮厂	120924	采购部	2202	飞轮	30	2 200
2012/10/20	南京钢铁加工公司	121020	采购部	2202	自行车主结构	8	10 000
2012/11/15	北京雪融车辆配件商城	121115	采购部	2202	自行车套件	20	4 000

6. 固定资产管理初始化设置

（1）设置控制参数,如表 5-21 所示。

表 5-21　控制参数

控制参数	参数设置
约定与说明	我同意
启用月份	2012 年 12 月
折旧信息	本账套计提折旧 折旧方法:平均年限法 折旧汇总分配周期:1 个月 当(月初已计提月份=可使用月份-1)时,将剩余折旧全部提取
编码方式	资产类别编码方式:2112 固定资产编码方式: 　按"类别编码+部门编码+序号"自动编码 卡片序号长度为 3
财务接口	与财务系统进行对账 对账科目 　固定资产对账科目:1601 固定资产 　累计折旧对账科目:1602 累计折旧
补充参数	业务发生后立即制单 月末结账前一定要完成制单登账业务 固定资产默认入账科目:1601 累计折旧默认入账科目:1602

（2）资产类别如表 5-22 所示。

表 5-22　资产类别

编码	类别名称	净残值率(%)	单位	计提属性
01	房屋及建筑物			正常计提
011	办公楼	4	栋	正常计提
012	厂房	4	栋	正常计提
02	机器设备			正常计提
021	生产线	3	条	正常计提
022	生产设备	3	台	正常计提
023	电器设备	3	台	正常计提
024	办公设备	1	台	正常计提
03	运输设备			正常计提
031	机动车	4	辆	正常计提
032	非机动车	1	辆	正常计提

说明：卡片式样为通用式样。

（3）部门及对应折旧科目如表 5-23 所示。

表 5-23　部门及对应折旧科目

部门	对应折旧科目
财务部、采购部、仓储部、技术服务部、人力资源部、生产部	660206 管理费用/折旧费
销售部	660106 销售费用/折旧费
一车间、二车间	5101 制造费用

（4）增减方式对应入账科目如表 5-24 所示。

表 5-24　增减方式对应入账科目

增减方式目录		对应入账科目
增加方式：		
	直接购入	100201　农行珠江分行
	在建工程转入	1604　在建工程
	投资者投入	4001　实收资本
减少方式：		
	毁损	1606　固定资产清理

（5）原始卡片如表5-25所示。

表 5-25　原始卡片

卡片编号	00001	00002	00003	00004	00005	00006
资产名称	1号办公楼	1号厂房	1号生产线	车间设备 I	卡车1	南深空调
类别编号	011	012	021	022	031	024
规格型号				SCSB2009		HNSGB001
所在部门	人力资源部	二车间	一车间	一车间	仓储部	仓储部
增加方式	在建工程转入	投资者投入	直接购入	直接购入	直接购入	直接购入
使用年限（月）	240	300	120	120	96	60
原值（元）	900 000	667 944	637 578	318 789	159 395	22 500
累计折旧（元）	12 757	2 864	54 648	27 324	13 662	11 400
对应折旧科目	管理费用/折旧费	制造费用	制造费用	制造费用	管理费用/折旧费	管理费用/折旧费
开始使用日期	2010-09-08	2012-10-01	2009-08-01	2010-05-01	2010-05-01	2010-02-05

注：使用状况均为在用。

【实验指导】

1．注销供应链管理系统各模块

操作步骤：

①以"张晓军"身份进入企业应用平台，执行"开始"→"程序"→"用友 ERP-U8"→"企业应用平台"命令，打开"登录"对话框。输入操作员"001"、密码"001"，在账套下拉列表框中选择"南京市珠江机械有限公司"，更改操作日期为"2012-12-01"，如图5-1所示。

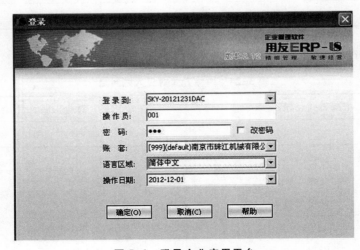

图 5-1　登录企业应用平台

②单击【确定】按钮，进入"UFIDA ERP-U8［工作中心］"窗口。

③ 在"基础设置"页签中,执行"基本信息"→"系统启用"命令,打开"系统启用"对话框。

④ 单击"SA 销售管理"前的复选框,系统弹出"确实要注销当前系统吗?"信息提示框,如图 5-2 所示。

图 5-2　注销"销售管理"的启用

⑤ 单击【是】按钮,则可注销"销售管理"系统的启用。

⑥ 以此类推,分别选择要注销的"采购管理""库存管理""存货核算"系统,注销供应链管理系统其他各模块的启用。

⑦ 各模块注销完毕后,单击【退出】按钮返回。

2. 常用摘要设置

操作步骤:

① 在"基础设置"页签中,执行"基础档案"→"其他"→"常用摘要"命令,进入"常用摘要"窗口。

② 单击【增加】按钮。

③ 在"常用摘要"表格的第一行,输入摘要编码"001"、摘要内容"提现"的摘要信息。

④ 同理,根据实验资料要求,输入其他常要摘要信息,如图 5-3 所示。

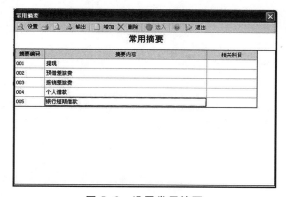

图 5-3　设置常用摘要

⑤ 增加完毕后,单击【退出】按钮返回。

3. 总账系统初始化设置

(1) 设置总账选项。

操作步骤:

① 在"业务工作"页签中,执行"财务会计"→"总账"→"设置"→"选项"命令,打开"选项"对话框,如图 5-4 所示。

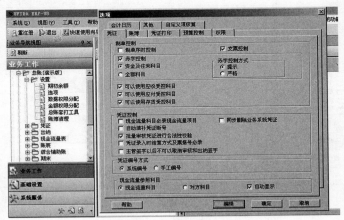

图 5-4 "选项"对话框

② 单击【编辑】按钮,再单击"凭证"选项卡。

③ 在"凭证"选项卡中,不勾选"制单序时控制"及"现金流量科目必录现金流量项目"复选框,选中"支票控制""赤字控制""可以使用应收受控科目""可以使用应付受控科目""可以使用存货受控科目"复选框,点击"赤字控制—资金及往来科目""赤字控制方式—提示""凭证编号方式—系统编号"单选按钮,如图 5-5 所示。

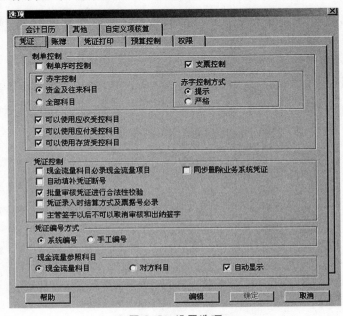

图 5-5 设置选项

④ 同理,分别单击"账簿""会计日历""其他"等选项卡,根据实验资料的要求进行相应的设置。

⑤ 全部设置完成后,单击【确定】按钮返回。

注意:

总账系统的参数将决定总账系统的输入控制、处理方式、数据流向、输出格式等,设定后一般不能随意改变。

(2) 录入期初余额。

操作步骤:

① 执行"设置"→"期初余额"命令,进入"期初余额录入"窗口。

② 直接输入末级科目(底色为白色)的期初余额,上级科目的余额自动汇总计算,如图 5-6 所示。

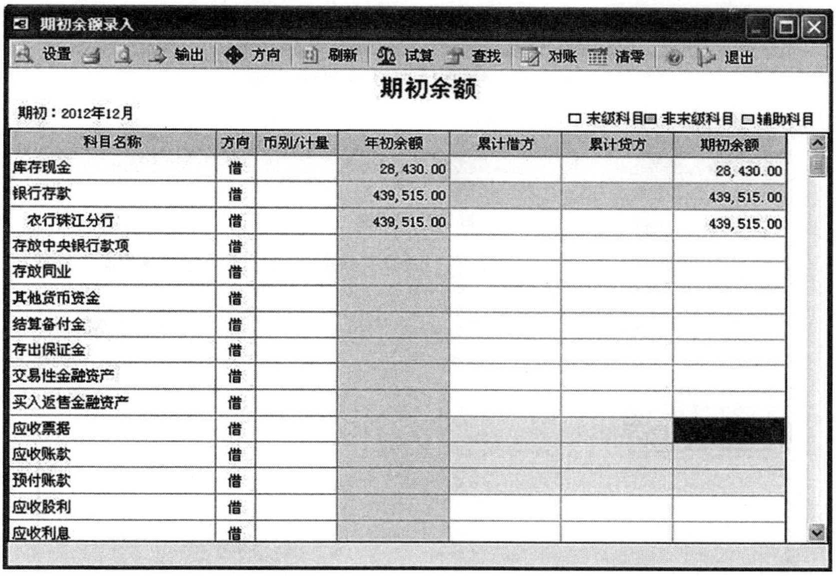

图 5-6　录入期初余额

③ 设置了辅助核算的科目底色显示为黄色,其累计发生额可直接输入,但期初余额的录入要到相应的辅助账中进行。

以录入"1122 应收账款"期初余额为例,其操作方法是:双击"1122 应收账款"辅助核算科目的期初余额栏,进入相应的"辅助期初余额"窗口,单击【增行】按钮输入每笔业务的金额,如图 5-7 所示。录入完毕后,再单击【往来明细】按钮输入每笔业务的明细项目数据,如图 5-8 所示。全部完成后单击【退出】按钮,则辅助账余额自动带入总账。

④ 所有科目余额录入完毕后,单击【试算】按钮,打开"期初试算平衡表"对话框。

⑤ 若期初余额不平衡,则需要修改期初余额;若期初余额试算平衡,单击【确定】按钮退出。

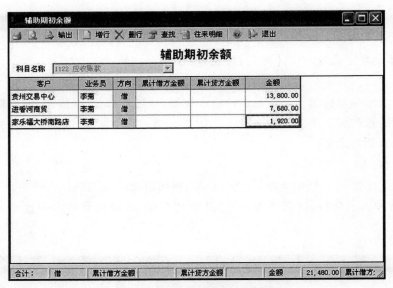

图 5-7　辅助核算科目期初余额

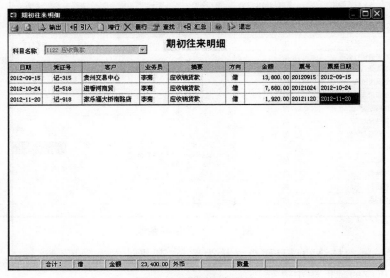

图 5-8　期初往来明细

注意：
- 只需输入末级科目的余额,非末级科目的余额由系统自动计算生成。
- 如果录入余额的科目有辅助核算的内容,那么在录入余额时必须录入辅助核算的明细内容,而修改时也应修改明细内容。
- 如果某一科目有数量(外币)核算的要求,那么录入余额时还应输入该余额的数量(外币)。
- 凭证记账后,期初余额变为只读状态,不能再修改。

4. 应收款管理系统初始化设置

（1）控制参数设置。

操作步骤：

① 在企业应用平台"业务工作"页签中，执行"财务会计"→"应收款管理"→"设置"→"选项"命令，打开"账套参数设置"对话框。

② 单击【编辑】按钮，进入参数修改状态。

③ 单击"凭证"选项卡，根据实验资料的要求进行相应的设置，如图 5-9 所示。

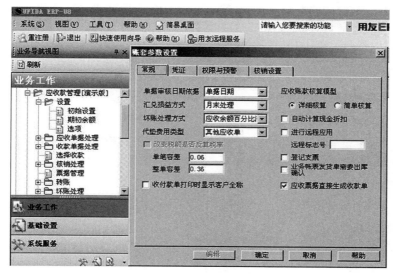

图 5-9　设置选项

④ 同理，分别单击"常规""凭证""权限与预警"等选项卡，依据实验资料的要求进行相应的设置。

⑤ 全部设置完成后，单击【确定】按钮返回。

注意：

● 在账套使用过程中可以随时修改账套参数。

● 如果选择单据日期为审核日期，那么月末结账时单据必须全部审核。

● 如果当年已经计提过坏账准备，那么坏账处理方式不能修改，只能在下一年度修改。

● 关于应收账款核算模型，在系统启用时或者还没有进行任何业务处理的情况下才允许从简单核算改为详细核算，而从详细核算改为简单核算可以随时进行。

（2）基本科目设置。

操作步骤：

① 执行"设置"→"初始设置"命令，打开"初始设置|基本科目设置"窗口。

② 录入或选择应收科目"1122"、预收科目"2203"、销售收入科目"6001"、税金科目"22210102"，进行基本科目设置，如图 5-10 所示。

82

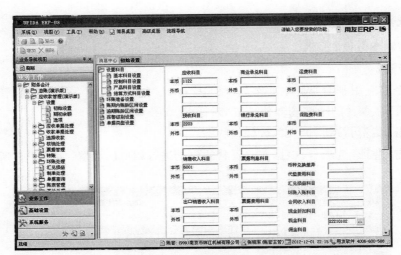

图 5-10　设置基本科目

注意：

● 只有在这里设置了基本科目，在生成凭证时才能直接生成凭证中的会计科目，否则凭证中将没有会计科目，相应的会计科目只能手工再录入。

● 如果应收科目、预收科目按不同的客户或客户分类分别设置，则可在"控制科目设置"中设置，在此可以不设置。

（3）控制科目设置。

操作步骤：

① 在"初始设置"窗口，执行"设置科目"→"控制科目设置"命令，打开"控制科目设置"窗口。

② 根据实验资料要求，录入或选择应收科目"1122"、预收科目"2203"，进行控制科目设置，如图 5-11 所示。

图 5-11　设置控制科目

（4）结算方式科目设置。

操作步骤：

① 在"初始设置"窗口，执行"设置科目"→"结算方式科目设置"命令，打开"结算方式科目设置"窗口。

② 选择结算方式"202 转账支票"、币种"人民币"、本单位账号"800245788210"、科目"100201"，完成转账支票的设置。

③ 同理，完成实验资料要求的其他结算方式科目设置，如图 5-12 所示。

图 5-12 设置其他结算方式科目

注意：

● 结算方式科目设置是针对已经设置的结算方式设置相应的结算科目。即在收款或付款时只要告诉系统结算时使用的结算方式，就可以由系统自动生成该种结算方式所使用的会计科目。

● 如果在此不设置结算方式科目，那么在收款或付款时可以手工输入不同结算方式对应的会计科目。

（5）坏账准备设置。

操作步骤：

① 在"初始设置"窗口，执行"坏账准备设置"命令，打开"坏账准备设置"窗口。

② 根据实验资料，录入提取比率"0.5"、坏账准备期初余额为"0"、坏账准备科目"1231"、对方科目"660207"，进行坏账准备设置，如图 5-13 所示。

③ 单击【确定】按钮。

注意：

● 如果在选项中并未选中坏账处理的方式为"应收余额百分比法"，则在此处就不能录入"应收余额百分比法"所需要的初始设置。即此处的初始设置是与选项中所选择的坏账处理方式相对应的。

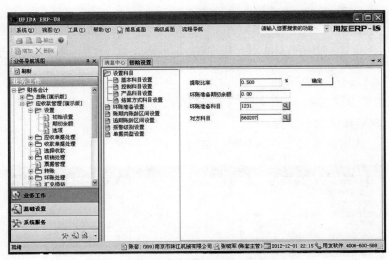

图 5-13　设置坏账准备

● 坏账准备期初余额被确认后,只要进行了坏账准备的日常业务处理就不允许再修改。下一年度使用本系统时,可以修改提取比率、区间和科目。

● 如果在系统选项中默认坏账处理方式为直接转销,则不用进行坏账准备设置。

(6)账期内账龄区间设置。

操作步骤:

① 在"初始设置"窗口,执行"账期内账龄区间设置"命令,打开"账期内账龄区间设置"窗口。

② 根据实验资料要求,进行账期内账龄区间设置,如图 5-14 所示。

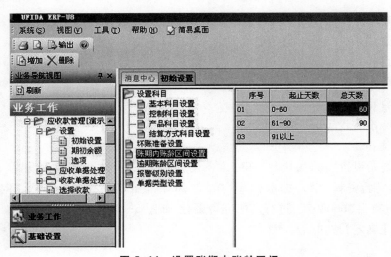

图 5-14　设置账期内账龄区间

(7)逾期账期内账龄区间设置。

操作步骤参见"账期内账龄区间设置"。

(8)录入期初余额。

操作步骤:

① 执行"设置"→"期初余额"命令,打开"期初余额—查询"对话框。

② 单击【确定】按钮,进入"期初余额明细表"窗口。

③ 单击【增加】按钮,打开"单据类别"对话框。

④ 选择单据名称"销售发票"、单据类型"销售专用发票",如图 5-15 所示。

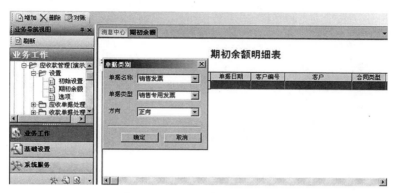

图 5-15　"单据类别"对话框

⑤ 单击【确定】按钮,进入"期初销售发票—销售专用发票"窗口。

⑥ 单击【增加】按钮,输入或选择开票日期"2012-09-15"、发票号"120915"、客户名称"贵州交易中心"、销售部门"销售部"、科目"1122",如图 5-16 所示。

图 5-16　录入销售专用发票

⑦ 选择货物名称"山地自行车",输入数量 6,价税合计 13 800 元。

⑧ 单击【保存】按钮。

⑨ 同理,单击【增加】按钮,根据实验资料要求,依次录入其他应收账款的期初余额。

⑩ 全部应收账款录入完成后,单击【退出】按钮返回。

⑪ 在"期初余额明细表"窗口,单击【增加】按钮,打开"单据类别"对话框。

⑫ 选择单据名称"预收款"、单据类型"收款单",如图 5-17 所示。

图 5-17 "单据类别"对话框

⑬ 单击【确定】按钮,进入"期初单据录入—收款单"窗口。

⑭ 单击【增加】按钮,输入或选择开票日期"2012-11-10"、单据编号"121110"、客户名称"青岛车友"、结算方式"现金支票"、金额"3 840"、票据号"321523"、部门"销售部"、摘要"预收货款",如图 5-18 所示。

图 5-18 录入收款单

⑮ 单击【保存】按钮。

⑯ 录入完成后,单击【退出】按钮退出。

注意:

• 录入期初销售发票时,要确定科目,以便与总账系统的应收账款对账。

• 在初次使用应收款管理系统时,应将启用应收款系统时未处理完的所有客户的应收账款、预收账款、应收票据等数据录入本系统。

• 如果并未设置允许修改销售专用发票的编号,那么在填制销售专用发票时不允许修改销售专用发票的编号。其他单据的编号也一样,系统默认的状态为不允许修改。

• 录入预收款的单据类型仍然是"收款单",但是款项类型为"预收款"。

5. 应付款管理系统初始化设置

（1）控制参数设置。

操作步骤：

① 在企业应用平台"业务工作"页签中，执行"财务会计"→"应付款管理"→"设置"→"选项"命令，打开"账套参数设置"对话框。

② 单击【编辑】按钮，进入参数修改状态，如图 5-19 所示。

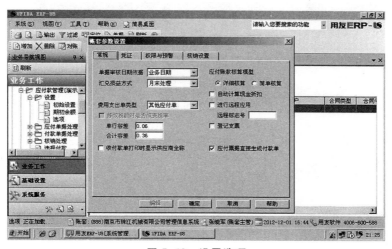

图 5-19　设置选项

③ 分别单击"常规""凭证""权限与预警"等选项卡，根据实验资料的要求进行相应的设置。操作步骤参见应收款管理系统的"控制参数设置"。

④ 全部设置完成后，单击【确定】按钮返回。

（2）基本科目设置。

操作步骤：

在企业应用平台"业务工作"页签中，执行"财务会计"→"应付款管理"→"设置"→"初始设置"命令，打开"初始设置"对话框，根据实验资料要求，进行基本科目设置，如图 5-20 所示。操作步骤参见应收款管理系统的"基本科目设置"。

图 5-20　设置基本科目

（3）控制科目设置。

操作步骤：

① 在"初始设置"窗口，执行"设置科目"→"控制科目设置"命令，打开"控制科目设置"窗口。

② 根据实验资料要求，进行控制科目设置，如图 5-21 所示。操作步骤参见应收款管理系统的"控制科目设置"。

图 5-21　设置控制科目

（4）结算方式科目设置。

操作步骤：

① 在"初始设置"窗口，执行"设置科目"→"结算方式科目设置"命令，打开"结算方式科目设置"窗口。

② 根据实验资料要求，进行结算方式科目设置，如图 5-22 所示。操作步骤参见应收款管理系统的"结算方式科目设置"。

图 5-22　设置结算方式科目

（5）账期内账龄区间设置。

操作步骤：

① 在"初始设置"窗口,执行"账期内账龄区间设置"命令,打开"账期内账龄区间设置"窗口。

② 根据实验资料要求,进行账期内账龄区间设置。操作步骤参见应收款管理系统的"账期内账龄区间设置"。

（6）逾期账期内账龄区间设置。

操作步骤参见"账期内账龄区间设置"。

（7）录入期初余额。

操作步骤:

① 执行"设置"→"期初余额"命令,打开"期初余额—查询"对话框。

② 单击【确定】按钮,进入"期初余额明细表"窗口。

③ 单击【增加】按钮,打开"单据类别"对话框。

④ 选择单据名称"采购发票"、单据类型"采购专用发票",如图 5-23 所示。

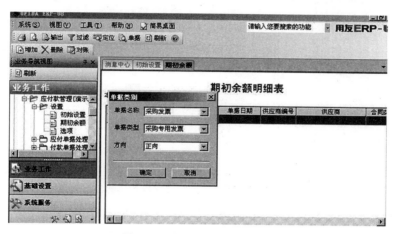

图 5-23　"单据类别"对话框

⑤ 单击【确定】按钮,进入"采购发票——采购专用发票"窗口。

⑥ 单击【增加】按钮,根据实验资料要求,依次录入各应付账款的期初余额,如图 5-24 所示。操作步骤参见应收款管理系统的"录入期初余额"。

图 5-24　录入期初采购专用发票

90

⑦ 录入完毕后,单击【增加】按钮。

注意:

录入期初采购发票时,要确定科目,以便与总账系统的应付账款对账。

6. 固定资产管理系统初始设置

(1)注册进入固定资产管理系统。

操作步骤:

① 在企业应用平台"业务工作"页签中,执行"财务会计"→"固定资产"命令,系统弹出"这是第一次打开此账套,还未进行过初始化,是否进行初始化?"信息提示,如图 5-25 所示。

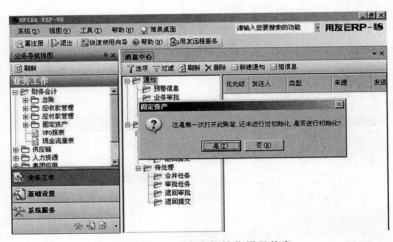

图 5-25　固定资产初始化提示信息

② 单击【是】按钮,打开"初始化账套向导"对话框,如图 5-26 所示。

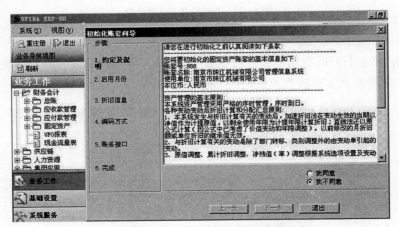

图 5-26　"初始化账套向导——约定及说明"对话框

(2)设置控制参数。

操作步骤:

① 在"初始化账套向导——约定及说明"对话框中,勾选"我同意"单选按钮。

② 单击【下一步】按钮,打开"初始化账套向导——启用月份"对话框。

③ 单击【下一步】按钮,打开"初始化账套向导——折旧信息"对话框。

④ 选中"本账套计提折旧"复选框,选择折旧方法"平均年限法(一)",折旧分配周期"1 个月",选中"当(月初已计提月份＝可使用月份－1)时将剩余折旧全部提足(工作量法除外)"复选框,如图 5-27 所示。

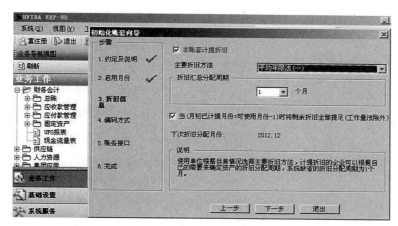

图 5-27 "初始化账套向导——折旧信息"对话框

⑤ 单击【下一步】按钮,打开"初始化账套向导——编码方式"对话框。

⑥ 确定资产类别编码长度为"2112",单击"自动编码"单选按钮,选择固定资产编码方式为"类别编号＋部门编号＋序号",选择序号长度为"3",如图 5-28 所示。

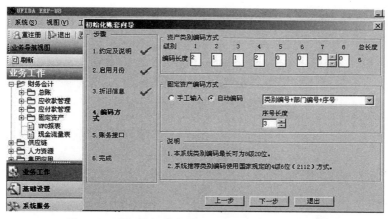

图 5-28 "初始化账套向导——编码方式"对话框

⑦ 单击【下一步】按钮,打开"初始化账套向导——财务接口"对话框。

⑧ 选中"与财务系统进行对账"复选框,选择固定资产对账科目"1601,固定资产"、累计折旧对账科目"1602,累计折旧",选中"在对账不平衡情况下允许固定资产月末结账"复选框,如图 5-29 所示。

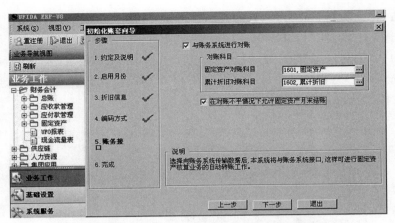

图 5-29 "初始化账套向导——财务接口"对话框

⑨ 单击【下一步】按钮,打开"初始化账套向导——完成"对话框,单击【完成】按钮,系统弹出"是否确定所设置的信息完全正确并保存对新账套的所有设置?"信息提示。

⑩ 单击【是】按钮,弹出"已成功初始化本固定资产账套!"信息提示。

⑪ 单击【确定】按钮,完成控制参数设置。

注意:

● 初始化设置完成后,有些参数不能修改,所以要慎重。

● 如果发现参数有错,必须改正,只能通过固定资产管理系统"工具"→"重新初始化账套功能"命令实现,该操作将清空对该子账套所做的一切工作。

(3)设置补充参数。

操作步骤:

① 执行"设置"→"选项"命令,进入"选项"窗口。

② 单击【编辑】按钮,选择"与财务系统接口"选项卡。

③ 选中"业务发生后立即制单""月末结账前一定要完成制单登账业务"复选框,选择固定资产缺省入账科目为"1601,固定资产"、累计折旧缺省入账科目为"1602,累计折旧",如图 5-30 所示。

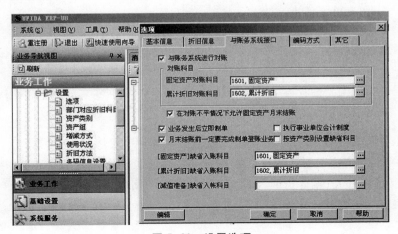

图 5-30 设置选项

④ 单击【确定】按钮后退出。

（4）设置资产类别。

操作步骤：

① 执行"设置"→"资产类别"，进入"资产类别"窗口。

② 单击【增加】按钮，输入类别名称"房屋及建筑物"、净残值率"4%"，选择计提属性"正常计提"、折旧方法"平均年限法（一）"、卡片样式"通用样式"，如图 5-31 所示。

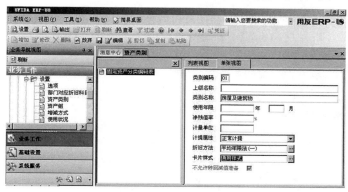

图 5-31　设置资产类别

③ 单击【保存】按钮。

④ 同理，单击【增加】按钮，根据实验资料的要求，分别完成其他资产类别的设置。

⑤ 设置完成后，单击【确定】按钮后退出。

注意：

* 资产类别编码不能重复，同一级的类别名称不能相同。
* 类别编码、名称、计提属性、卡片样式不能为空。

（5）设置部门对应折旧科目。

操作步骤：

① 执行"设置"→"部门对应折旧科目"，进入"部门对应折旧科目"窗口。

② 在固定资产部门目录列表框中选择部门"财务部"，单击【修改】按钮。

③ 选择折旧科目"660206 管理费用/折旧费"，如图 5-32 所示。

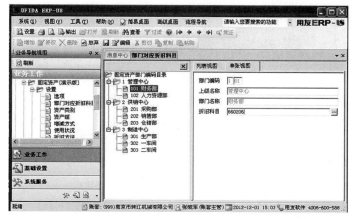

图 5-32　设置部门对应折旧科目

④ 单击【保存】按钮。

⑤ 同理,根据实验资料的要求,分别完成其他部门对应折旧科目的设置。

⑥ 设置完成后,单击【退出】按钮后退出。

（6）设置增减方式的对应科目。

操作步骤:

① 执行"设置"→"增减方式"命令,进入"增减方式"窗口。

② 在左边列表框中,单击选中增加方式"直接购入",单击【修改】按钮。

③ 输入对应入账科目"100201,农行珠江分行",如图 5-33 所示。

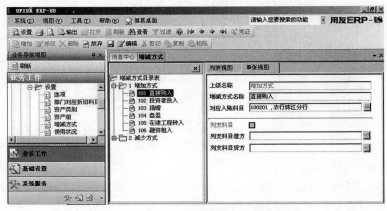

图 5-33　设置增减方式对应折旧科目

④ 单击【保存】按钮。

⑤ 同理,根据实验资料,分别输入增加方式"在建工程转入""投资者投入",输入减少方式"毁损"的对应入账科目。

⑥ 设置完成后,单击【退出】按钮后退出。

注意:

当固定资产发生增减变动、系统生成凭证时,会默认采用这些科目。

（7）原始卡片录入。

操作步骤:

① 执行"卡片"→"录入原始卡片"命令,进入"固定资产类别档案"窗口。

② 选中固定资产类别编码为"011"前的复选框,单击【确定】按钮,进入"固定资产卡片"窗口。

③ 输入固定资产名称"1 号办公楼",双击"使用部门"并选择"人力资源部",双击"增加方式"选择"在建工程转入",双击"使用状况"选择"在用",输入开始使用日期"2010-09-08",输入原值"900 000"、累计折旧"12 757"、使用年限（月）"240",其他信息自动算出,如图 5-34 所示。

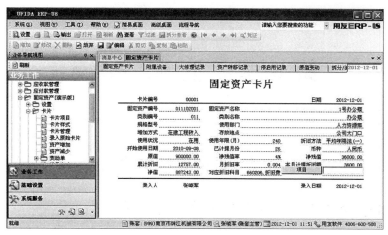

图 5-34　录入原始卡片

④ 单击【保存】按钮,系统弹出"数据成功保存!"信息提示,再单击【确定】按钮。

⑤ 同理,根据实验资料的要求,依次完成其他固定资产卡片的输入。

⑥ 全部原始卡片录入完成后,可以选择"处理"→"对账"命令,系统自动将目前固定资产系统明细与总账系统进行对账,显示与财务对账结果。

⑦ 单击【确定】按钮返回。

7. 备份本次实验数据,命名为实验账套三

第6章　总账系统

6.1　总账系统概述

总账系统又称账务处理系统,是会计核算系统的核心系统,也是集成化管理信息系统的核心子系统。

用友 ERP-U8 总账系统包含了会计主体所有经济业务的会计核算。各业务子系统都必须将本系统会计核算的结果以记账凭证的形式传递到总账系统,并从总账系统获得各业务的总括会计核算信息。总账系统还是生成会计报表的主要数据来源。

在用友 ERP-U8(V8.72)管理软件中,总账系统是用友财务系统的核心模块。如果是单独使用,那么所有凭证都需要人工输入;若与其他子系统联合使用,则其他子系统生成的机制记账凭证,可自动转入总账系统中。本实验采用总账系统与其他子系统联合使用的方式,将总账系统与其他子系统作为一个整体来看待。

1. 功能概述

总账系统的主要功能包括初始设置、凭证处理、出纳管理、账簿处理、辅助核算管理期末处理等。

(1) 初始设置。由用户根据本企业的需要建立账务应用环境,将用友通用账务处理系统变成适合本单位实际需要的专用系统。主要工作包括选项设置、期初余额的录入等。

(2) 凭证管理。通过严密的制单控制保证填制凭证的正确性,提供资金赤字控制、支票控制、预算控制、外币折算误差控制以及查看最新余额等功能,完成凭证的录入、审核、记账、查询、打印,以及出纳签字、常用凭证定义等。

(3) 出纳管理。为出纳人员提供一个集成办公环境,加强对现金及银行存款的管理。可完成银行日记账、现金日记账 ,随时产生最新资金日报表、余额调节表及进行银行对账。

(4) 账簿管理。强大的查询功能使整个系统实现总账、明细账、凭证联查,并可查询包含未记账凭证的最新数据。可随时提供总账、余额表、明细账、日记账等标准账表查询。

(5) 辅助核算管理。

① 个人往来核算。主要进行个人借款、还款管理工作,及时地控制个人借款,完成清欠工作。提供个人借款明细账、催款单、余额表、账龄分析报告及自动清理核销已清

账等功能。

② 部门核算。主要为了考核部门费用收支的发生情况,及时地反映控制部门费用的支出,对各部门的收支情况加以比较,便于进行部门考核。提供各级部门总账、明细账的查询,并对部门收入与费用进行部门收支分析等功能。

③ 项目管理。用于生产成本、在建工程等业务的核算,以项目为中心/为使用者提供各项目的成本、费用、收入、往来等汇总与明细情况及项目计划执行报告等,也可用于核算科研课题、专项工程、产成品成本、旅游团队、合同、订单等。提供项目总账、明细账及项目统计表查询等功能。

④ 往来管理。主要进行客户和供应商往来款项的发生、清欠管理工作,及时掌握往来款项的最新情况,提供往来款的总账、明细账查询及往来账清理、账龄分析报告等功能。

(6)期末处理。灵活的自定义转账功能、各种取数公式可满足各类业务的转账工作。自动完成月末分摊、计提、对应转账、销售成本、汇兑损益、期间损益结转等业务。进行试算平衡、对账、结账、生成月末工作报告。

2. 总账管理系统与其他系统的主要关系

总账系统不仅可以接受来自各核算子系统的记账凭证数据,而且为会计报表和财务分析等子系统提供数据和信息。

总账管理系统与其他系统的主要关系如图 6-1 所示。

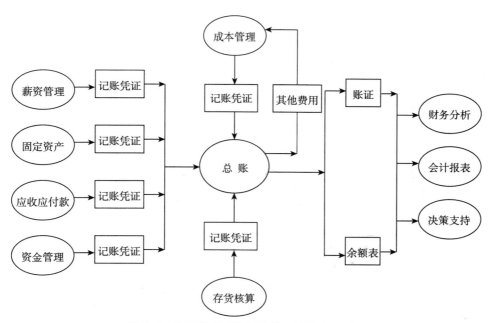

图 6-1　总账管理系统与其他系统的主要关系

6.2 总账系统业务处理流程

总账系统的业务处理流程如图 6-2 所示。

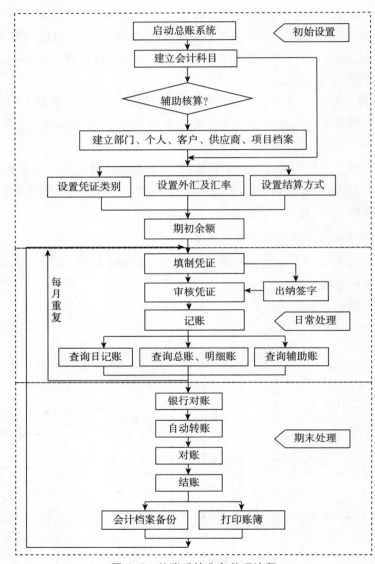

图 6-2 总账系统业务处理流程

实验四 总账系统日常业务处理

【实验准备】

引入实验账套三数据,将系统日期修改为"2012/12/31"。

【实验目的】

(1)掌握用友 ERP-U8(V8.72)软件中总账系统日常业务处理的相关内容。

（2）熟悉总账系统日常业务处理的各种操作。

（3）掌握凭证管理、出纳管理和账簿管理的具体内容和操作方法。

【实验内容和要求】

（1）凭证管理：填制凭证，凭证查询、修改和删除，审核凭证，凭证记账的操作方法。

（2）出纳管理：出纳签字，现金、银行存款日记账和资金日报表的查询，银行对账。

（3）账簿管理：总账、科目余额表、明细账、辅助账的查询方法。

【实验资料】

1. 业务处理

（1）凭证管理。

2012 年 12 月企业发生的经济业务如下：

业务 1：1 日，向农行珠江分行借贷为期 3 个月的款项 50 000 元。（单据号 250911，附件 2 张）

业务 2：3 日，人力资源部章先科预借差旅费 3 000 元。（单据号 10211，附件 1 张）

业务 3：5 日，人力资源部以现金支票支付江苏天虹律师事务所律师费 1 200 元。（支票号 3202589033，附件 2 张）

业务 4：5 日，以现金支票支付江苏省现代快报发行有限公司产品广告费 3 000 元。（支票号 3202509041，附件 2 张）

业务 5：8 日，人力资源部章先科报销差旅费实际花费 2 283 元，退还现金 717 元。（附件 6 张）

业务 6：8 日，从银行提取现金 98 000 元用于备发工资。（单据号 03237，附件 2 张）

业务 7：10 日，人力资源部章先科报销购买办公用品费用 185 元，以现金付讫。（附件 1 张）

业务 8：15 日，销售部姚明支付展览中心展览费 2 600 元，开出现金支票一张。（支票号 3202509126，附件 2 张）

业务 9：16 日，从农行珠江分行账户划转归还银行到期的短期借款本金 36 000 元、利息 450 元。（结算号 35621，附件 3 张）

业务 10：18 日，以现金支付本月应付职工工资 98 000 元，代扣所得税 5 875 元。（附件 2 张）

业务 11：19 日，收到职工李约翰交纳的违章罚款 1 200 元。（附件 1 张）

业务 12：20 日，检查发现 2012 年 12 月 5 日发生的广告费金额应为 2 000 元，而不是 3 000 元，需要修改该笔业务的凭证。

业务 13：20 日，检查发现 2012 年 12 月 19 日的违章罚款凭证为重复登记，应删除该笔业务的凭证。

（2）出纳管理。

业务 14：20 日，采购部朱民意领用转账支票一张，票号 3202509318，预计金额 5 000 元，出纳据此登记支票簿。

业务 15：月末，出纳根据收到的银行对账单进行银行对账。有关银行对账资料如下：

银行对账期初数据：企业日记账余额为 436 515 元，银行对账单期初余额为 439 515

元,有企业已收而银行未收的未达账(2012 年 11 月 28 日)3 000 元。

12 月银行对账单如表 6-1 所示。

表 6-1　银行对账单

日期	结算方式	票号	借方金额(元)	贷方金额(元)	余额(元)
2012/12/01	现金结算	250911	50 000		389 515
2012/12/05	现金支票	3202509041	2 000		387 515
2012/12/08	现金结算	03237	98 000		289 515
2012/12/15	现金支票	3202509126	2 600		286 915
2012/12/16	现金结算	35621	36 450		250 465

2. 账表查询

(1) 查询 2012 年 12 月余额表。

(2) 查询 2012 年 12 月管理费用总账。

(3) 查询 2012 年 12 月管理费用明细账。

(4) 查询 2012 年 12 月人力资源部门账。

(5) 查询 2012 年 12 月产成品自行车项目统计表。

【实验指导】

1. 凭证管理

(1) 填制业务 1 的记账凭证。

操作步骤:

① 以"王明"身份注册进入企业应用平台,在企业应用平台"业务"页签中,执行"财务会计"→"总账"→"凭证"→"填制凭证"命令,进入"填制凭证"窗口。

② 单击【增加】按钮,系统自动增加一张空白凭证。

③ 选择凭证类型"记账凭证",输入制单日期"2012-12-01"、附单据数"2"。

④ 选中第 1 记录行,选择常用摘要"银行短期借款",如图 6-3 所示。

图 6-3　选择常用摘要

⑤ 继续输入科目名称"100201"后,系统自动弹出"辅助项"对话框,输入结算方式"1"、票号"250911"、发生日期"2012-12-01",如图 6-4 所示。

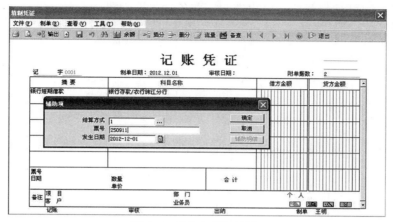

图 6-4　"辅助项"对话框

⑥ 单击【确定】按钮,返回"填制凭证"窗口。

⑦ 在第 1 记录行,继续输入借方金额"50 000",按"Enter"键,摘要自动带入下一行。

⑧ 在第 2 记录行,输入科目名称"2001"、贷方金额"50 000"。

⑨ 输入完成后,单击【保存】按钮,系统弹出"凭证已成功保存!"信息提示,如图 6-5 所示。

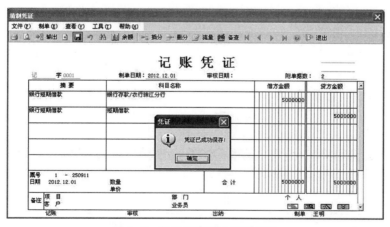

图 6-5　凭证保存成功信息提示

⑩ 单击【确定】按钮,保存已生成的凭证。

注意:

● 在填制凭证过程中,若某会计科目为"银行存款""外币科目""数量科目""辅助核算科目""现金流量科目",输入完毕后,需要输入该科目的辅助核算信息。

● 科目编码必须是末级科目代码;凭证一旦保存,其凭证类别、凭证编号不能修改。

● 金额不能为 0,红字以"-"号表示。

（2）填制业务 2 的记账凭证。

操作步骤：

① 在"填制凭证"窗口，单击【增加】按钮，系统自动增加一张空白凭证。

② 选择凭证类型"记账凭证"，输入制单日期"2012-12-03"、附单据数"1"。

③ 选中第 1 记录行，选择常用摘要"预借差旅费"，继续输入科目名称"122101"后，系统自动弹出"辅助项"对话框。

④ 输入或选择部门"人力资源部"、个人"章先科"、票号"10211"、发生日期"2012-12-03"，如图 6-6 所示。

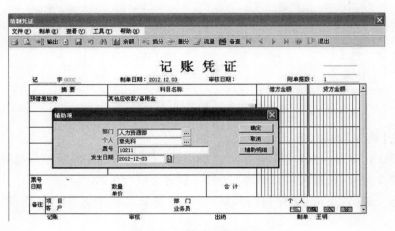

图 6-6 "辅助项"对话框

⑤ 单击【确定】按钮，返回"填制凭证"窗口。

⑥ 在第 1 记录行，继续输入借方金额"3 000"，按"Enter"键，摘要自动带入下一行。

⑦ 在第 2 记录行，输入科目名称"1001"、贷方金额"3 000"。

⑧ 输入完成后，单击【保存】按钮，系统弹出"凭证已成功保存！"信息提示，如图 6-7 所示。

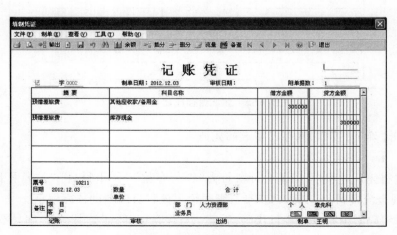

图 6-7 保存已生成的记账凭证

⑨ 单击【确定】按钮,保存已生成的凭证。

(3) 填制业务 3 的记账凭证。

操作步骤:

① 在"填制凭证"窗口,单击【增加】按钮,系统自动增加一张空白凭证。

② 选择凭证类型"记账凭证",输入制单日期"2012-12-05"、附单据数"2"。

③ 选中第 1 记录行,输入摘要"支付律师费",继续输入科目名称"660207"后,系统自动弹出"辅助项"对话框。

④ 输入或选择部门"人力资源部",如图 6-8 所示。

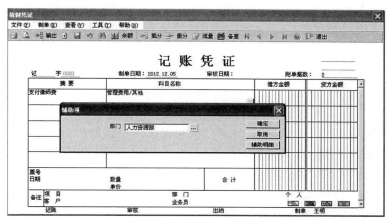

图 6-8　"辅助项"对话框(1)

⑤ 单击【确定】按钮,返回"填制凭证"窗口。

⑥ 在第 1 记录行,继续输入借方金额"1 200",按"Enter"键,摘要自动带入下一行。

⑦ 在第 2 记录行,输入科目名称"100201",系统自动弹出"辅助项"对话框。

⑧ 输入或选择结算方式"201"、票号"3202589033"、发生日期"2012-12-05",如图 6-9 所示。

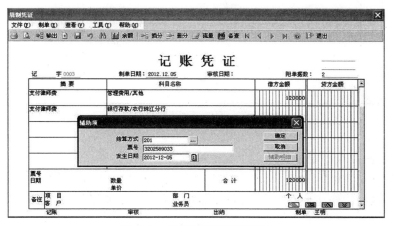

图 6-9　"辅助项"对话框(2)

⑨ 单击【确定】按钮,返回"填制凭证"窗口。

⑩ 在第 2 记录行,继续输入贷方金额"1 200",如图 6-10 所示。

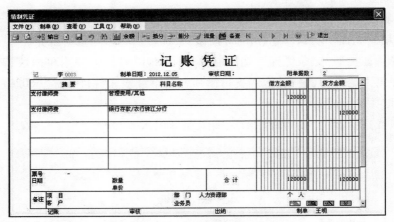

图 6-10　填制记账凭证

⑪ 单击【保存】按钮,系统弹出"凭证已成功保存!"信息提示。

⑫ 单击【确定】按钮,保存已生成的凭证。

(4) 填制业务 4 的记账凭证。

在"填制凭证"窗口,单击【增加】按钮,系统自动增加一张空白凭证,根据实验资料业务 4 的要求,填制记账凭证并保存,如图 6-11 所示。操作步骤参见"业务 1"。

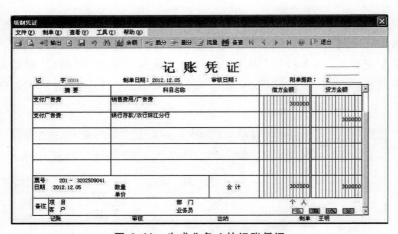

图 6-11　生成业务 4 的记账凭证

(5) 填制业务 5 的记账凭证。

在"填制凭证"窗口,单击【增加】按钮,系统自动增加一张空白凭证,根据实验资料业务 5 的要求,填制记账凭证并保存,如图 6-12 所示。操作步骤参见"业务 1"。

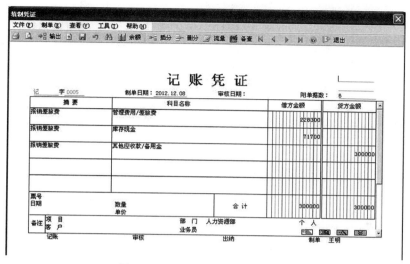

图 6-12 生成业务 5 的记账凭证

（6）填制业务 6 的记账凭证。

在"填制凭证"窗口，单击【增加】按钮，系统自动增加一张空白凭证，根据实验资料业务 6 的要求，填制记账凭证并保存，如图 6-13 所示。操作步骤参见"业务 1"。

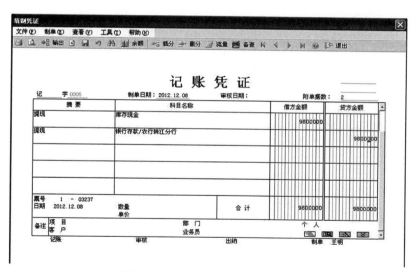

图 6-13 生成业务 6 的记账凭证

（7）填制业务 7 的记账凭证。

在"填制凭证"窗口，单击【增加】按钮，系统自动增加一张空白凭证，根据实验资料业务 7 的要求，填制记账凭证并保存，如图 6-14 所示。操作步骤参见"业务 1"。

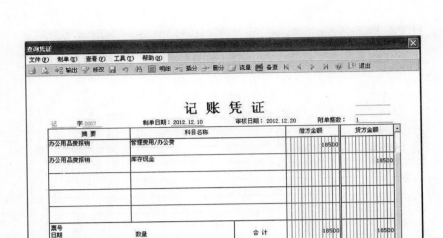

图 6-14　生成业务 7 的记账凭证

（8）填制业务 8 的记账凭证。

在"填制凭证"窗口，单击【增加】按钮，系统自动增加一张空白凭证，根据实验资料业务 8 的要求，填制记账凭证并保存，如图 6-15 所示。操作步骤参见"业务 1"。

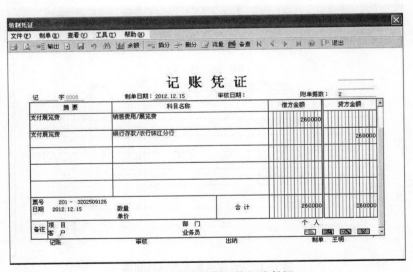

图 6-15　生成业务 8 的记账凭证

（9）填制业务 9 的记账凭证。

在"填制凭证"窗口，单击【增加】按钮，系统自动增加一张空白凭证，根据实验资料业务 9 的要求，填制记账凭证并保存，如图 6-16 所示。操作步骤参见"业务 1"。

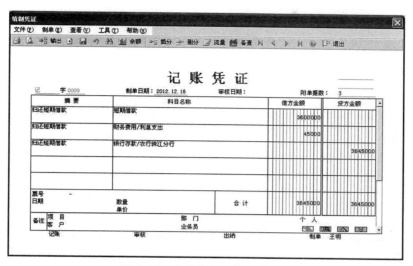

图 6-16　生成业务 9 的记账凭证

（10）填制业务 10 的记账凭证。

在"填制凭证"窗口，单击【增加】按钮，系统自动增加一张空白凭证，根据实验资料业务 10 的要求，填制记账凭证并保存，如图 6-17 所示。操作步骤参见"业务 1"。

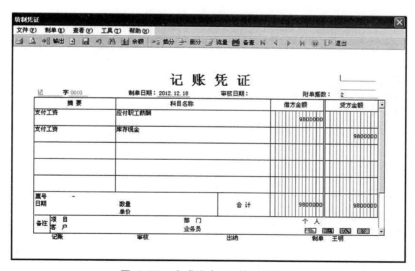

图 6-17　生成业务 10 的记账凭证

（11）填制业务 11 的记账凭证。

在"填制凭证"窗口，单击【增加】按钮，系统自动增加一张空白凭证，根据实验资料业务 11 的要求，填制记账凭证并保存，如图 6-18 所示。操作步骤参见"业务 1"。

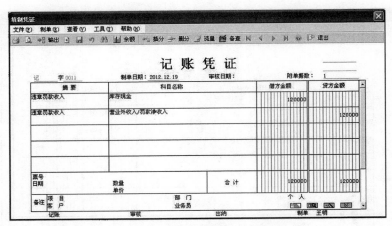

图 6-18　生成业务 11 的记账凭证

（12）出纳签字。

操作步骤：

① 以"张芳"身份重新注册进入企业应用平台，执行"财务会计"→"总账"→"凭证"→"出纳签字"命令，打开"出纳签字"查询条件窗口。

② 选择"全部"单选框，选择凭证类别"记账凭证"，输入或选择日期范围"2012-12-01"至"2012-12-20"，如图 6-19 所示。

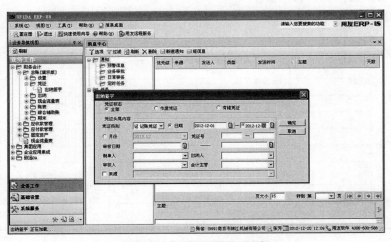

图 6-19　"出纳签字"对话框

③ 单击【确定】按钮，进入"出纳签字"的凭证列表窗口。

④ 双击某一要签字的凭证或单击【确定】按钮，进入"出纳签字"窗口。

⑤ 单击【签字】按钮，则凭证底部的"出纳"位置被自动签上出纳员"张芳"的姓名，如图 6-20 所示。

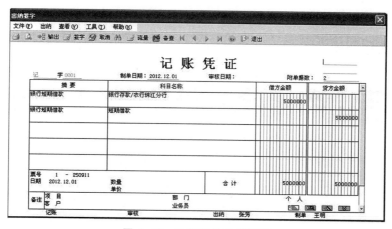

图 6-20　已签字的记账凭证

⑥ 同理,分别单击【下一张】按钮,依次对需要出纳签字的其他凭证进行出纳签字。

⑦ 签字完毕后,单击【退出】按钮。

注意:

● 凡指定为现金科目和银行科目的凭证才需要签字。

● 凭证一经签字,就不能修改、删除,只有取消签字后才可以修改或删除该凭证。

● 取消出纳签字只能由出纳员自己进行。

● 可以执行"出纳"下的"成批出纳签字"命令对所有凭证进行出纳签字。

(13) 审核凭证。

操作步骤:

① 以"张晓军"身份重新注册进入企业应用平台,执行"财务会计"→"总账"→"凭证"→"审核凭证"命令,打开"凭证审核"查询条件对话框。

② 单击"全部"单选按钮,选择凭证类别"记账凭证",输入或选择日期范围"2012-12-01"至"2012-12-20",如图 6-21 所示。

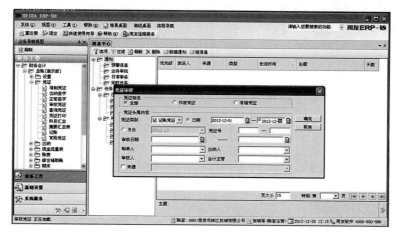

图 6-21　"凭证审核"对话框

③ 单击【确定】按钮,进入"凭证审核"的凭证列表窗口。

④ 双击要审核的凭证或单击【确定】按钮,进入"审核凭证"的审核窗口。

⑤ 单击【审核】按钮,则凭证底部的"审核"位置处自动签上审核人姓名,如图 6-22 所示。

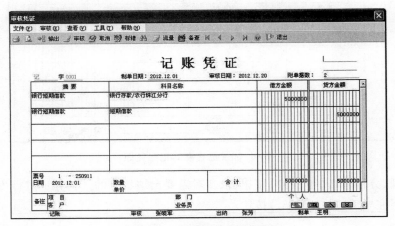

图 6-22　已审核的记账凭证

⑥ 同理,依次对需要审核的其他凭证进行审核签字,审核完毕后,单击【退出】按钮。

⑦ 执行"凭证"→"审核凭证"命令,打开"凭证审核"查询条件对话框。

⑧ 单击"全部"单选按钮,选择凭证类别"记账凭证",单击"月份"单选按钮后,输入月份"2012.12",选择制单人"李燕",按照上述步骤对李燕填制的凭证进行审核。

⑨ 以"王明"身份重新注册进入企业应用平台,执行"财务会计"→"总账"→"凭证"→"审核凭证"命令,打开"凭证审核"查询条件对话框,选择制单人"张晓军",按照前述步骤对张晓军填制的凭证进行审核。

⑩ 全部审核完毕后,单击【退出】按钮。

注意:

● 按照会计制度的规定,凭证的填制与审核不能是同一个人。

● 审核人必须具有审核权。

● 除作废凭证外,所有凭证均需要审核。

● 凭证一经审核,就不能修改、删除,只有取消审核后才可以修改或删除该凭证。

(14) 修改业务 12 的记账凭证。

操作步骤:

① 以"张晓军"身份注册进入企业应用平台,执行"财务会计"→"总账"→"凭证"→"审核凭证"命令,打开"凭证审核"查询条件对话框。

② 单击"全部"单选按钮,选择凭证类别"记账凭证",输入或选择日期范围"2012-12-05"至"2012-12-05"。

③ 单击【确定】按钮,进入"凭证审核"的凭证列表窗口,如图 6-23 所示。

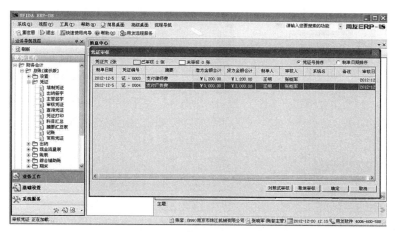

图 6-23　"凭证审核"的凭证列表窗口

④ 单击【确定】按钮,找到并进入第 4 号记账凭证窗口,如图 6-24 所示。

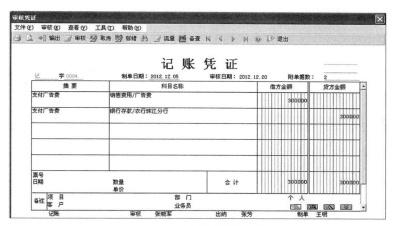

图 6-24　"记账凭证"窗口

⑤ 单击【取消】按钮,取消审核签字,则凭证底部的"审核"位置处原审核人姓名"张晓军"被去除。

⑥ 单击【退出】按钮。

⑦ 重新以"张芳"身份注册进入企业应用平台,执行"财务会计"→"总账"→"凭证"→"出纳签字"命令,打开"出纳签字"查询条件对话框。

⑧ 单击"全部"单选按钮,选择凭证类别"记账凭证",输入或选择日期范围"2012-12-05"至"2012-12-05"。

⑨ 单击【确定】按钮,进入"出纳签字"的凭证列表窗口,如图 6-25 所示。

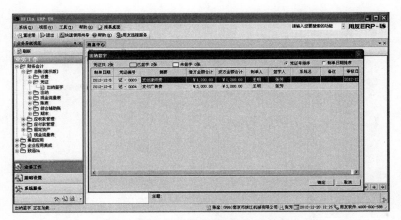

图 6-25 "出纳签字"的凭证列表窗口

⑩ 单击【确定】按钮,找到并进入第 4 号记账凭证窗口。

⑪ 单击【取消】按钮,取消出纳签字,则凭证底部的"出纳"位置处原出纳员姓名"张芳"被去除。

⑫ 单击【退出】按钮。

⑬ 重新以"王明"身份注册进入企业应用平台,执行"财务会计"→"总账"→"凭证"→"查询凭证"命令,打开"凭证查询"对话框。

⑭ 选择凭证类别"记账凭证",输入或选择查询日期范围"2012-12-05"至"2012-12-05",如图 6-26 所示。

图 6-26 "凭证查询"对话框

⑮ 单击【确定】按钮,进入"查询凭证"列表框,选择需要修改的凭证。

⑯ 单击【确定】按钮,进入"查询凭证"窗口,显示需要修改的凭证。

⑰ 单击【修改】按钮,根据实验资料要求,点击需要修改的凭证所在行。

⑱ 将光标置于需要修改的借方金额栏,修改借方金额为"2 000"元,将光标置于需要修改的贷方金额栏,修改贷方金额为"2 000"元,如图 6-27 所示。

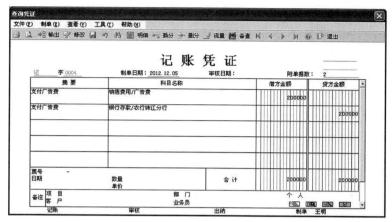

图 6-27　修改记账凭证

⑲ 修改完毕后，单击【保存】按钮，系统弹出"凭证已成功保存！"提示信息。

⑳ 单击【确定】按钮，再单击【退出】按钮后退出。

注意：

● 未经过审核的错误凭证可通过"查询凭证"或"填制凭证"功能直接修改。

● 已经审核的凭证应先取消审核后，再进行修改。

● 若选择"不允许修改或作废他人填制的凭证"权限控制，则不能修改或作废他人填制的凭证。

● 外部系统传递过来的凭证不能在总账系统中进行修改，只能在生成该凭证的系统中进行修改。

（15）删除业务 13 的记账凭证。

操作步骤：

① 以"张晓军"身份注册进入企业应用平台，取消对该凭证的审核。（操作步骤参见"修改记账凭证"）

② 以"张芳"身份注册进入企业应用平台，取消对该凭证的出纳签字。（操作步骤参见"修改记账凭证"）

③ 以"王明"身份注册进入企业应用平台，执行"财务会计"→"总账"→"凭证"→"查询凭证"命令，打开"凭证查询"对话框。

④ 选择凭证类别"记账凭证"，输入或选择查询日期"2012-12-19"。

⑤ 单击【确定】按钮，进入"查询凭证"对话框，选择需要删除的凭证。

⑥ 单击【确定】按钮，进入"查询凭证"窗口，执行"制单"下的"作废/恢复"命令，凭证的左上角显示"作废"字样，代表该凭证已作废（删除），如图 6-28 所示。

⑦ 单击【退出】按钮后退出。

注意：

● 作废凭证仍保留凭证编号和内容，只显示"作废"字样。

● 作废凭证不能修改和审核。

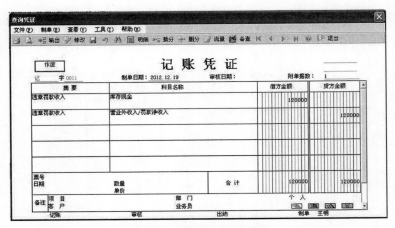

图 6-28　作废的记账凭证

· 记账时,已经作废的凭证应参与记账,否则月末无法结账,但不对作废凭证做数据处理。

· 已经作废的凭证,利用"制单"下的"作废/恢复"命令,可取消作废标志,使其恢复为有效凭证(正常凭证)。

(16)记账。

操作步骤:

① 以"张晓军"身份注册进入企业应用平台,执行"财务会计"→"总账"→"凭证"→"记账"命令,进入"记账"条件选择窗口。

② 点击"2012.12 月份凭证"单选按钮,单击【全选】按钮或输入记账范围。

③ 单击【记账】按钮,系统弹出"期初试算平衡表"窗口,显示试算平衡表信息。

④ 单击【确定】按钮,系统自动开始登记有关的总账、明细账和辅助账,登记完成后,系统弹出"记账完毕!"信息提示,如图 6-29 所示。

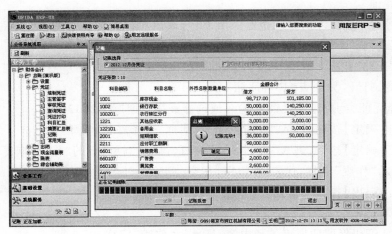

图 6-29　记账完毕信息提示

⑤ 单击【确定】按钮,完成记账。

⑥ 在"记账"窗口,单击【预览】按钮,查看科目汇总表。

⑦ 单击【关闭预览】按钮返回。

⑧ 单击【退出】按钮后退出。

2. 出纳管理

（1）现金日记账。

操作步骤：

① 以"张芳"身份重新注册进入企业应用平台，执行"财务会计"→"总账"→"出纳"→"现金日记账"命令，打开"现金日记账查询条件"对话框。

② 选择科目"1001 库存现金"，点击"按月查"单选按钮，默认月份"2012.12"。

③ 单击【确定】按钮，进入"现金日记账"窗口，如图 6-30 所示。

图 6-30　"现金日记账"窗口

④ 双击某行或选择某行后再单击【凭证】按钮，可查看对应的凭证。

⑤ 单击【总账】按钮，可查看三栏式"库存现金总账"。

⑥ 单击【退出】按钮后退出。

注意：

如果在选项中设置了"明细账查询权限控制到科目"，那么账套主管应赋予出纳员"现金"和"银行存款"科目的查询权限。

（2）银行存款日记账。

操作步骤：

① 执行"出纳"→"银行日记账"命令，打开"银行日记账查询条件"对话框。

② 选择科目"1002 银行存款"，点击"按月查"单选按钮，默认月份"2012.12"。

③ 单击【确定】按钮，进入"银行日记账"窗口，查询银行存款日记账（操作步骤参见"现金日记账"）。

（3）资金日报表。

操作步骤：

① 执行"出纳"→"资金日报"命令，打开"资金日报查询条件"对话框。

② 选择查询日期"2012-12-09"，级次"1"—"2"，选中"有余额无发生额也显示"复选框。

③ 单击【确定】按钮,进入"资金日报表"窗口,查看 2012 年 12 月 9 日有关资金信息,如图 6-31 所示。

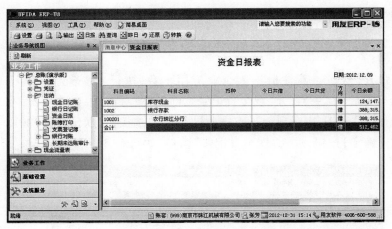

图 6-31　"资金日报表"窗口

④ 单击【退出】按钮后退出。

(4) 填制业务 14 的支票登记簿。

操作步骤:

① 执行"出纳"→"支票登记簿"命令,打开"银行科目选择"对话框。

② 选择科目"农行珠江分行(100201)"。

③ 单击【确定】按钮,进入"支票登记簿"窗口。

④ 单击【增加】按钮,输入领用日期"2012-12-20"、领用部门"采购部"、领用人"朱民意"、支票号"3202509318"、预计金额"5 000"元、用途"采购费用",如图 6-32 所示。

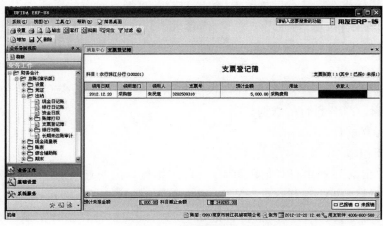

图 6-32　填制支票登记簿

⑤ 单击【保存】按钮,再单击【退出】按钮后退出。

(5) 录入业务 15 的银行对账期初数据。

操作步骤:

① 执行"出纳"→"银行对账"→"银行对账期初录入"命令,打开"银行科目选择"对

话框。

②　选择科目"农行珠江分行(100201)"。

③　单击【确定】按钮,进入"银行对账期初"窗口。

④　在单位日记账的"调整前余额"栏录入"436 515",在银行对账单的"调整前余额"栏录入"439 515",如图 6-33 所示。

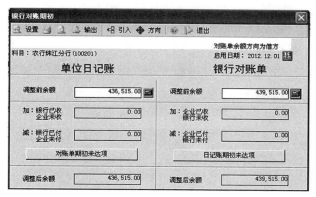

图 6-33　"银行对账期初"窗口

⑤　单击【日记账期初未达项】按钮,打开"银行方期初"对话框。

⑥　单击【确定】按钮,录入或选择日期"2012-11-26","借方金额"栏录入"3 000",如图 6-34 所示。

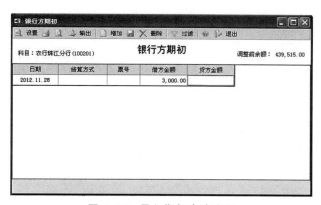

图 6-34　录入期初未达账项

⑦　单击【保存】按钮,再单击【退出】按钮,返回"银行对账期初"窗口。

⑧　单击【退出】按钮。

注意:

●　在第一次使用银行对账功能时,应录入单位日记账及银行对账单的期初数据,包括期初余额及期初未达项。

●　系统默认银行对账单余额方向为借方,即银行对账单中借方发生额为银行存款增加,贷方发生额为银行存款减少。单击"方向"按钮可以调整银行对账单余额方向。

●　系统会根据调整前余额及期初未达项自动计算出银行对账单与单位日记账的调整后余额。

（6）录入业务 15 的银行对账单。

操作步骤：

① 执行"出纳"→"银行对账"→"银行对账单"命令，打开"银行科目选择"对话框。

② 选择科目"农行珠江分行（100201）"。

③ 单击【确定】按钮，进入"银行对账单"窗口。

④ 单击【增加】按钮，第一行录入或选择日期"2012-12-01"、结算方式"现金结算"、票号"250911"、借方金额"50 000"。

⑤ 以此类推，分别在各行录入实验资料中的银行对账单数据，如图 6-35 所示。

图 6-35　录入银行对账单

⑥ 单击【保存】按钮，再单击【退出】按钮。

注意：

● 如果企业在多家银行开户，对账单应与其对应账号所对应的银行存款下的末级科目一致。

● 录入银行对账单时，其余额由系统根据银行对账期初自动计算生成。

（7）进行业务 15 的银行对账。

操作步骤：

① 执行"出纳"→"银行对账"→"银行对账单"命令，打开"银行科目选择"对话框。

② 选择科目"农行珠江分行（100201）"。

③ 单击【确定】按钮，进入"银行对账"窗口。

④ 单击【对账】按钮，打开"自动对账"对话框，如图 6-36 所示。

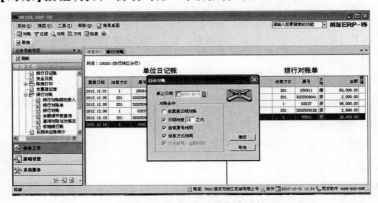

图 6-36　"自动对账"对话框

⑤ 在"自动对账"条件对话框,单击【确定】按钮。

⑥ 单击【对账】按钮,出现对账结果。

⑦ 单击【退出】按钮退出。

(8) 输出业务 15 的银行存款余额调节表。

操作步骤:

① 执行"出纳"→"银行对账"→"余额调节表查询"命令,打开"银行存款余额调节表"窗口。

② 单击【查看】按钮,打开"银行存款余额调节表"窗口,如图 6-37 所示。

图 6-37　"银行存款余额调节表"窗口

③ 单击【查看】按钮,打开"余额调节表(详细)"窗口。

④ 单击【退出】按钮退出。

3. 账表查询

(1) 在总账系统中查看"余额表"。

操作步骤:

① 以"张晓军"身份重新注册进入企业应用平台,在企业应用平台"业务"页签中,执行"财务会计"→"总账"→"账表"→"科目账"→"余额表"命令,打开"发生额及余额查询条件"对话框。

② 选择月份"2012.12—2012.12",选中"本期无发生无余额,累计有发生显示"复选框。

③ 单击【确定】按钮,进入"发生额及余额表"窗口,查看科目余额数据,如图 6-38 所示。

④ 双击某行,可查看对应科目的明细账。

⑤ 查看完毕,单击【退出】按钮后退出。

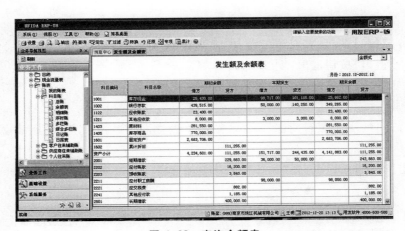

图 6-38　查询余额表

（2）在总账系统中查看"总账"。

操作步骤参考"余额表"查询。

（3）在总账系统中查看"管理费用明细账"。

操作步骤：

① 执行"账表"→"科目账"→"明细账"命令，打开"明细账查询条件"对话框。

② 选中"月份综合明细账"单选按钮，选择科目"6602 管理费用"。

③ 单击【确定】按钮，进入"管理费用明细账"窗口，查看管理费用明细账，如图 6-39
所示。

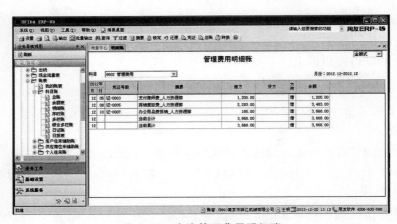

图 6-39　查询管理费用明细账

④ 查看完毕，单击【退出】按钮后退出。

（4）在总账系统中查看"人力资源部门账"。

操作步骤参考"管理费用明细账"查询。

（5）在总账系统中查看"产成品自行车项目统计表"。

操作步骤：

① 执行"账表"→"项目辅助账"→"项目统计分析"命令，打开"项目统计条件——选
择统计项目"对话框。

② 选择项目大类"产品"。

③ 单击【下一步】按钮,打开"项目统计条件——选择统计科目"对话框。

④ 将左边待选择科目框中的科目全部添加到右边空白框中。

⑤ 单击【下一步】按钮,打开"项目统计条件——选择统计月份"对话框。

⑥ 选择起始月份"2012.12"、终止月份"2012.12",选中"包含未记账凭证"复选框。

⑦ 单击【完成】按钮,进入"项目统计表"窗口,可查看产成品自行车项目统计数据,如图 6-40 所示。

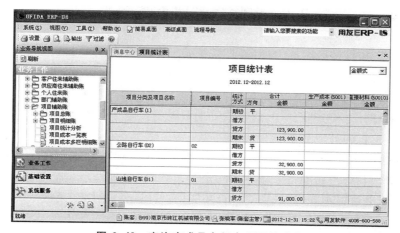

图 6-40 查询产成品自行车项目统计表

⑧ 单击【退出】按钮后退出。

4. 备份本次实验数据,命名为实验账套四

第7章　应收款管理系统

7.1　应收款管理系统概述

应收款业务来自销售业务,与销售业务息息相关,伴随销售业务的发生而产生。买卖双方在销售活动中由于销售商品与货款的取得在时间上不一致而产生债权,应收款也随之形成。应收款管理着重实现企业对应收款所进行的核算与管理。

在用友 ERP-U8 管理软件中,应收款管理系统主要用于核算和管理客户往来款项,完成销售的会计核算和管理。

在用友 ERP-U8(V8.72)软件中,应收款管理系统可以与总账、销售管理系统集成使用。应收款管理系统是属于财务会计的一个子系统,而销售管理系统是属于企业供应链的一部分,二者既可以独立运行、完成各自功能,又可以结合运用。无论系统如何划分,销售管理系统与应收款管理系统之间都保持着密切的联系。

1. 功能概述

应收款管理系统以发票、其他应收单等原始单据为依据,记录销售业务及其他业务所形成的往来款项,处理应收款项的收回与坏账,提供现金折扣处理、单据核销处理、票据处理、转账等业务,实现对承兑汇票的管理。系统根据对客户往来款项核算和管理的程度不同,提供了两种应用方案。

(1) 在应收款管理系统中核算客户往来款项。如果企业的应收款核算管理内容比较复杂,需要追踪每一笔业务的应收款、已收款等情况,或者需要将应收款核算到产品级,那么可以选择该方案。该方案下,所有的客户往来凭证全部由应收款管理系统生成,其他系统不生成这类凭证。

(2) 在总账管理系统中核算客户往来款项。如果企业的应收款业务比较简单,或者现销业务很多,那么可以选择在总账系统中通过辅助核算完成客户往来核算。

2. 应收款管理系统与其他系统的主要关系

应收款管理系统与其他系统的主要关系如图 7-1 所示。

销售管理系统向应收款管理系统传递已复核的的销售发票、销售调拨单及代垫费用单;在应收款管理系统中对发票进行审核并进行收款结算处理,生成凭证。应收款管理系统为销售管理系统提供各种单据的收款结算情况及代垫费用核销等情况。

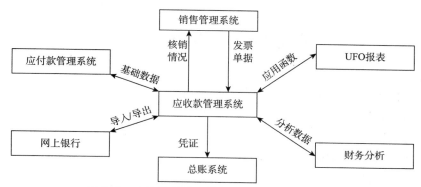

图 7-1　应收款管理系统与其他系统的主要关系

（1）应收款管理系统和应付款管理系统之间可以进行转账处理。

（2）应收款管理系统向总账管理系统传递凭证。

（3）应收款管理系统向财务分析系统提供各种分析数据。

（4）应收款管理系统向 UFO 报表提供应用函数。

（5）应收款管理系统与网上银行进行付款单的导入和导出。

7.2　应收款管理系统业务流程图

应收款管理系统的业务流程如图 7-2 所示。

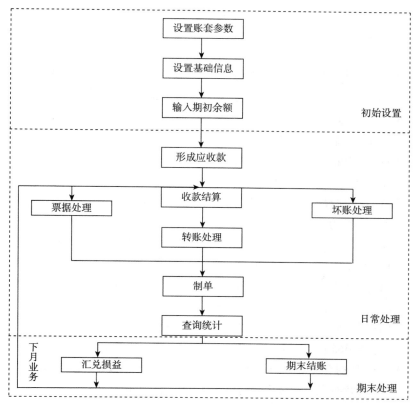

图 7-2　应收款管理系统的业务处理流程

实验五　应收款管理

【实验准备】

引入实验四的账套备份数据，将系统日期修改为"2012/12/31"。

【实验目的和要求】

（1）熟悉用友 ERP-U8（V8.72）软件中应收款管理系统的相关内容。

（2）掌握企业应收款业务流程及处理方法。

（3）掌握应收款管理系统日常业务处理的操作。

（4）理解应收款管理系统与其他系统之间的数据传递关系。

（5）理解应收款管理在总账核算与在应收款管理系统核算的区别。

【实验内容】

（1）单据处理。应收单据录入，如销售专用发票、应收单；应收单据审核。如自动批审、手工批审、单张审核；收款单增加，如填制、审核、核销处理。

（2）票据管理。包括商业承兑汇票填制、贴现、结算。

（3）转账处理。包括应收冲应收、预收冲应收、红票对冲、应收冲应付。

（4）坏账处理。包括发生坏账、填收款单、坏账收回。

（5）制单。

（6）账表查询。包括销售专用发票、收款单、业务总账、科目余额表、欠款分析等。

【实验资料】

1. 业务处理

2012 年 12 月企业发生的经济业务如下：

业务 1：2 日，向南京进香河自行车商贸公司销售其所订货物山地自行车 10 辆，无税单价 2 200 元，并开具专用销售发票一张，发票号为 121205。

业务 2：5 日，向沃尔玛南京桥北店销售公路自行车 15 辆，无税单价 1 650 元，并开具专用销售发票一张，发票号为 121210。

业务 3：7 日，向合肥自行车商城销售山地自行车 30 辆，无税单价 2 300 元，并开具专用销售发票一张，发票号为 121018。

业务 4：7 日，在向合肥自行车商城销售山地自行车的过程中，发生代垫运输费 500元，单据号 12657，以现金支付。

业务 5：8 日，发现 2012 年 12 月 5 日向沃尔玛南京桥北店销售公路自行车 15 辆的发票填制错误，其中数量 15 辆应改正为 10 辆。

业务 6：9 日，收到南京进香河自行车商贸公司购买山地自行车 10 辆交来的转账支票一张（支票号 14587），价税合计 25 740 元，据此填制收款单。

业务 7：10 日，收到沃尔玛南京桥北店购买公路自行车 10 辆而签发并承兑的商业承兑汇票一张（票号 520655），面值为 24 750，到期日为 2012 年 12 月 25 日。

业务 8：12 日，收到合肥自行车商城交来的转账支票一张（支票号 32658），支付购买山地自行车 30 辆的货款及代垫运输费合计 81 230 元，据此填制收款单。

业务 9：15 日，收到南京江浦珠江镇车行交来的转账支票一张（支票号 16238），用以作为订购山地自行车的预付货款共计 22 800 元,据此填制收款单。(南京江浦珠江镇车行开户行:工行南京珠江镇支行,账号:456141213)

业务 10:15 日,将 2012 年 11 月 15 日形成的应向贵州车辆交易中心收取的货税款 13 800 元转为坏账处理。

业务 11:23 日,向青岛车友俱乐部发出其所订购公路自行车 5 辆,无税单价 1 630 元,并开具专用销售发票一张,发票号为 121296。

业务 12:25 日,将 2012 年 12 月 10 日收到的沃尔玛南京桥北店购买公路自行车 10 辆而签发并承兑的商业承兑汇票进行结算。

业务 13:31 日,经双方同意,用青岛车友俱乐部 2012 年 11 月 10 日的预收款冲抵 2012 年 12 月 21 日购买公路自行车 5 辆的部分货税款。

业务 14:31 日,经三方同意,将 2012 年 11 月 20 日形成的应向家乐福南京大桥南路店收取的货税款 1 920 元转为向南京进香河自行车商贸公司的应收账款。

业务 15:31 日,月末计提坏账准备。

2.账表查询

(1)查询 2012 年 12 月填制的所有销售专用发票。

(2)查询 2012 年 12 月所有的收款单。

(3)查询 2012 年 12 月应收明细账。

(4)进行 2012 年 12 月欠款分析。

(5)查询 2012 年 12 月科目余额表。

【实验指导】

1.业务处理

(1)填制业务 1 的销售专用发票。

操作步骤:

① 以"王明"身份注册进入企业应用平台,在企业应用平台"业务"页签中,执行"财务会计"→"应收款管理"→"应收单据处理"→"应收单据录入"命令,打开"单据类别"对话框。

② 选择并确认单据名称"销售发票"、单据类型"销售专用发票",如图 7-3 所示。

图 7-3　"单据类别"对话框

③ 单击【确定】按钮,进入"销售发票"窗口。

④ 单击【增加】按钮,填写发票号"121205",修改开票日期为"2012-12-02",输入或选择批发销售类型"01"、客户简称"001"、进香河商贸存货编码"3001"或存货名称"山地自行车",输入数量"10"、无税单价"2 200",如图 7-4 所示。

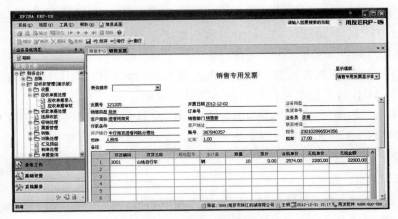

图 7-4　填制销售专用发票(1)

⑤ 单击【保存】按钮后退出。

(2)填制业务 2 的销售专用发票。

操作步骤:

在"销售发票"窗口,单击【增加】按钮,填写业务 2 的销售专用发票,如图 7-5 所示。操作步骤参见"业务 1"。

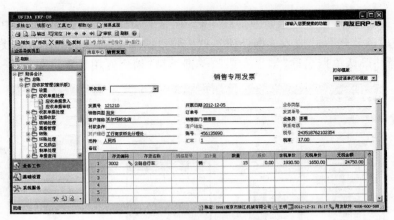

图 7-5　填制销售专用发票(2)

(3)填制业务 3 的销售专用发票。

操作步骤:

在"销售发票"窗口,单击【增加】按钮,填写业务 3 的销售专用发票,如图 7-6 所示。操作步骤参见"业务 1"。

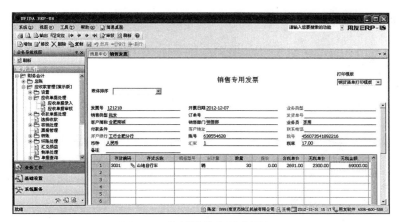

图 7-6　填制销售专用发票(3)

(4) 填制业务 4 的应收单。

操作步骤:

① 执行"财务会计"→"应收款管理"→"应收单据处理"→"应收单据录入"命令,打开"单据类别"对话框。

② 选择并确认单据名称"应收单"、单据类型"其他应收单"。

③ 单击【确定】按钮,进入"应收单"窗口。

④ 单击【增加】按钮,修改单据日期为"2012-12-07",输入或选择客户"合肥商城",输入本币金额"500"、摘要"代垫运输费";在下半部分的"科目"栏输入或选择"1001",如图 7-7 所示。

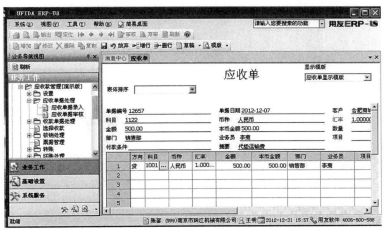

图 7-7　填制应收单

⑤ 单击【保存】按钮后退出。

(5) 修改业务 5 的销售专用发票。

操作步骤:

① 执行"财务会计"→"应收款管理"→"应收单据处理"→"应收单据录入"命令,打

开"单据类别"对话框。

② 选择并确认单据名称"销售发票"、单据类型"销售专用发票"。

③ 单击【确定】按钮,进入"销售发票"窗口。

④ 单击【←】或【→】按钮,找到"121210"号销售专用发票。

⑤ 单击【修改】按钮,将数量"15"改正为"10",如图 7-8 所示。

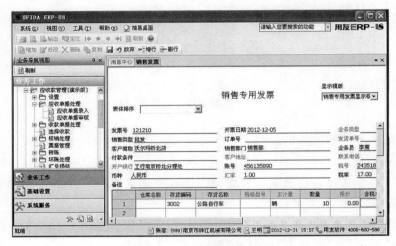

图 7-8　修改销售专用发票

⑥ 单击【保存】按钮后退出。

(6) 审核应收单据并制单。

操作步骤:

① 执行"财务会计"→"应收款管理"→"应收单据处理"→"应收单据审核"命令,打开"应收单过滤条件"对话框。

② 单击【确定】按钮,进入"应收单据列表"窗口。

③ 单击【全选】按钮,如图 7-9 所示。

图 7-9　"应收单据列表"窗口

④ 单击【审核】按钮,系统显示审核成功提示信息。

⑤ 单击【确定】按钮返回,再单击【退出】按钮退出。

⑥ 执行"制单处理"命令,打开"制单查询"对话框。

⑦ 选中"发票制单""应收单制单"复选框,如图7-10所示。

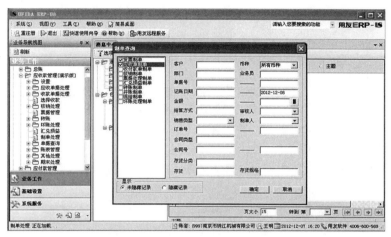

图7-10 "制单查询"对话框

⑧ 单击【确定】按钮,进入"制单"窗口。

⑨ 选择凭证类别为"记账凭证",单击工具栏中的【全选】按钮,选择窗口中的所有单据,如图7-11所示。

图7-11 "制单"窗口

⑩ 单击【制单】按钮,打开"填制凭证"窗口,生成第1张记账凭证,如图7-12所示。

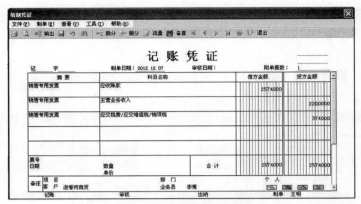

图 7-12　生成记账凭证

⑪ 修改制单日期为"2012-12-07",单击【保存】按钮,出现"第2条分录:项目核算科目的项目不能为空"提示信息框。

⑫ 单击【确定】按钮后,点击选中第2记录行"主营业务收入"科目,双击鼠标左键,系统弹出"辅助项"对话框。

⑬ 选择主营业务收入的项目名称"山地自行车",如图7-13所示。

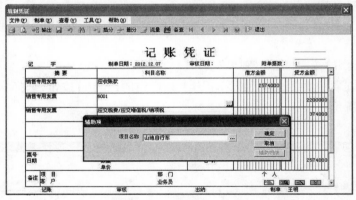

图 7-13　"辅助项"对话框

⑭ 单击【确定】按钮,再单击【保存】按钮,凭证左上角显示"已生成"红色字样,表示已将凭证传递到总账系统,如图7-14所示。

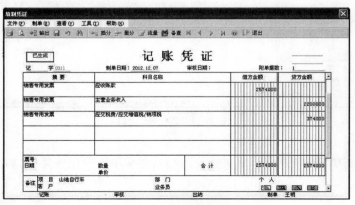

图 7-14　保存记账凭证

⑮ 分别单击【下张】按钮,修改相关信息,单击【保存】按钮,完成全部单据的制单。

（7）填制业务 6 的收款单。

操作步骤:

① 执行"财务会计"→"应收款管理"→"收款单据处理"→"收款单据录入"命令,进入"收付款单录入"窗口。

② 单击【增加】按钮,输入或选择日期"2012-12-09"、客户"进香河商贸"、结算方式"转账支票"、金额"25 740"、票据号"14587"、摘要"收到应收款",如图 7-15 所示。

图 7-15　录入收款单

③ 单击【保存】按钮后退出。

（8）填制业务 7 的商业汇票。

操作步骤:

① 执行"应收款管理"→"票据管理"命令,打开"过滤条件选择"对话框。

② 单击【过滤】按钮,进入"票据管理"窗口。

③ 单击【增加】按钮,进入"票据"录入窗口。

④ 输入或选择票据类型"商业承兑汇票"、票据编号"520655"、结算方式"商业承兑汇票"、收到日期"2012-12-10"、出票日期"2012-12-10"、到期日"2012-12-25"、出票人"沃尔玛桥北店"、金额"24 750"、票据摘要"收到商业承兑汇票",如图 7-16 所示。

图 7-16　录入商业汇票

⑤ 单击【保存】按钮,返回"票据管理"窗口后退出。

注意:

• 保存一张商业票据后,系统会自动生成一张收款单,这张收款单还需审核之后才能生成记账凭证。

• 由票据生成的收款单不能修改。

• 在票据管理功能中可以对商业承兑汇票和银行承兑汇票进行日常业务处理,包括票据的收入、结算、贴现、背书、转出及计息等。

• 商业承兑汇票不能有承兑银行,银行承兑汇票必须有承兑银行。

（9）填制业务 8 的收款单。

操作步骤:

在"收付款单录入"窗口,单击【增加】按钮,填写业务 8 的收款单。操作步骤参见"业务 6"。

（10）填制业务 9 的收款单。

操作步骤:

① 执行"应收款管理"→"收款单据处理"→"收款单据录入"命令,进入"收付款单录入"窗口。

② 单击【增加】按钮,输入或选择日期"2012-12-15"、客户"珠江镇车行"、结算方式"转账支票"、金额"22 800"、票据号"16238"、摘要"预收货款";在下半部分选择款项类型"预收款",如图 7-17 所示。

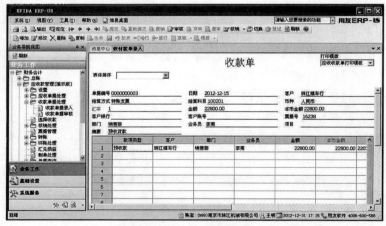

图 7-17　录入业务 9 的收款单

③ 单击【保存】按钮后退出。

（11）审核收款单并制单。

操作步骤:

① 执行"应收款管理"→"收款单据处理"→"收款单据审核"命令,打开"收款单过滤条件"对话框。

② 单击【确定】按钮,进入"收付款单列表"窗口。

③ 单击【全选】按钮,如图 7-18 所示。

图 7-18　"收付款单列表"窗口

④ 单击【审核】按钮,系统显示审核成功信息。

⑤ 单击【确定】按钮,再单击【退出】按钮退出。

⑥ 执行"制单处理"命令,打开"制单查询"对话框。

⑦ 选中"收付款单制单"复选框,如图 7-19 所示。

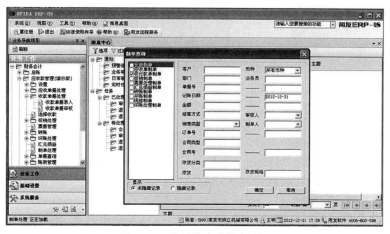

图 7-19　"制单查询"对话框

⑧ 单击【确定】按钮,进入"制单"窗口。

⑨ 选择凭证类别为"记账凭证",单击工具栏中的【全选】按钮,选择窗口中的所有单据,如图 7-20 所示。

⑩ 单击【制单】按钮,打开"填制凭证"窗口,生成第 1 张记账凭证,如图 7-21 所示。

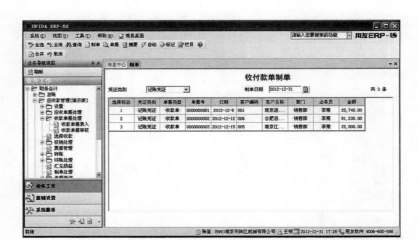

图 7-20　"制单"窗口

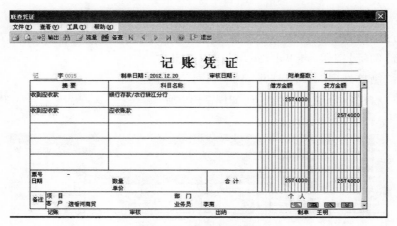

图 7-21　成生记账凭证

⑪ 修改制单日期为"2012-12-15",单击【保存】按钮,凭证左上角显示"已生成"红色字样,表示已将凭证传递到总账系统。

⑫ 分别单击【下张】按钮,修改相关信息,保存凭证后退出。

（12）核销业务 8 的收款单。

操作步骤:

① 执行"应收款管理"→"核销处理"→"手工核销"命令,打开"核销条件"对话框。

② 输入或选择客户"合肥商城",单击【确定】按钮,进入"单据核销"窗口。

③ 在"单据核销"窗口上半部分"本次结算金额"栏的数据修改为"81 230",在下半部分的"本次结算"栏的第 1 行录入"500",在第 2 行录入"80 730",如图 7-22所示。

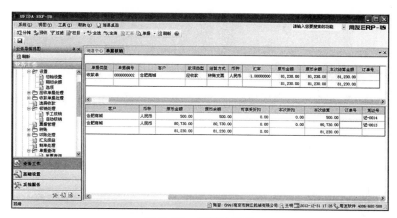

图 7-22 核销收款单

④ 单击【保存】按钮,再单击【退出】按钮退出。

(13) 业务 10 的坏账处理。

操作步骤:

① 执行"应收款管理"→"坏账处理"→"坏账发生"命令,打开"坏账发生"对话框,如图 7-23 所示。

图 7-23 "坏账发生"对话框

② 将日期修改为"2012-12-15",输入或选择客户"008"或"贵州车辆交易中心"。

③ 单击【确定】按钮,打开"坏账发生单据明细"对话框。

④ 在"本次发生坏账金额"栏录入"13 800",如图 7-24 所示。

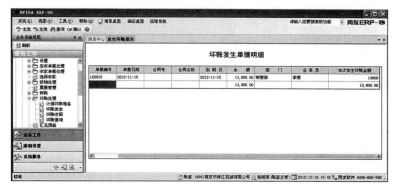

图 7-24 录入坏账

⑤ 单击【确定】按钮,出现"是否立即制单"信息提示。

⑥ 单击【是】按钮,生成发生坏账的记账凭证。

⑦ 单击【保存】按钮，凭证左上角显示"已生成"红色字样，表示已将凭证传递到总账系统，如图 7-25 所示。

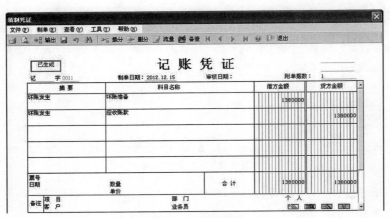

图 7-25　生成记账凭证

⑧ 单击【退出】按钮后退出。

（14）填制业务 11 的销售专用发票并制单。

操作步骤：

① 在"销售发票"窗口，单击【增加】按钮，填写业务 11 的销售专用发票，如图 7-26 所示。操作步骤参见"业务 1"。

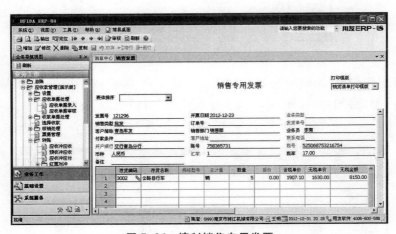

图 7-26　填制销售专用发票

② 在"应收单据列表"窗口，对该业务销售专用发票进行审核。操作步骤参见"（6）审核应收单据并制单"。

③ 审核完成后，再对审核后的该业务销售专用发票进行制单处理，生成该业务的记账凭证，如图 7-27 所示。操作步骤参见"（6）审核应收单据并制单"。

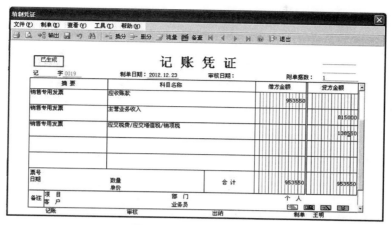

图 7-27 生成记账凭证

（15）业务 12 的商业承兑汇票结算。

操作步骤：

① 单击【过滤】按钮，进入"票据管理"窗口。

② 执行"应收款管理"→"票据管理"命令，打开"过滤条件选择"对话框。

③ 选中 2012 年 12 月 10 日填制的收到沃尔玛南京桥北店签发并承兑的商业承兑汇票，如图 7-28 所示。

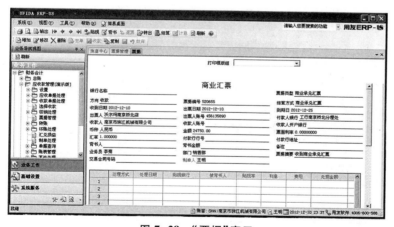

图 7-28 "票据"窗口

④ 单击【结算】按钮，打开"票据结算"对话框，修改结算日期"2012-12-25"，输入或选择结算金额"24 750"、结算科目"100201"。

⑤ 单击【确定】按钮，出现"是否立即制单"提示。

⑥ 单击【是】按钮，生成票据结算的记账凭证，如图 7-29 所示。

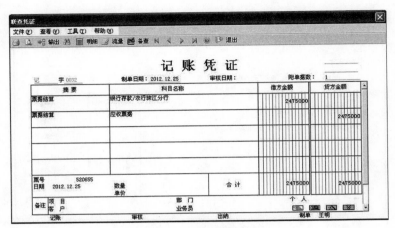

图 7-29　生成记账凭证

⑦ 单击【保存】按钮,再单击【退出】按钮退出。

（16）业务 13 的预收账款冲抵应收账款。

操作步骤:

① 执行"应收款管理"→"转账"→"预收冲应收"命令,打开"预收冲应收"对话框。

② 在"客户"栏输入或选择"青岛车友俱乐部"。

③ 单击【过滤】按钮,在"转账金额"栏录入"3 840",如图 7-30 所示。

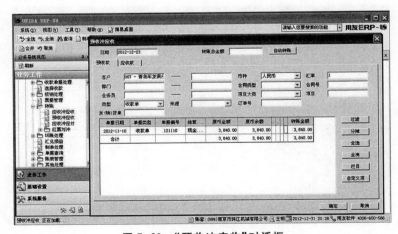

图 7-30　"预收冲应收"对话框

④ 单击打开"应收款"选项卡,单击【过滤】按钮,在"转账金额"栏录入"3 840",如图 7-31 所示。

图 7-31 "应收款"选项卡

⑤ 单击【确定】按钮,出现"是否立即制单"提示。

⑥ 单击【是】按钮,生成该业务的记账凭证,如图 7-32 所示。

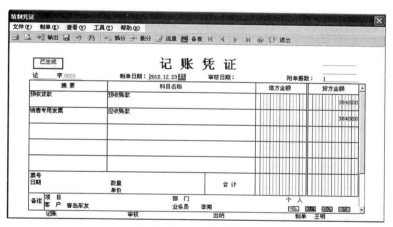

图 7-32 生成记账凭证

⑦ 单击【保存】按钮,凭证左上角显示"已生成"红色字样,表示已将凭证传递到总账系统。

⑧ 单击【退出】按钮后退出。

(17) 业务 14 的应收账款冲抵应收账款。

操作步骤:

① 执行"应收款管理"→"转账"→"应收冲应收"命令,打开"应收冲应收"对话框。

② 在"转出户"栏输入或选择"家乐福南京大桥南路店",再在"转入户"栏输入或选择"南京进香河自行车商贸公司"。

③ 单击【过滤】按钮,在第 1 行"并账金额"栏录入"1 920",再在第 2 行"并账金额"栏

录入"1 920",如图 7-33 所示。

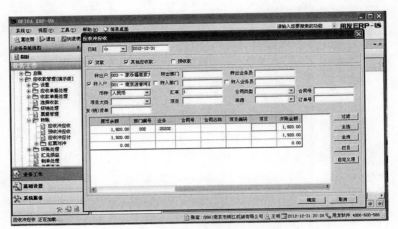

图 7-33 "应收冲应收"对话框

④ 单击【确定】按钮,出现"是否立即制单"提示。

⑤ 单击【是】按钮,生成该业务的记账凭证,如图 7-34 所示。

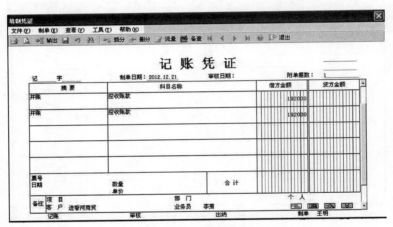

图 7-34 生成记账凭证

⑥ 单击【保存】按钮,凭证左上角显示"已生成"红色字样,表示已将凭证传递到总账系统。

⑦ 单击【退出】按钮后退出。

(18) 业务 15 的计提坏账准备。

操作步骤:

① 执行"应收款管理"→"坏账处理"→"计提坏账准备"命令,进入"应收账款百分比法"窗口,如图 7-35 所示。

图 7-35　"应收账款百分比法"窗口

② 单击【确定】按钮,出现"是否立即制单"提示。

③ 单击【是】按钮,生成该业务的记账凭证。

④ 点击选中第 1 记录行"管理费用/其他"科目,双击鼠标左键,系统弹出"辅助项"对话框。

⑤ 选择部门"销售部",如图 7-36 所示。

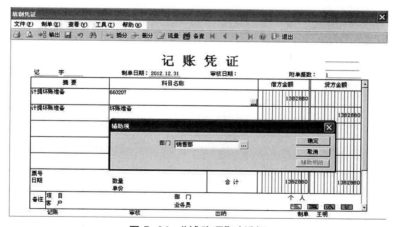

图 7-36　"辅助项"对话框

⑥ 单击【确定】按钮,再单击【保存】按钮,凭证左上角显示"已生成"红色字样,表示已将凭证传递到总账系统。

⑦ 单击【退出】按钮后退出。

2. 账表查询

(1) 在应收款系统中查询"销售专用发票"。

操作步骤:

① 执行"应收款管理"→"单据查询"→"发票查询"命令,进入"发票查询"对话框,如图 7-37 所示。

142

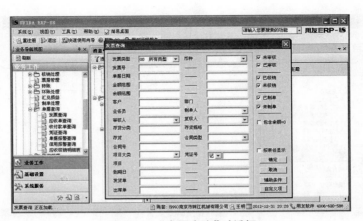

图 7-37　"发票查询"对话框

② 单击【确定】按钮，进入"单据查询结果列表"窗口。

③ 在"单据查询结果列表"窗口，查询销售专用发票信息，如图 7-38、图 7-39 所示。

图 7-38　"单据查询结构列表"窗口

图 7-39　销售专用发票查询

④ 查看完毕后,单击【退出】按钮退出。

（2）在应收款系统查看本月"收款单"。

操作步骤参考"销售专用发票"查询。

（3）在应收款管理系统中查看"应收明细账"

操作步骤:

① 执行"应收款管理"→"账表管理"→"业务账表"→"业务明细账"命令,打开"过滤条件选择"对话框。

② 单击【过滤】按钮,进入"应收明细账"窗口。

③ 在"应收明细账"窗口,查询应收明细账信息,如图 7-40 所示。

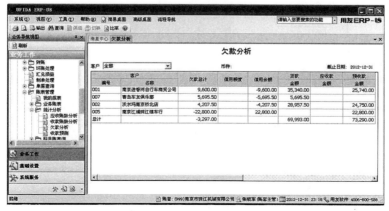

图 7-40　查询应收明细账

（4）在应收款管理系统中查看"欠款分析"。

操作步骤:

① 执行"应收款管理"→"账表管理"→"统计分析"→"欠款分析"命令,打开"欠款分析"对话框。

② 单击【确定】按钮,进入"欠款分析"窗口。

③ 在"欠款分析"窗口,查询欠款分析信息,如图 7-41 所示。

图 7-41　查询欠款分析信息

④ 查看完毕后,单击【退出】按钮退出。

(5) 在应收款管理系统中查看"科目余额表"。

操作步骤参考"销售专用发票"查询。

3. 备份本次实验数据,命名为实验账套五

第8章 应付款管理系统

8.1 应付款管理系统概述

应收款业务来自采购业务,与采购业务息息相关,伴随采购业务的发生而产生。买卖双方在采购活动中由于取得物资与支付货款在时间上不一致而产生负债,应付款也随之形成。应付款管理系统主要用于核算和管理供应商的往来款项。

在用友 ERP-U8 软件中,应付款管理系统主要对由企业采购业务引起的应付账款以及其他应付账款进行核算和管理。

在用友 ERP-U8(V8.72)软件中,应付款管理子系统可以与总账、采购管理系统集成使用。应付款管理子系统是属于财务会计的一个子系统,采购管理子系统是属于企业供应链的一部分,二者既可以独立运行、完成各自功能,又可以结合运用。无论系统如何划分,采购管理子系统与应付款管理子系统之间都保持着密切的联系。

1. 应付款管理系统功能概述

应付款管理系统以采购发票、其他应付单等原始单据为依据,记录采购业务及其他业务所形成的往来款项,处理应付款项的支付、转账等情况,同时提供票据处理功能。系统根据对供应商往来款项核算和管理的程度不同,提供了两种应用方案。

(1)在应付款管理系统中核算供应商往来款项。如果企业的应付款核算管理内容比较复杂,需要追踪每一笔业务的应付款、付款等情况,或者需要将应付款核算到材料级,那么可以选择该方案。该方案下,所有的供应商往来凭证全部由应付款管理系统生成,其他系统不生成这类凭证。

(2)在总账管理系统中核算供应商往来款项。如果企业的应付款业务比较简单,或者现付业务很多,则可以选择在总账系统中通过辅助核算完成供应商往来核算。

2. 应付款管理系统与其他系统的关系

应付款管理系统与其他系统可以集成使用,它与其他系统的主要关系如图 8-1 所示。

采购管理系统向应付款管理系统传递已复核的采购发票、应付运费等应付单据;在应付款管理系统中对发票进行审核并进行付款结算处理,生成凭证。应付款管理系统为采购管理系统提供各种单据的付款结算情况及应付运费等的核销情况。

(1)应付款管理系统和应收款管理系统之间可以进行转账处理。

(2)应付款管理系统向总账管理系统传递凭证。

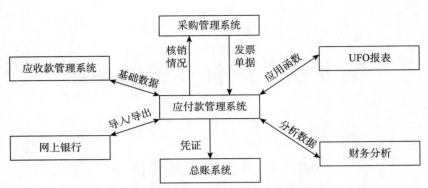

图 8-1　应付款管理系统与其他主要系统的关系

（3）应付款管理系统向财务分析系统提供各种分析数据。

（4）应付款管理系统向 UFO 报表提供应用函数。

（5）应付款管理系统与网上银行进行收款单的导出和导入。

8.2　应付款管理系统的业务流程图

应付款管理系统的业务流程如图 8-2 所示。

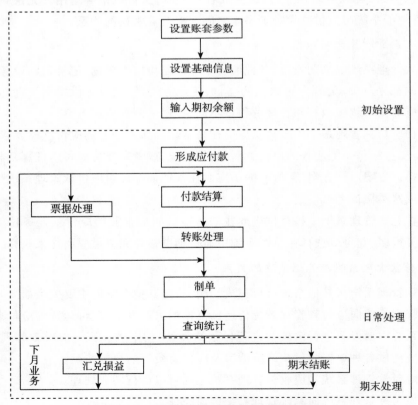

图 8-2　应付款管理系统的业务处理流程

实验六　应付款管理

【实验准备】

引入实验五的账套备份数据,将系统日期修改为"2012/12/31"。

【实验目的和要求】

(1)熟悉用友 ERP-U8(V8.72)软件中应付款管理系统的相关内容。

(2)掌握企业应付款业务流程及处理方法。

(3)掌握应付款管理系统日常业务处理的操作。

(4)理解应付款管理系统与其他系统之间的数据传递关系。

(5)理解应付款管理在总账核算与在应付款管理系统核算的区别。

【实验内容】

(1)单据处理。包括填制采购专用发票、填制采购普通发票、审核应付单据、填制付款单、审核付款单、核销付款单、制单。

(2)票据管理。包括填制商业承兑汇票、商业承兑汇票结算、审核付款单、制单。

(3)转账处理。包括应付账款冲抵应付账款、预付账款冲抵应付账款、制单。

(4)坏账处理。包括发生坏账、填收款单、坏账收回。

(5)账表查询。包括采购专用发票、收付款单、业务总账、科目余额表、应付账龄分析。

【实验资料】

1.业务处理

2012 年 12 月企业发生的经济业务如下:

业务 1:1 日,从南京钢铁加工公司采购自行车主结构 100 套,不含税单价 1 120 元,采购专用发票号为 261358。

业务 2:3 日,从盐城精诚坐垫加工厂购入坐垫 500 个,不含税单价 35 元,采购专用发票号为 384725。

业务 3:5 日,从北京天盛飞轮厂采购飞轮 1 000 片,不含税单价 70 元,采购专用发票号为 182156。

业务 4:6 日,从广州昭阳轮胎有限公司购买轮胎 360 只,不含税单价 160 元,采购专用发票号为 431267。与此同时,发生运费 500 元,发票号为 5678。

业务 5:7 日,从北京雪融车辆配件商城购买自行车套件 350 套,不含税单价 210 元,采购专用发票号为 181518。与此同时,开出转账支票一张(支票号 21235),以支付货税款。

业务 6:9 日,发现 2012 年 12 月 3 日向盐城精诚坐垫加工厂购入坐垫 500 个的发票填制错误,其中数量 500 个应改正为 600 个。

业务 7:10 日,以转账支票(支票号 21325)支付向盐城精诚坐垫加工厂购入坐垫 500 个的货税款共计 20 475 元。

业务 8:12 日,以转账支票(支票号 21357)支付向南京钢铁加工公司采购自行车主结构 100 套的货税款 150 000 元。

业务 9:13 日,以转账支票(支票号 21456)支付向广州昭阳轮胎有限公司购买轮胎 360 只的货税款及运费共计 67 892 元。

业务 10:15 日,向深圳静文变速器工厂店开出转账支票一张(支票号 21558),面值 15 000 元,以作为向该厂支付订购变速器的预付款。

业务 11:16 日,发现 2012 年 12 月 10 日所填制的以转账支票(支票号 21325)支付向盐城精诚坐垫加工厂购入坐垫 500 个的货税款共计 20 475 元有错误,删除该张付款单。

业务 12:16 日,向北京天盛飞轮厂签发并承兑无息商业承兑汇票一张(票号 149028),面值 81 900 元,到期日为 2012 年 12 月 26 日。

业务 13:20 日,发现 2012 年 12 月 12 日向南京钢铁加工公司支付的采购自行车主结构 100 套的货税款 150 000 元应为 131 040 元。经双方协商同意,将多收取部分转为南京钢铁加工公司的预付款。

业务 14:26 日,将 2012 年 12 月 16 日向北京天盛飞轮厂签发并承兑的无息商业承兑汇票进行结算。

业务 15:31 日,经三方同意,将 2012 年 9 月 12 日形成的应向北京天盛飞轮厂支付的货税款 2 200 元转为向北京雪融车辆配件商城的应付账款。

2. 账表查询

(1)查询 2012 年 12 月填制的所有采购专用发票。

(2)查询 2012 年 12 月所有的付款单。

(3)查询 2012 年 12 月应付账龄分析。

(4)查询 2012 年 12 月业务总账。

(5)查询 2012 年 12 月科目明细账。

【实验指导】

1. 业务处理

(1)填制业务 1 的采购专用发票。

操作步骤:

① 以"江平"身份注册进入企业应用平台,在企业应用平台"业务工作"页签中,执行"财务会计"→"应付款管理"→"应付单据处理"→"应付单据录入"命令,打开"单据类别"对话框。

② 选择并确认单据名称"采购发票"、单据类型"采购专用发票",如图 8-3 所示。

图 8-3 "单据列表"对话框

③ 单击【确定】按钮,进入"采购发票"窗口。

④ 单击【增加】按钮,填写发票号"261358",修改开票日期为"2012-12-01",输入或选择采购类型"01"、供应商简称"南铁加工"、存货编码"1001"或存货名称"自行车主结构",输入数量"100"、不含税单价"1 120",如图 8-4 所示。

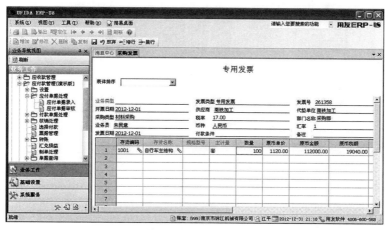

图 8-4　填制业务 1 的采购专用发票

⑤ 单击【保存】按钮后退出。

(2)填制业务 2 的采购专用发票。

操作步骤:

在"采购发票"窗口,单击【增加】按钮,填写业务 2 的采购专用发票。操作步骤参见"业务 1"。

(3)填制业务 3 的采购专用发票。

操作步骤:

在"采购发票"窗口,单击【增加】按钮,填写业务 3 的采购专用发票。操作步骤参见"业务 1"。

(4)填制业务 4 的采购专用发票。

操作步骤:

在"采购发票"窗口,单击【增加】按钮,填写业务 4 的采购专用发票,如图 8-5 所示。操作步骤参见"业务 1"。

(5)填制业务 4 的采购普通发票。

操作步骤:

① 执行"应付款管理"→"应付单据处理"→"应付单据录入"命令,打开"单据类别"对话框。

② 选择并确认单据名称"采购发票"、单据类型"采购普通发票"。

③ 单击【确定】按钮,进入"采购发票"窗口。

④ 单击【增加】按钮,填写发票号"5678",修改开票日期为"2012-12-06",输入或选择供应商"昭阳轮胎"、税率"7",输入存货编码"5001"或选择存货名称"运费",输入不含税金额"500",如图 8-6 所示。

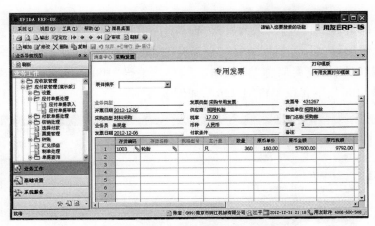

图 8-5　填制业务 2 的采购专用发票

图 8-6　填制采购普通发票

⑤ 单击【保存】按钮后退出。

（6）填制业务 5 的采购专用发票。

操作步骤：

在"采购发票"窗口，单击【增加】按钮，填写业务 5 的采购专用发票，如图 8-7 所示。

操作步骤参见"业务 1"。

图 8-7　填制业务 5 的采购专用发票

（7）填制业务 5 的付款单。

操作步骤：

① 执行"财务会计"→"应付款管理"→"付款单据处理"→"付款单据录入"命令，进入"收付款单录入"窗口。

② 单击【增加】按钮，输入或选择日期"2012-12-07"、供应商"雪融配件"、结算方式"转账支票"、金额"85 995"、票据号"21235"、摘要"支付购料款"，如图 8-8 所示。

图 8-8　填制付款单

③ 单击【保存】按钮后退出。

（8）修改业务 6 的采购专用发票。

操作步骤：

① 执行"应付款管理"→"应付单据处理"→"应付单据录入"命令，打开"单据类别"对话框。

② 选择并确认单据名称"采购发票"、单据类型"采购专用发票"。

③ 单击【确定】按钮，打开"采购发票"窗口。

④ 单击翻页按钮，找到"384725"号采购专用发票，如图 8-9 所示。

图 8-9　修改采购专用发票

⑤ 单击【弃审】按钮,出现"是否弃审当前单据"信息提示。

⑥ 单击【是】按钮,再单击【修改】按钮,将原数量"500"修改为"600"。

⑦ 单击【保存】按钮,再单击【审核】按钮,出现"是否立即制单?"信息提示,如图 8-10 所示。

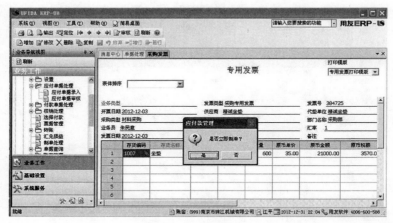

图 8-10　提示信息

⑧ 单击【否】按钮,再单击【退出】按钮后返回。

（9）审核应付单据并制单。

操作步骤:

① 执行"财务会计"→"应付款管理"→"应付单据处理"→"应付单据审核"命令,打开"应付单过滤条件"对话框。

② 单击【确定】按钮,进入"应付单据列表"窗口。

③ 单击【全选】按钮,如图 8-11 所示。

图 8-11　"应付单据列表"窗口

④ 单击【审核】按钮,系统显示审核成功提示信息。

⑤ 单击【确定】按钮返回,再单击【退出】按钮退出。

⑥ 执行"制单处理"命令,打开"制单查询"对话框。

⑦ 选中"发票制单"复选框。

⑧ 单击【确定】按钮,进入"制单"窗口。

⑨ 选择凭证类别为"记账凭证",单击工具栏中的【全选】按钮,选择窗口中的所有单据,如图 8-12 所示。

图 8-12 "制单"窗口

⑩ 单击【制单】按钮,打开"填制凭证"窗口,生成第 1 张记账凭证。

⑪ 修改制单日期为"2012-12-09",单击【保存】按钮,凭证左上角显示"已生成"红色字样,表示已将凭证传递到总账系统,如图 8-13 所示。

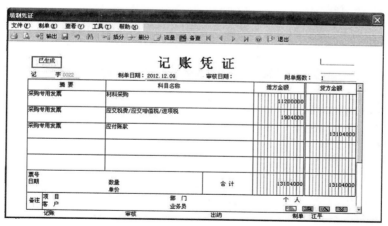

图 8-13 生成记账凭证

⑫ 分别单击【下张】按钮,修改相关信息,再单击【保存】按钮,完成全部单据的制单。

（10）填制业务 7 的付款单。

在"收付款单录入"窗口,单击【增加】按钮,填写业务 7 的付款单,如图 8-14 所示。操作步骤参见"业务 5"。

图 8-14　填制付款单

（11）填制业务 8 的付款单。

在"收付款单录入"窗口，单击【增加】按钮，填写业务 8 的付款单。操作步骤参见"业务 5"。

（12）填制业务 9 的付款单。

在"收付款单录入"窗口，单击【增加】按钮，填写业务 9 的付款单。操作步骤参见"业务 5"。

（13）填制业务 10 的预付款单。

操作步骤：

① 执行"财务会计"→"应付款管理"→"付款单据处理"→"付款单据录入"命令，进入"收付款单录入"窗口。

② 单击【增加】按钮，输入或选择日期"2012-12-15"、供应商"静文变速器"、结算方式"转账支票"、金额"150 000"、票据号"21558"、摘要"预付购料款"，如图 8-15 所示。

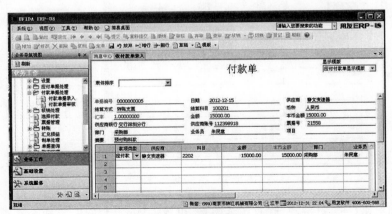

图 8-15　"收付款单录入"窗口

③ 修改下半部分款项类型为"预付款"，如图 8-16 所示。

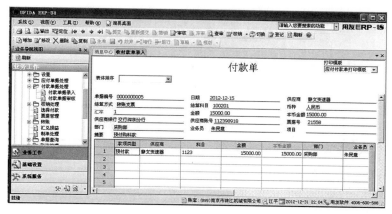

图 8-16　填制预付款单

④ 单击【保存】按钮后退出。

（14）删除业务 11 的付款单。

操作步骤：

① 执行"应付款管理"→"付款单据处理"→"付款单据录入"命令，打开"付款单过滤条件"对话框。

② 单击【确定】按钮，进入"收付款单录入"窗口。

③ 单击【→】按钮，找到要删除的付款单。

④ 单击【删除】按钮，系统提示"单据删除后不能恢复，是否继续？"，如图 8-17 所示。

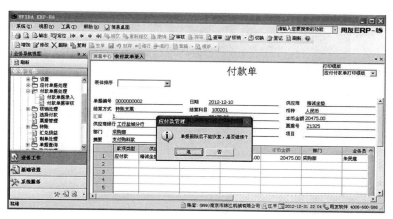

图 8-17　提示信息

⑤ 单击【是】按钮，再单击【退出】按钮退出。

（15）审核付款单并制单。

操作步骤：

① 执行"应付款管理"→"付款单据处理"→"付款单据审核"命令，打开"付款单过滤条件"对话框。

② 单击【确定】按钮，进入"收付款单列表"窗口。

③ 单击【全选】按钮，如图 8-18 所示。

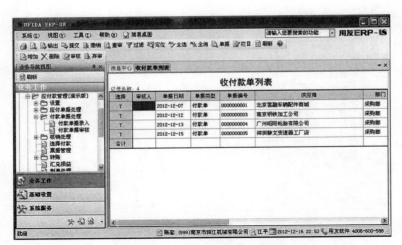

图 8-18 "收付款单列表"窗口

④ 单击【审核】按钮,系统显示审核成功信息。

⑤ 单击【确定】按钮,再单击【退出】按钮退出。

⑥ 执行"制单处理"命令,打开"制单查询"对话框。

⑦ 选中"收付款单制单"复选框。

⑧ 修改记账日期至"2012-12-16",单击【确定】按钮,进入"制单"窗口。

⑨ 选择凭证类别为"记账凭证",单击工具栏中的【全选】按钮,选择窗口中的所有单据,如图 8-19 所示。

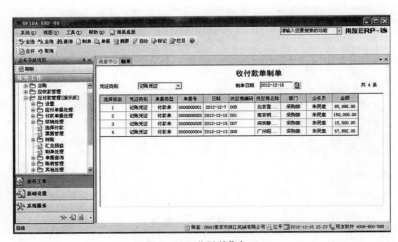

图 8-19 "制单"窗口

⑩ 单击【制单】按钮,打开"填制凭证"窗口,生成第 1 张记账凭证。

⑪ 修改制单日期为"2012-12-16",单击【保存】按钮,凭证左上角显示"已生成"红色字样,表示已将凭证传递到总账系统,如图 8-20 所示。

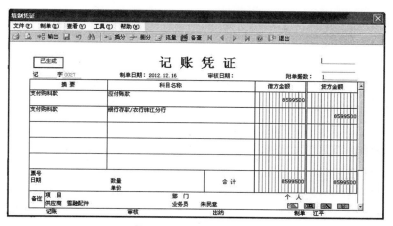

图 8-20　生成记账凭证

⑫ 单击【下张】按钮,修改相关信息,再单击【保存】按钮,完成全部单据的制单。

(16) 填制业务 12 的商业汇票并制单。

操作步骤:

① 执行"应付款管理"→"票据管理"命令,打开"过滤条件选择"对话框。

② 单击【过滤】按钮,进入"票据管理"窗口。

③ 单击【增加】按钮,进入"票据"录入窗口。

④ 输入或选择票据类型"商业承兑汇票"、票据编号"149028"、结算方式"商业承兑汇票"、收到日期"2012-12-16"、出票日期"2012-12-16"、到期日"2012-12-26"、出票人"南京市珠江机械有限公司"、金额"81 900"、票据摘要"签发并承兑商业汇票",如图 8-21所示。

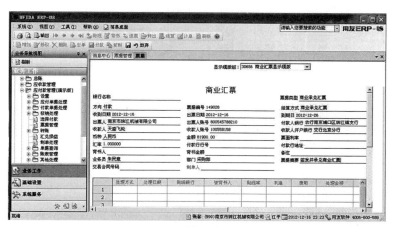

图 8-21　填制商业汇票

⑤ 单击【保存】按钮,返回"票据管理"窗口后退出。

注意:

● 保存一张商业票据后,系统会自动生成一张付款单,这张付款单还需审核之后才能生成记账凭证。

● 由票据生成的付款单不能修改。

● 在票据管理功能中可以对商业承兑汇票和银行承兑汇票进行日常业务处理,包括票据的收入、结算、贴现、背书、转出及计息等。

● 商业承兑汇票不能有承兑银行,银行承兑汇票必须有承兑银行。

⑥ 执行"付款单据处理"→"付款单据录入"命令,进入"收付款单录入"窗口。

⑦ 单击【→】按钮,找到要商业汇票生成的付款单,如图 8-22 所示。

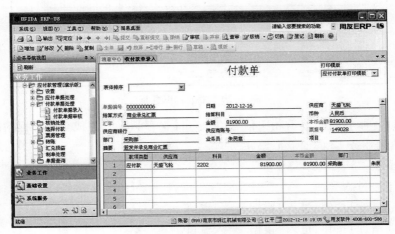

图 8-22 "收付款单录入"窗口

⑧ 单击【审核】按钮,系统提示"是否立即制单"。

⑨ 单击【是】按钮,生成该付款单的记账凭证,如图 8-23 所示。

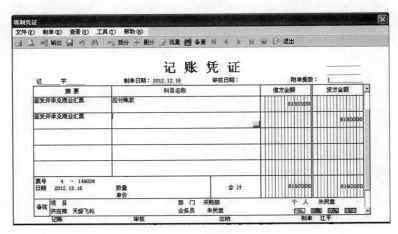

图 8-23 生成记账凭证

⑩ 修改制单日期为"2012-12-16",在第 3 行科目名称栏输入或选择"2201",按 Enter 键,系统弹出"辅助项"对话框。

⑪ 选择供应商"天盛飞轮",输入票号"149028",如图 8-24 所示。

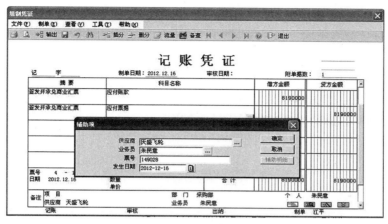

图 8-24 "辅助项"对话框

⑫ 单击【确定】按钮,再单击【保存】按钮,凭证左上角显示"已生成"红色字样,表示已将凭证传递到总账系统。

⑬ 单击【退出】按钮后退出。

(17) 核销业务 13 的付款单。

操作步骤:

① 执行"应付款管理"→"核销处理"→"手工核销"命令,打开"核销条件"对话框。

② 输入或选择供应商"南京钢铁加工公司",单击【确定】按钮,进入"单据核销"窗口。

③ 在"单据核销"窗口上半部分"本次结算"栏的数据修改为"141 040",在下半部分的"本次结算"栏的第 1 行录入"10 000",在第 2 行录入"131 040",如图 8-25 所示。

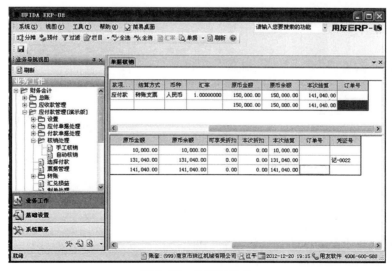

图 8-25 核销付款单

④ 单击【保存】按钮,再单击【退出】按钮后退出。

（18）业务 14 的商业承兑汇票结算。

操作步骤：

① 执行"应付款管理"→"票据管理"命令，打开"过滤条件选择"对话框。

② 单击【过滤】按钮，进入"票据管理"窗口。

③ 选中 2012 年 12 月 16 日填制的签发并承兑的商业承兑汇票。

④ 单击【结算】按钮，打开"票据结算"对话框，修改结算日期为"2012-12-26"，输入或选择结算金额"81 900"、结算科目"100201"，如图 8-26 所示。

图 8-26 "票据结算"对话框

⑤ 单击【确定】按钮，出现"是否立即制单"提示。

⑥ 单击【是】按钮后，生成票据结算的记账凭证，如图 8-27 所示。

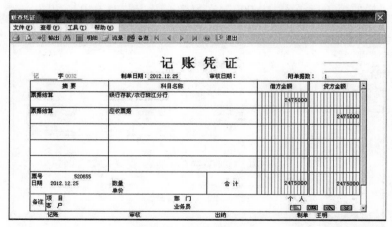

图 8-27 生成记账凭证

⑦ 单击【保存】按钮，再单击【退出】按钮后退出。

（19）业务 15 的应付账款冲应付账款。

操作步骤：

① 执行"应付款管理"→"转账"→"应付冲应付"命令，打开"应付冲应付"对话框。

② 在"转出户"栏输入或选择"北京天盛飞轮厂",再在"转入户"栏输入或选择"北京雪融车辆配件商城"。

③ 单击【过滤】按钮,在第 1 行"并账金额"栏录入"2 200",如图 8-28 所示。

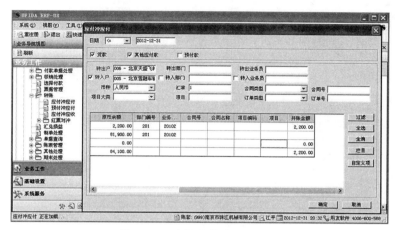

图 8-28　应付账款冲应付账款

④ 单击【确定】按钮,出现"是否立即制单"提示。

⑤ 单击【是】按钮后生成该业务的记账凭证,如图 8-29 所示。

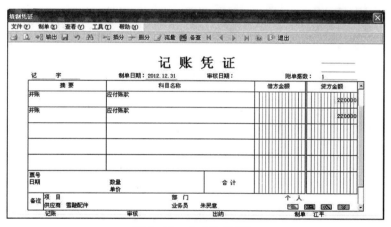

图 8-29　生成记账凭证

⑥ 单击【保存】按钮,凭证左上角显示"已生成"红色字样,表示已将凭证传递到总账系统。

⑦ 单击【退出】按钮后退出。

2. 账表查询

(1)在应付款管理系统中查询"采购专用发票"。

操作步骤:

① 执行"应付款管理"→"单据查询"→"发票查询"命令,进入"发票查询"对话框。

② 单击【确定】按钮,进入"单据查询结果列表"窗口。

③ 在"单据查询结果列表"窗口,查询销售专用发票信息,如图8-30、图8-31所示。

图8-30 "单据查询结果列表"窗口

图8-31 查询销售专用发票

④ 查看完毕后,单击【退出】按钮后退出。

(2) 在应付款管理系统查看本月"付款单"。

操作步骤参考"采购专用发票"查询。

(3) 在应付款管理系统中查看"应付账龄分析"。

操作步骤:

① 执行"应付款管理"→"统计分析"→"应付账龄分析"命令,进入"过滤条件选择——应付账龄分析"对话框。

② 单击【过滤】按钮,进入"应付账龄分析"窗口,如图8-32所示。

图 8-32 查询应付账龄分析信息

③ 查看完毕后,单击【退出】按钮后退出。

(4)在应付款管理系统中查看"业务总账"。

操作步骤:

① 执行"应付款管理"→"业务账表"→"业务总账"命令,进入"过滤条件选择——应付总账表"对话框。

② 单击【过滤】按钮,进入"应付总账表"窗口,如图 8-33 所示。

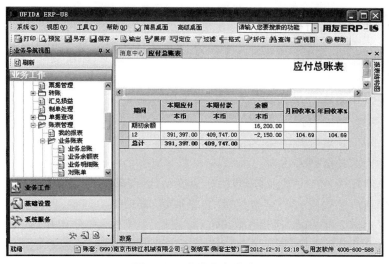

图 8-33 查询业务总账

③ 查看完毕后,单击【退出】按钮后退出。

(5)在应付款系统中查看"业务明细账"。

操作步骤参考"业务总账"查询。

3. 备份本次实验数据,命名为实验账套六

第 9 章　固定资产管理

9.1　固定资产管理系统概述

固定资产是指使用年限在一年以上、单位价值在规定标准以上,并且在使用过程中保持原有实物形态的资产。固定资产是企业长期使用的资产,作为企业资产的重要组成部分,固定资产核算与管理是企业会计和财务管理工作的重点。

用友 ERP-U8 管理软件中固定资产管理系统适用于各类企业进行固定资产卡片建立、管理和折旧计提等。企业不分性质、大小和业务规模,固定资产核算和管理都存在很大的共性,加之固定资产核算和管理的内容和方法单一、规范,这使得固定资产管理系统成为企业应用最普遍的管理软件之一。

在用友 ERP-U8(V8.72)管理软件中,固定资产管理系统是作为财务会计子系统的一部分存在的。

1. 功能概述

用友 ERP-U8 管理软件中固定资产管理系统主要完成企业固定资产日常业务的核算和管理,生成固定资产卡片,按月反映固定资产的增加、减少、原值变化及其他变动,并输出相应的增减变动明细账,按月自动计提折旧,生成折旧分配凭证,同时输出一些同设备管理相关的报表和账簿。

固定资产主要功能包括:

(1) 提供外币管理资产设备。

(2) 用户自定义折旧方法。

(3) 可处理各种资产变动业务,包括原值变动、部门转移、使用状况变动、使用年限调整、折旧方法调整、净残值(率)调整、工作总量调整、累计折旧调整、资产类别调整等。

(4) 提供对固定资产的评估功能,包括对原值、累计折旧、使用年限、净残值率、工作总量的评估等。

(5) 提供自动计提折旧功能,并按分配表自动生成记账凭证。

(6) 提供"固定资产卡片联查图片"功能,可在固定资产卡片中联查由扫描仪扫描或由数码相机生成的资产图片,以便管理得更具体、更直观。

(7) 固定资产多部门使用、分摊的处理功能。一个资产选择多个"使用部门",并且当资产为多部门所使用时,累计折旧可以在多部门间按设置的比例分摊。

(8) 提供"固定资产到期提示表",用于显示当前使用年限已到期的固定资产信息,以及即将到期的资产信息。

2. 固定资产管理系统与其他系统的主要关系

固定资产管理系统作为用友 ERP-U8 管理软件的一部分,将有关固定资产核算数据通过记账凭证的形式传递给总账系统,同时为成本管理、项目管理、UFO 报表、财务分析等提供数据支持。

固定资产管理系统与其他系统的主要关系如图 9-1 所示。

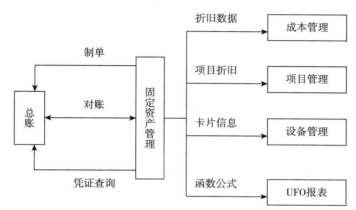

图 9-1　固定资产管理系统与其他系统的主要关系

固定资产管理系统中资产的增加、减少及原值和累计折旧的调整、折旧计提都要将有关数据通过记账凭证的形式传输到总账系统,同时通过对账保持固定资产与总账账目的平衡,并可以修改、删除及查询凭证。固定资产管理系统不仅可以为成本管理系统、项目管理系统提供计提折旧有关费用的数据,还可以为设备管理系统提供固定资产卡片信息。UFO 报表系统也可以通过相应的取数函数从固定资产管理系统中提取分析数据。

9.2　固定资产管理系统的业务处理

固定资产管理系统的业务处理可以分为初始设置、日常业务处理和期末处理三部分。

1. 初始设置

固定资产管理系统的初始设置是根据各单位的具体情况,建立一个适合需要的固定资产子账套的过程。初始设置包括设置控制参数、设置基础数据、输入期初固定资产卡片。

设置控制参数包括约定与说明、启用月份、折旧信息、编码方式和财务接口等。这些参数在首次启用固定资产管理系统时设置,其他参数可以在"选项"中补充。

设置基础数据主要包括资产类别设置、部门设置、部门对应折旧科目设置、增减方式设置、折旧方法设置等基础信息的定义和设置。

输入期初固定资产卡片是将建账日期以前的有关固定资产数据输入系统中,以保持历史资料和业务处理的连续性。

2. 日常业务处理

固定资产管理系统日常处理主要包括资产增减、资产变动、资产评估、资产盘点、生成凭证和账表管理。

（1）资产增减。资产增减包括资产增加和资产减少。资产增加是指单位购进或通过其他方式增加企业资产,资产增加需要输入一张新的固定资产卡片。资产减少是指在使用过程中,由于各种原因造成资产退出企业,如损毁、出售、盘亏等。资产减少需要做减少处理,输入资产减少卡片并说明减少原因。只有当账套开始计提折旧后才可以使用资产减少功能。

（2）资产变动。资产变动包括原值变动、部门转移、使用状况变动、使用年限调整、折旧方法调整、净残值（率）调整、工作总量调整、累计折旧调整、资产类别调整、变动单管理。资产发生变动,要求输入相应的"变动单"来记录资产调整结果。其他项目的修改,如名称、编号、自定义项目等的变动可以在卡片上直接进行。

（3）资产评估。固定资产管理系统提供对固定资产评估作业的管理。利用此功能,可以将评估机构的评估数据手工录入或定义公式录入系统,也可以根据国家要求手工录入评估结果或根据定义的评估公式生成评估结果,并实现对评估单的管理。资产评估功能提供的可评估的资产内容主要包括资产原值、累计折旧、净值、使用年限、工作总量和净残值率。

（4）资产盘点。利用资产盘点功能可以录入盘点数据,与账面上记录的盘点单进行核对,实现对盘点单的管理等;还可以在卡片管理中打印输出固定资产盘点单。

（5）生成凭证。固定资产管理系统通过生成记账凭证向总账系统传递有关数据。在固定资产管理系统中,制作凭证可以采取"立即制单"或"批量制单"的方法实现。

（6）账表管理。通过固定资产管理系统的账表管理功能,可以及时了解和掌握资产的统计、汇总和其他有关信息。系统中的账表包括各种账簿、折旧表、统计表和分析表四类。另外,系统还提供了自定义报表功能,单位可以根据实际要求进行设置。

3. 期末处理

固定资产管理系统的期末处理主要包括计提减值准备、计提折旧、对账和月末结账等内容。

（1）计提减值准备。由于市价持续下跌或技术陈旧等原因导致其可回收金额低于账面价值的,应当将可回收金额低于账面价值的差额作为固定资产减值准备进行计提,且必须按单项资产计提。如果计提的固定资产价值又得到恢复,应在原计提的减值准备范围内转回。

（2）计提折旧。系统提供自动计提折旧功能,对各项固定资产每期计提一次折旧,并自动生成折旧分配表,然后制作记账凭证,将本期的折旧费用自动登账。系统提供的折旧清单显示了所有应计提折旧资产所提取的折旧额数据。

（3）对账。利用对账功能可以将固定资产管理系统的资产价值与总账系统中固定资产科目的数据进行核对,以检查两者是否一致,并给出对账结果。

（4）月末结账。当固定资产管理系统完成了本月全部业务后,可进行月末结账处理,月末结账每期进行一次。

固定资产管理系统业务处理流程如图 9-2 所示。

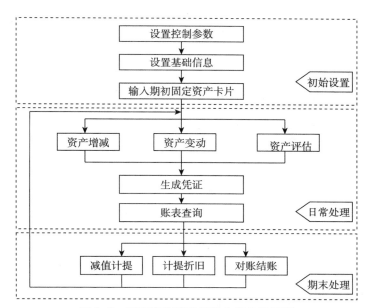

图 9-2　固定资产管理系统业务处理流程

实验七　固定资产管理

【实验准备】

引入实验六的账套备份数据,将系统日期修改为"2012/12/31"。

【实验目的和要求】

（1）熟悉用友 ERP-U8（V8.72）软件中固定资产管理系统的相关内容。

（2）掌握固定资产管理系统初始化、日常业务处理及月末处理的操作方法。

（3）理解固定资产管理系统与其他系统之间的数据传递关系。

【实验内容】

（1）固定资产管理系统参数设置、原始卡片录入。

（2）日常业务:资产增减、资产变动、资产评估、生成凭证、账表查询。

（3）月末处理:计提减值准备、计提折旧、对账和结账。

【实验资料】

1. 业务处理

2012 年 12 月企业发生的经济业务如下:

业务 1:5 日,投资者投入固定资产造型机(型号 ZXJN001)1 台,原值 39 800 元,已提折旧 3 300 元,使用年限 10 年。

业务 2:8 日,购入全新联想电脑(型号 YTS6565)1 台交付财务部使用,单价 6 800 元,预计使用年限 5 年。净残值为 1%,采用年数总和法计提折旧。

业务 3:20 日,对 1 号生产线进行资产评估,评估结果为原值 600 000 元,累计折旧 56 000 元。

业务 4:22 日,将 1 号办公楼所属部门由人力资源部转为财务部。

业务 5:26 日,购入全新格桑立体空调(型号 KF-120LW)1 台交付仓储部使用,单价 15 600 元,预计使用年限 5 年。净残值为 1%,采用平均年限法计提折旧。

业务 6:26 日,仓储部固定资产(南深空调)发生严重故障已经无法使用,将其使用状况由"在用"转为"未使用"。

业务 7:28 日,将卡片编号为"00004"的固定资产(生产设备 I)的使用状况由"在用"转为"大修理停用"。

业务 8:31 日,经检查对固定资产(卡车)计提 5 000 元减值准备。

业务 9:31 日,计提本月折旧费用。

业务 10:31 日,经技术人员检测鉴定,并由领导批准,将毁损的固定资产(南深空调)进行报废处理。处理时发生清理费用 100 元,清理收入 250 元。

2. 账表查询

(1) 查询 2012 年 12 月固定资产原值一览表。

(2) 查询 2012 年 12 月固定资产(部门)折旧计提汇总表。

(3) 查询 2012 年 12 月固定资产价值结构分析表。

(4) 查询 2012 年 12 月固定资产登记簿。

【实验指导】

1. 业务处理

(1) 业务 1 的增加固定资产。

操作步骤:

① 以"王明"身份重新注册进入企业应用平台,在企业应用平台"业务工作"页签中,执行"财务会计"→"固定资产"→"卡片"→"资产增加"命令,进入"固定资产类别档案"窗口。

② 选中资产类别"021 生产线"复选框,单击【确定】按钮,进入"固定资产卡片"窗口。

③ 输入固定资产名称"造型机",双击"使用部门"并选择"二车间",双击"增加方式"选择"投资者投入",双击"使用状况"选择"在用",输入使用年限(月)"120"、开始使用日期"2012-12-05",输入原值"39 800"、累计折旧"3 300",如图 9-3 所示。

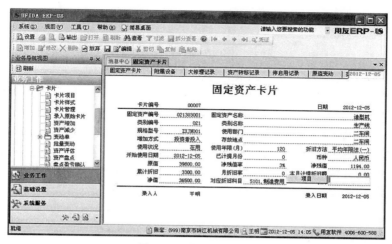

图 9-3 增加固定资产

④ 单击【保存】按钮,进入"填制凭证"窗口。

⑤ 选择凭证类别"记账凭证",修改制单日期为"2012-12-05",如图 9-4 所示。

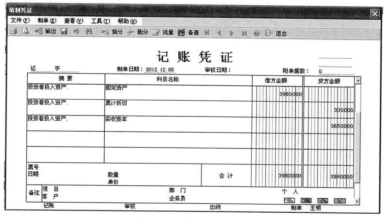

图 9-4 生成记账凭证

⑥ 单击【保存】按钮,凭证左上角出现"已生成"标志,表示该凭证已传递到总账。

⑦ 单击【退出】按钮后退出。

注意:

● 固定资产原值要输入卡片录入月初的价值,否则会出现计算错误。

● 输入卡片后,也可以不立即制单,月末可以批量制单。

(2)业务 2 的增加固定资产。

操作步骤:

① 执行"固定资产"→"卡片"→"资产增加"命令,增加该业务的固定资产,如图 9-5 所示。操作步骤参见"业务 1"。

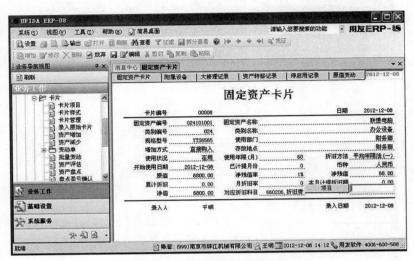

图 9-5　增加固定资产

② 单击【保存】按钮,进入"填制凭证"窗口,生成该业务的记账凭证,如图 9-6 所示。操作步骤参见"业务 1"。

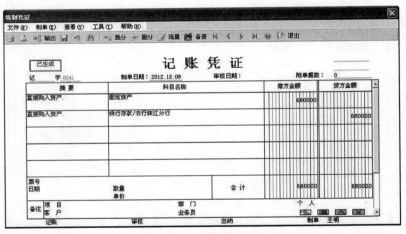

图 9-6　生成记账凭证

③ 单击【退出】按钮后退出。

(3) 业务 3 的固定资产评估。

操作步骤:

① 执行"卡片"→"资产评估",进入"资产评估"窗口。

② 单击【增加】按钮,打开"资产评估选择"对话框,选中需要评估项目的"原值"复选框和"累计折旧"复选框,如图 9-7 所示。

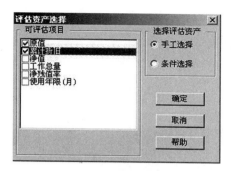

图 9-7 "资产评估选择"对话框

③ 单击【确定】按钮,返回"资产评估"窗口。

④ 在"资产评估"窗口,选择要评估资产"1 号生产线"的卡片编号"00003",输入评估后原值"600 000"、评估后累计折旧"56 000",如图 9-8 所示。

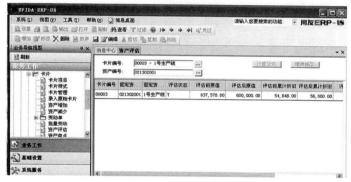

图 9-8 固定资产评估

⑤ 单击【保存】按钮,系统弹出"是否确认要进行资产评估?"信息提示。

⑥ 单击【是】按钮,进入"填制凭证"窗口,选择凭证类别"记账凭证",修改制单日期为"2012-12-20"。

⑦ 在第 2 记录空白行科目名称处输入"管理费用/折旧费",系统弹出"辅助项"对话框。

⑧ 在"辅助项"对话框中,选择部门"一车间",如图 9-9 所示。

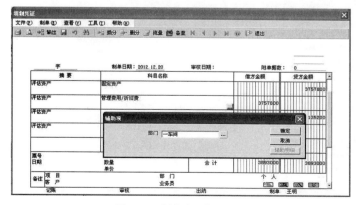

图 9-9 "辅助项"对话框

⑨ 单击【确定】按钮,返回"填制凭证"窗口。

⑩ 同理,在第 4 记录空白行科目名称处输入"管理费用/折旧费",系统弹出"辅助项"对话框,选择部门"一车间"。

⑪ 单击【保存】按钮,凭证左上角出现"已生成"标志,表示该凭证已传递到总账。

⑫ 单击【退出】按钮后退出。

(4)业务 4 的固定资产部门转移。

操作步骤:

① 执行"卡片"→"变动单"→"部门转移"命令,进入"固定资产变动单"窗口。

② 输入卡片编号"00001",输入变动后部门"财务部",输入变动原因为"使用部门变更",如图 9-10 所示。

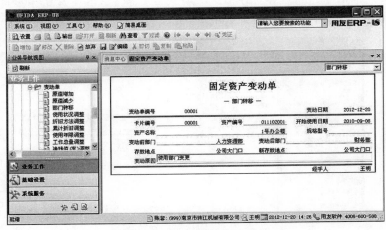

图 9-10　固定资产部门转移

③ 单击【保存】按钮后退出。

(5)业务 5 的固定资产增加。

操作步骤:

① 执行"固定资产"→"卡片"→"资产增加"命令,增加该业务的固定资产,如图 9-11 所示。操作步骤参见"业务 1"。

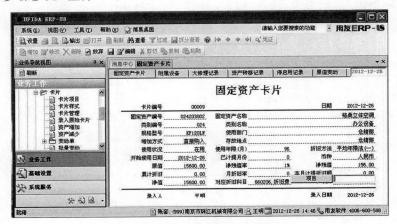

图 9-11　增加固定资产

② 单击【保存】按钮,进入"填制凭证"窗口,生成该业务的记账凭证,如图 9-12 所示。操作步骤参见"业务 1"。

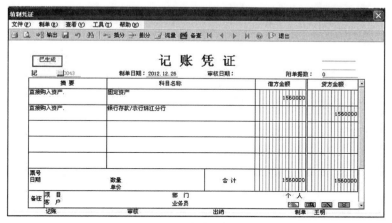

图 9-12　生成记账凭证

③ 单击【退出】按钮后退出。

(6)业务 6 的固定资产使用状况调整。

操作步骤:

① 执行"卡片"→"变动单"→"使用状况调整"命令,进入"固定资产变动单"窗口。

② 修改变动后使用状况为"未使用",输入变动原因为"毁损",如图 9-13 所示。

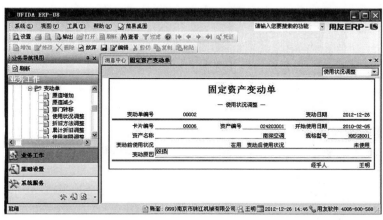

图 9-13　业务 6 的固定资产使用状况调整

③ 单击【保存】按钮后退出。

(7)业务 7 的固定资产使用状况调整。

执行"卡片"→"变动单"→"使用状况调整"命令,调整该业务的固定资产使用状况,如图 9-14 所示。操作步骤参见"业务 6"。

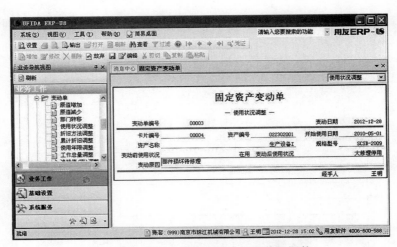

图 9-14　业务 7 的固定资产使用状况调整

（8）业务 8 的固定资产计提减值准备。

操作步骤：

① 执行"卡片"→"变动单"→"计提减值准备"，进入"固定资产变动单"窗口。

② 输入卡片编号"00005"，输入减值准备金额"5 000"，输入减值变动原因为"型号更新"，如图 9-15 所示。

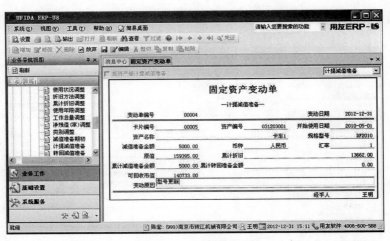

图 9-15　计提减值准备

③ 单击【保存】按钮，进入"填制凭证"窗口。

④ 选择凭证类别为"记账凭证"，修改制单日期为"2012-12-31"。

⑤ 在第 1 记录行借方科目名称处填写"管理费用/其他"，系统弹出"辅助项"对话框。

⑥ 在"辅助项"对话框中，选择部门"仓储部"，单击【确定】按钮返回"填制凭证"窗口。

⑦ 在第 2 记录行贷方科目名称处填写"固定资产减值准备"。

⑧ 单击【保存】按钮，凭证左上角出现"已生成"标志，表示该凭证已传递到总账，如

图 9-16 所示。

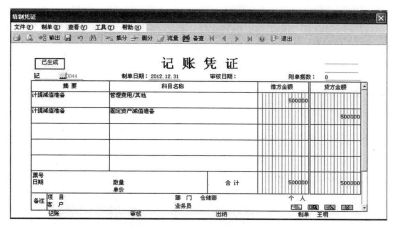

图 9-16　生成记账凭证

⑨ 单击【退出】按钮后退出。

注：

计提减值准备生成如下凭证：

借：管理费用/其他

　　贷：固定资产减值准备

（9）业务 9 的固定资产折旧处理。

操作步骤：

① 执行"处理"→"计提本月折旧"命令,弹出"是否要查看折旧清单？"信息提示。

② 单击【否】按钮,系统弹出"本操作将计提本月折旧,并花费一定时间,是否要继续？"信息提示。

③ 单击【是】按钮,系统计提折旧完成后,进入"折旧分配表"窗口,如图 9-17 所示。

图 9-17　"折旧分配表"窗口

④ 单击【凭证】按钮,进入"填制凭证"窗口。

⑤ 选择凭证类型为"记账凭证",输入制单日期"2012-12-31",点击选中第 2 记录行会计科目"管理费用/其他",双击鼠标左键,系统弹出"辅助项"对话框。

⑥ 在"辅助项"对话框中,选择部门"仓储部",如图 9-18 所示。

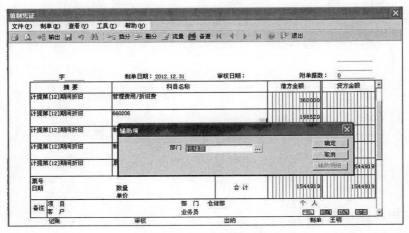

图 9-18 "辅助项"对话框

⑦ 点击选中第 3 记录行会计科目"制造费用",双击鼠标左键,系统弹出"辅助项"对话框。

⑧ 在"辅助项"对话框中,输入项目名称"山地自行车"。

⑨ 单击【确定】按钮,再单击【保存】按钮,凭证左上角出现"已生成"标志,表示该凭证已传递到总账。

⑩ 单击【退出】按钮后退出。

注意:

• 如果上次计提折旧已通过记账凭证把数据传递到总账系统,则必须删除该凭证后才能重新计提折旧。

• 计提折旧后又对账套产生影响,影响了折旧计算或分配的操作,必须重新计提折旧,否则系统不允许结账。

(10) 业务 10 的固定资产清理。

操作步骤:

① 执行"卡片"→"资产减少"命令,进入"固定资产卡片"窗口。

② 输入选中资产类别"021 生产线"复选框,单击【确定】按钮,进入"资产减少"对话框。

③ 输入或选择卡片编号"00006"、资产编号"024203001",如图9-19 所示。

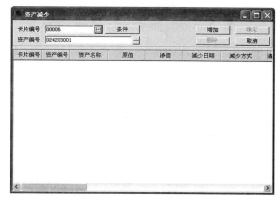

图 9-19　"固定资产减少"对话框

④ 单击【增加】按钮,修改减少日期为"2012-12-31",选择减少方式"毁损",输入清理收入"250"、清理费用"100"、清理原因"毁损无法使用",如图 9-20 所示。

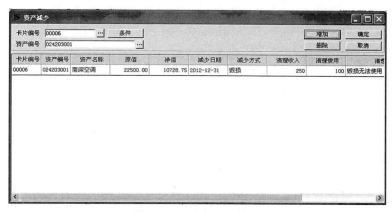

图 9-20　固定资产清理

⑤ 单击【确定】按钮后返回。

⑥ 执行"处理"→"批量制单"命令,进入"批量制单"对话框,如图 9-21 所示。

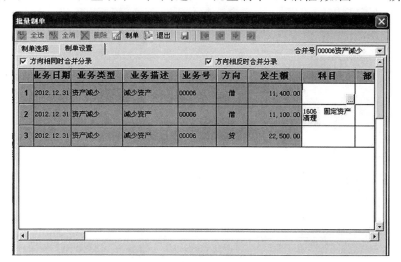

图 9-21　"批量制单"对话框

⑦ 在第 1 行"科目名称"栏选择会计科目"累计折旧",在第 3 行"科目名称"栏选择会计科目"固定资产"。

⑧ 单击【制单】按钮,生成该业务的记账凭证。

⑨ 单击【保存】按钮,凭证左上角出现"已生成"标志,表示该凭证已传递到总账,如图 9-22 所示。

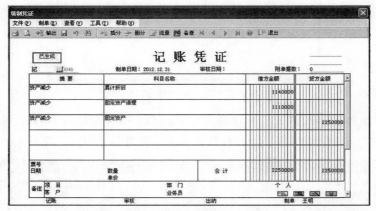

图 9-22　生成记账凭证

⑩ 单击【退出】按钮后退出。

2. 账表查询

(1) 在固定资产管理系统中查看"(固定资产原值)一览表"。

操作步骤:

① 以"张晓军"身份注册进入企业应用平台,在企业应用平台"业务工作"页签中,执行"财务会计"→"固定资产"→"账表"→"我的账表"命令,进入"报表"窗口。

② 在账簿列表框中,选择"统计表"下的"(固定资产原值)一览表",打开"条件——[(固定资产原值)一览表]"对话框。

③ 选择期间:"2012.12",选择汇总级次:"1"—"2"。

④ 单击【确定】按钮,打开"(固定资产原值)一览表"窗口,查询"(固定资产原值)一览表"中数据,如图 9-23 所示。

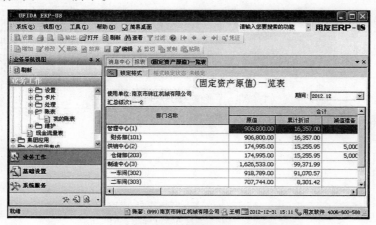

图 9-23　查询(固定资产原值)一览表信息

⑤ 查询完毕后,单击【退出】按钮后退出。

（2）在固定资产管理系统中查看"（部门）折旧计提汇总表"。

操作步骤参考"（固定资产原值）一览表"查询。

（3）在固定资产管理系统中查看"固定资产价值结构分析表"。

操作步骤参考"（固定资产原值）一览表"查询。

（4）在固定资产管理系统中查看"固定资产登记簿"。

操作步骤参考"（固定资产原值）一览表"查询。

3. 备份本次实验数据,命名为实验账套七

第 10 章　财务会计系统期末处理

10.1　期末处理概述

在用友 U8 管理软件中,财务核算的期末处理是根据国家财会制度的要求以及企业有关利益各方的要求,按月或年进行定期的处理,而业务管理模块的期末处理主要是根据财务核算的需要以及企业经营管理者的管理需求进行的处理;一般月末处理是自动完成的,企业完成当月所有日常工作后,软件系统将各个系统的单据封存,各种数据记入相关的账表,完成相关会计期间的期末处理工作。

由于从业务逻辑关系上来看,业务管理的期末处理是服务于财务核算的期末处理的,所以软件各模块进行期末处理时是有一定的先后顺序的,基本顺序为:采购管理期末处理→销售管理期末处理→库存管理期末处理→应收款、应付款管理期末处理→存货核算期末处理→薪资管理期末处理→固定资产管理期末处理→总账系统期末处理。值得注意的是,各模块在进行期末处理前,必须保证该会计期间内的所有业务都处理完毕,特别要注意在总账模块进行期末处理时要先对期间损益结转生成的凭证进行二次记账后才能进行期末处理。

10.2　财务会计系统期末处理内容

期末处理是当前会计期间的业务已经处理完毕,即所有业务单据已经录入完毕,并且准确无误,可以结束当前期间的业务操作,将本期余额结转为下一会计期间的余额,以便进行下一会计期间的业务操作。期末处理每月只能进行一次。期末处理完毕后,当月不能再处理有关业务。

财务会计部分各模块期末处理的主要内容如下:

(1) 应收款管理期末处理。应收款管理系统期末处理工作有汇兑损益和月末结账。如果客户往来有外币核算,且在总账系统中进行了设置,那么应计算外币单据的汇兑损益并对其进行相应的处理;月末结账是将当前的应收款、收款单据封存,结账后不允许再对该会计期间的应收款、收款单据进行增加、修改和删除处理。

(2) 应付款管理期末处理。应付款管理系统期末处理工作有汇兑损益和月末结账。如果供应商往来有外币核算,且在总账系统中进行了设置,那么应计算外币单据的汇兑损益并对其进行相应的处理;月末结账是将当前的应付款、付款单据封存,结账后不允许再对该会计期间的应付款、付款单据进行增加、修改和删除处理。

(3) 固定资产管理期末处理。固定资产管理系统期末处理工作有计提减值准备、计提折旧、对账和月末结账。

（4）总账系统期末处理。总账系统期末处理工作有银行对账、自动转账、月末处理及年末处理。

实验八　财务会计系统期末处理

【实验准备】

应收款管理、应付款管理、固定资产管理有关 12 月的业务已经处理完毕、凭证已经生成，总账系统已经完成正常记账。

引入实验七的账套备份数据，将系统日期修改为"2012/12/31"。

【实验目的和要求】

（1）了解和掌握用友 ERP-U8 软件财务会计系统各业务模块基本台账的查询功能。

（2）掌握用友 ERP-U8 软件财务会计系统各业务模块期末处理的内容和操作方法。

（3）理解用友 ERP-U8 软件财务会计系统各模块之间期末结转的业务内在逻辑关系。

【实验内容】

财务会计系统各业务模块的期末处理。

【实验资料】

（1）财务会计系统各业务模块最后的备份数据。业务模块包括应收款管理、应付款管理、固定资产管理和总账。

（2）总账系统自定义结转。按短期借款期末余额的 0.3% 计提短期借款利息。会计分录如下：

借：财务费用/利息支出（660301）　　　QM（2001，月）* 0.003

　　贷：应付利息（2231）　　　　　　　JG（）

（3）总账系统期间损益结转。将本月"期间损益"转入"本年利润"。

【实验指导】

1. 应收款管理期末处理

操作步骤：

① 执行"财务会计"→"应收款管理"→"期末处理"→"月末结账"命令，打开"月末处理"对话框，如图 10-1 所示。

② 单击"选择标记"栏，出现选中标记"Y"，单击【下一步】按钮，再单击【完成】按钮，系统提示"12 月份结账成功"信息提示。

③ 单击【确定】按钮。

注意：

● 如果当月业务全部处理完毕，应进行月末结账。本会计期间不做完月末结账工作，系统将不允许处理下一个会计期间的数据。

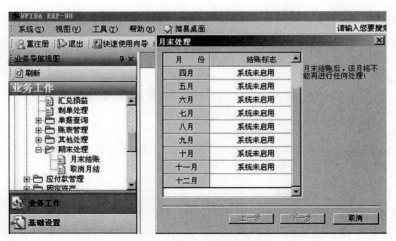

图 10-1 "月末处理"对话框(1)

● 本会计期间做完月末结账工作后,该月将不能再做任何处理,所有数据资料将不能再进行修改。

● 进行月末处理时,一次只能选择一个月进行结账,若前一个月未结账,则本月不能结账。

● 当月月末结账完成后,发现存在错误,可通过"取消结账"功能恢复到结账前状态,再进行修改。

2. 应付款管理期末处理

操作步骤:

① 执行"财务会计"→"应付款管理"→"期末处理"→"月末结账"命令,打开"月末处理"对话框,如图 10-2 所示。

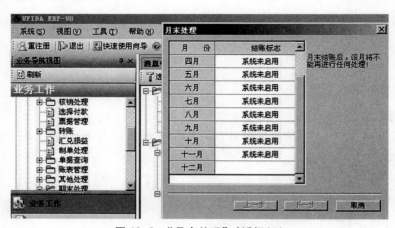

图 10-2 "月末处理"对话框(2)

② 单击"选择标记"栏,出现"选中"标记"Y",单击【下一步】按钮,再单击【完成】按钮,系统提示"12 月份结账成功!"信息提示。

③ 单击【确定】按钮。

3. 固定资产管理期末处理

操作步骤：

① 执行"财务会计"→"固定资产"→"处理"→"月末结账"命令，打开"月末结账"对话框，如图 10-3 所示。

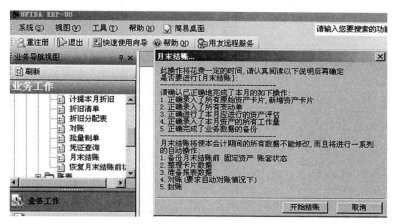

图 10-3　"月末结账"对话框

② 单击【开始结账】按钮，系统自动检查与财务系统的对账结果。

③ 单击【确定】按钮后，弹出"月末结账成功完成！"信息提示。

④ 单击【确定】按钮。

4. 总账期末处理

（1）自定义结转设置。

操作步骤：

① 以"张晓军"身份重新注册进入企业应用平台，执行"财务会计"→"总账"→"期末"→"转账定义"→"自定义转账"，进入"自定义转账设置"窗口。

② 单击【增加】按钮，打开"转账目录"对话框，输入转账序号"0001"、转账说明"计提利息"，凭证类别选择"记账凭证"，如图 10-4 所示。

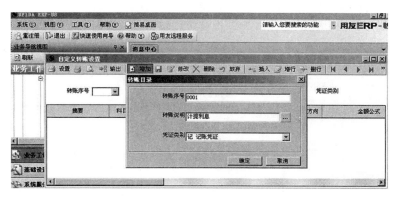

图 10-4　"转账目录"对话框

③ 单击【确定】按钮，再单击【增行】按钮。

④ 选择科目编码"660301",双击金额公式栏,直接输入公式 QM（2001,月）* 0.003,或选择参照,打开"公式向导"进行公式设置,如图 10-5 所示。

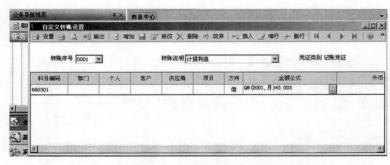

图 10-5 "自定义转账"对话框

⑤ 同理,单击【增行】按钮,设置贷方信息,选择科目编码"2231",输入公式"JG( )",如图 10-6 所示。

图 10-6 公式设置

⑥ 单击【保存】按钮,再单击【退出】按钮后退出。

（2）期间损益设置。

操作步骤:

① 执行"期末"→"转账定义"→"期间损益"命令,进入"期间损益结转设置"窗口。

② 选择凭证类别"记账凭证"、本年利润科目"4103",如图 10-7 所示。

图 10-7 "期间损益结转设置"窗口

③ 单击【确定】按钮后退出。

（3）自定义转账生成。

操作步骤：

① 执行"期末"→"转账生成"命令,进入"转账生成"窗口。

② 选择"自定义转账"单选按钮,单击【全选】按钮,如图 10-8 所示。

图 10-8　自定义"转账生成"窗口

③ 单击【确定】按钮,进入"转账"生成的凭证窗口。

④ 单击【保存】按钮,凭证左上角显示"已生成"字样,表示系统自动将生成的凭证追加到未记账凭证中,如图 10-9 所示。

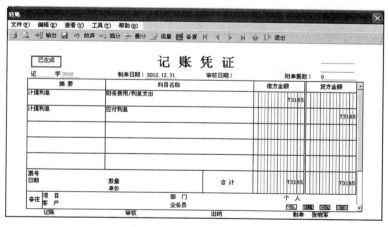

图 10-9　生成记账凭证

注意：

● 在进行转账生成之前,应先将相关经济业务的记账凭证登记入账。

● 转账凭证每月只生成一次;生成的转账凭证还需要审核,才能进行记账。

● 若使用应收款管理系统、应付款管理系统,则总账中不能按客户、供应商进行结转。

（4）期间损益结转生成。

操作步骤：

① 以"王明"身份重新注册进入企业应用平台,在总账系统中对未审核、记账的凭证进行审核、记账。参考前面的操作步骤。

② 以"张晓军"身份重新注册进入企业应用平台,执行"财务会计"→"总账"→"期末"→"转账生成",进入"转账生成"窗口。

③ 选择"期间损益结转"单选按钮,单击【全选】按钮,如图 10-10 所示。

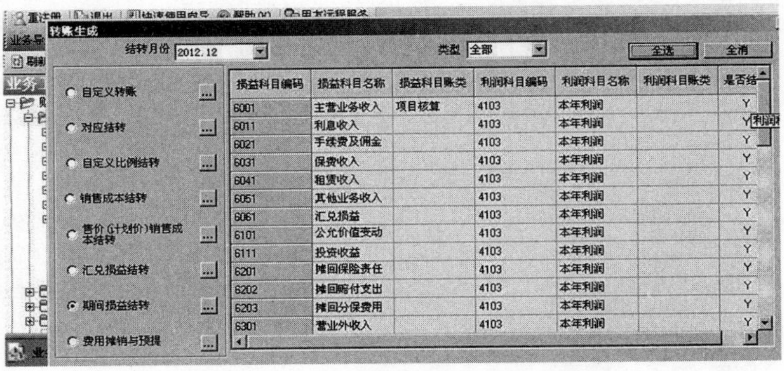

图 10-10　期间损益"转账生成"窗口

④ 单击【确定】按钮,进入"转账"生成的凭证窗口,如图 10-11 所示。

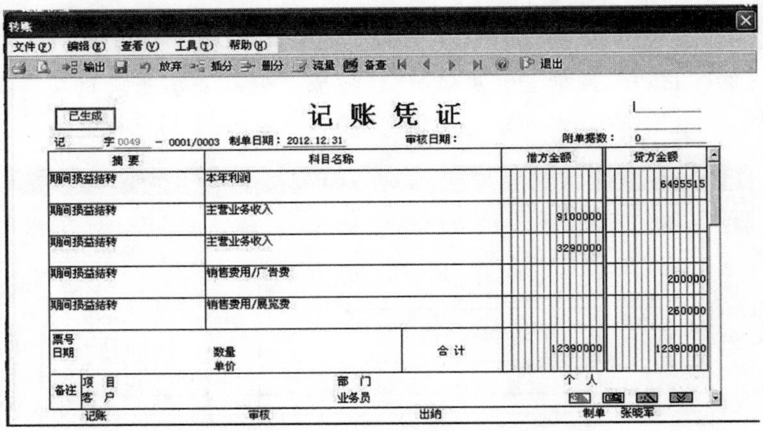

图 10-11　生成记账凭证

⑤ 单击【保存】按钮,凭证左上角显示"已生成"字样,表示系统自动将生成的凭证追加到未记账凭证中。

⑥ 期间损益转账生成凭证后,以"王明"身份重新注册进入企业应用平台,在总账系统中对生成的凭证进行审核、记账。参考前面的操作步骤。

(5)对账。

操作步骤:

① 以"张晓军"身份重新注册进入企业应用平台,执行"财务会计"→"总账"→"期末"→"对账"命令,打开"对账"对话框。

② 选择对账月份"2012.12"所在行,单击【选择】按钮或双击"是否对账"单元格。

③ 单击【对账】按钮,系统自动对账后,显示对账结果为"正确"信息,如图 10-12 所示。

图 10-12　"对账"对话框

④ 单击【试算】按钮,对各科目余额进行试算平衡后,系统弹出"2012.12 试算平衡表"信息提示。

⑤ 单击【确定】按钮后退出。

（6）结账。

● 进行结账。

操作步骤：

① 执行"期末"→"结账"命令,进入"结账"窗口,如图 10-13 所示。

图 10-13　"结账"窗口

② 单击要结账月份"2012-12",单击【下一步】按钮。

③ 单击【对账】按钮,系统对需要结账的月份进行账账核对。

④ 单击【下一步】按钮,系统显示"2012 年 12 月工作报告"。

⑤ 单击【下一步】按钮,再单击【结账】按钮,如果符合结账条件,系统将进行结账,否则不能结账。

● 取消结账。

操作步骤：

① 执行"期末"→"结账"命令,进入"结账"窗口。

② 选择要取消结账月份"2012-12"。

③ 按 Ctrl+Shift+F6,激活"取消结账"功能。

④ 输入账套主管口令,单击【确认】按钮,取消结账。

注意:

在结账完成后,由于非法操作、病毒或其他原因可能造成数据被破坏,这时可以使用"取消结账"功能。

5. 备份本次实验数据,命名为实验账套八

第 11 章　UFO 报表

11.1　UFO 报表概述

用友 ERP-U8 软件中的 UFO 报表是报表事务处理的工具。它与用友账务管理软件等各系统有完善的接口,具有方便的自定义报表功能、数据处理功能,内置多个行业的常用会计报表;该系统也可以独立运行,用于处理日常办公事务。

(1)文件管理功能。UFO 提供了各类文件管理功能,除能完成一般的文件管理外,UFO 的数据文件还能转换为不同的文件格式,如 TXT 文件、MDB 文件、XLS 文件等。此外,通过 UFO 提供的"导入"和"导出"功能,可以实现和其他流行财务软件之间的数据交换。

(2)格式设计功能。UFO 提供的格式设计功能,可以设置报表尺寸、设置组合单元、画表格线、调整行高列宽、设置字体和颜色、设置显示比例等。同时,UFO 还内置了 11 种套用格式和 19 个行业的标准财务报表模板,包括最新的现金流量表,方便了用户标准报表的制作,对于用户单位内部常用的管理报表,UFO 还提供了自定义模板功能。

(3)公式设计功能。UFO 提供了绝对单元公式和相对单元公式,可以方便、迅速地定义计算公式、审核公式、舍位平衡公式;UFO 还提供了种类丰富的函数,在系统向导的引导下轻松地从用友账务及其他子系统中提取数据,生成财务报表。

(4)数据处理功能。UFO 的数据处理功能可以固定地格式管理大量数据不同的表页,并在每张表页之间建立有机的联系。此外,还提供了表页的排序、查询、审核、舍位平衡、汇总功能。

(5)图表功能。UFO 可以很方便地对数据进行图形组织和分析,制作包括直方图、立体图、圆饼图、折线图等多种分析图表,并能编辑图表的位置、大小、标题、字体、颜色和打印输出。

(6)打印功能。UFO 提供"所见即所得"和"打印预览"的功能,可以随时观看报表或图形的打印效果。报表打印时,可以打印格式或数据,可以设置表头和表尾,可以在0.3—3 倍缩放打印,可以横向或纵向打印等。

(7)二次开发功能。UFO 提供了批命令和自定义菜单,利用该功能可以开发出适合本企业的专用系统。

UFO 报表管理系统主要是从其他系统中提取编制报表所需的数据。总账、薪资、固定资产、应收款、应付款、财务分析、采购、库存、存货核算和销售子系统均可向报表子系统传递数据,以生成财务部门所需的各种会计报表。

11.2 UFO 报表业务处理流程

UFO 报表管理系统的业务处理流程如图 11-1 所示。

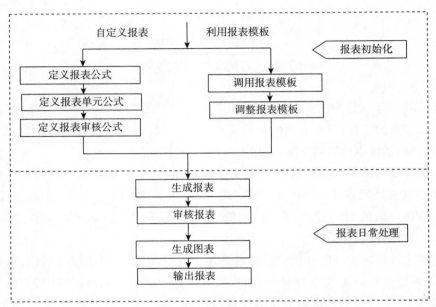

图 11-1 UFO 报表管理系统业务处理流程

实验九 UFO 报表

【实验准备】

引入实验八的账套备份数据,将系统日期修改为"2012/12/31"。

【实验目的】

(1)理解报表编辑的原理及流程。

(2)掌握报表格式定义、公式定义的操作方法,掌握报表公式单元的用法。

(3)掌握报表数据处理、表页管理及图表功能等操作。

(4)掌握如何利用报表模板生成报表。

【实验内容和要求】

(1)自定义报表。

(2)利用模板生成一张报表。

【实验资料】

(1)利用报表模板生成一张"资产负债表"。

(2)自定义生成一张"管理费用明细表",具体如表 11-1 所示。

表 11-1　管理费用明细表

单位名称：　　　　　　　　　　年　　　月　　　　　　　　　　　　　　　　单位：元

项目	管理费用	办公费	差旅费	折旧费
财务部				
人力资源部				
采购部				
销售部				
仓储部				
合计				

审核人：　　　　　　　　　　　　　　　　制表人：

有关说明：

（1）表头。标题"管理费用明细表"设置为黑体、14 号字、居中，行高设置为 8。单位名称和年、月应设置为关键字，偏移量分别为 0、−200、−150。

（2）表体。表体中文字体设置为楷体、12 号字、居中。

（3）表尾。"审核人："和"制表人："均设置为宋体、10 号字。

（4）报表公式，如表 11-2 所示。

表 11-2　报表公式

位置	单元公式
B4	PTOTAL（C4:E4）
B5	PTOTAL（C5:E5）
B6	PTOTAL（C6:E6）
B7	PTOTAL（C7:E7）
B8	PTOTAL（C8:E8）
B9	B4+B5+B6+B7+B8
C4	FS（"660203"，月，"借"，，，"101"，，"y"）
C5	FS（"660203"，月，"借"，，，"102"，，"y"）
C6	FS（"660203"，月，"借"，，，"201"，，"y"）
C7	FS（"660203"，月，"借"，，，"202"，，"y"）
C8	FS（"660203"，月，"借"，，，"203"，，"y"）
C9	C4+C5+C6+C7+C8
D4	FS（"660204"，月，"借"，，，"101"，，"y"）
D5	FS（"660204"，月，"借"，，，"102"，，"y"）
D6	FS（"660204"，月，"借"，，，"201"，，"y"）

（续表）

位置	单元公式
D7	FS（"660204"，月，"借"，，，"202"，，"y"）
D8	FS（"660204"，月，"借"，，，"203"，，"y"）
D9	D4+D5+D6+D7+D8
E4	FS（"660206"，月，"借"，，，"101"，，"y"）
E5	FS（"660206"，月，"借"，，，"102"，，"y"）
E6	FS（"660206"，月，"借"，，，"201"，，"y"）
E7	FS（"660206"，月，"借"，，，"202"，，"y"）
E8	FS（"660206"，月，"借"，，，"203"，，"y"）
E9	E4+E5+E6+E7+E8

【实验指导】

1. 利用模板生成资产负债表

操作步骤：

① 以"张晓军"身份注册进入企业应用平台，在企业应用平台"业务工作"页签中，执行"财务会计"→"UFO 报表"命令，打开 UFO 报表。

② 执行"文件"→"新建"命令，建立一张空白报表，默认报表名为 report1。

③ 在"格式"状态下，执行"格式"→"报表模板"命令，打开"报表模板"对话框。

④ 选择您所在的行业"工业企业"，选择财务报表"资产负债表"，如图 11-2 所示。

图 11-2 "报表模板"对话框

⑤ 单击【确认】按钮，系统弹出"模板格式将覆盖本表格！是否继续？"信息提示。

⑥ 单击【确定】按钮，打开"资产负债表"模板，如图 11-3 所示。

图 11-3　"资产负债表"模板

⑦ 单击【格式/数据】按钮,使资产负债表处于数据状态。

⑧ 执行"数据"→"关键字"→"录入"命令,打开"录入关键字"对话框。

⑨ 输入单位名称"南京市珠江机械有限公司",输入年"2012"、月"12"、日"31",如图 11-4所示。

图 11-4　"录入关键字"对话框

⑩ 单击【确认】按钮,系统弹出"是否重算第 1 页?"信息提示。

⑪ 单击【是】按钮,系统会自动根据单元公式计算 12 月资产负债表数据。

⑫ 单击【保存】按钮,输入文件名如"12 月资产负债表",将生成的报表数据保存。

2. 自定义生成"管理费用明细表"

(1) 新建空白报表。

操作步骤:

① 执行"财务会计"→"UFO 报表"命令,打开 UFO 报表。

② 单击【新建】按钮,建立一张空白报表。

③ 查看空白报表底部左下角的"格式/数据"状态,使其处于格式状态。

(2) 定义报表格式。

操作步骤:

第一,设置表尺寸。

① 执行"格式"→"表尺寸"命令,打开"表尺寸"对话框。

② 输入行数"10",列数"5",单击【确认】按钮,如图 11-5 所示。

图 11-5　"表尺寸"对话框

第二,定义组合单元。

① 选择需合并的单元区域 A1:E1,执行"格式"→"组合单元"命令,打开"组合单元"对话框,选择组合方式"整体组合"或"按行组合",该单元区域即可合并成一个单元格。

② 同理,合并单元区域 A2:E2 和 A10:E10,如图 11-6 所示。

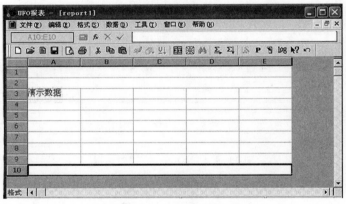

图 11-6　定义组合单元

第三,画表格线。

① 选中报表需要画线的单元区域 A3:E9,执行"格式"→"区域画线"命令,打开"区域画线"对话框。

② 选择"网线"单选按钮,单击【确认】按钮,在所选区域画上表格线。

第四,定义报表项目。

① 选中需要输入的组合单元格 A1,在 A1 组合单元格中输入"管理费用明细表"。

② 同理,分别选中单元格 A3—A9、B3—E3,分别输入有关表体文字,如在 A4 单元格中输入文字"财务部"。

③ 同理,选中组合单元格 A10,在 A10 组合单元格中输入"审核人:""制表人:",如图 11-7 所示。

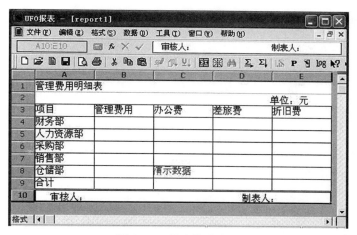

图 11-7　报表格式定义

注意：

● 报表项目指报表的文字内容，主要包括表头项目、表体项目和表尾项目等，不包括关键字。

● 日期一般不作为项目文字内容输入，需要设置为关键字。

第五，定义报表行高和列宽。

① 选中需要调整的组合单元格 A1 所在行，执行"格式"→"行高"命令，打开"行高"对话框。

② 输入行高"8"，单击【确认】按钮。

③ 同理，选中需要调整的单元格所在列，可调整表格的列宽。

注意：

行高、列宽的单位为毫米。

第六，单元风格设置。

① 选中表头的标题所在组合单元格 A1，执行"格式"→"单元属性"命令，打开"单元格属性"对话框。

② 选择"字体图案"选项卡，设置字体为"黑体"、字号为"14"。

③ 选择"对齐"选项卡，设置对齐的水平方向、垂直方向均为"居中"。

④ 单击【确定】按钮。

⑤ 同理，分别设置表体、表尾的字体、字号等单元风格。

第七，设置关键字。

① 选中需要设置关键字的组合单元格 A2，执行"数据"→"关键字"→"设置"命令，打开"设置关键字"对话框。

② 选中"单位名称"单选按钮，单击【确定】按钮。

③ 同理，根据实验资料要求，执行"数据"→"关键字"→"设置"命令，分别设置关键字"年""月"。

④ 执行"数据"→"关键字"→"偏移"命令，打开"定义关键字偏移"对话框。

⑤ 分别输入偏移量单位名称"0"、年"–170"、月"–130"。

⑥ 单击【确定】按钮,如图 11-8 所示。

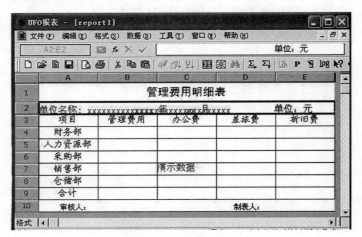

图 11-8　设置关键字

注意:

关键字的位置可用偏移量来表示,偏移量为正数表示向右移、负数表示向左移。

(3) 设置报表公式。

第一,利用"函数向导"输入公式。

操作步骤:

① 选定需要定义公式的单元格 C4,执行"数据"→"编辑公式"→"单元公式"命令,打开"定义公式"对话框。

② 单击【函数向导】按钮,进入"函数向导"对话框。

③ 在左边的函数分类列表中选择"用友账务函数",在右侧的函数名列表中选择"发生(FS)",如图 11-9 所示。

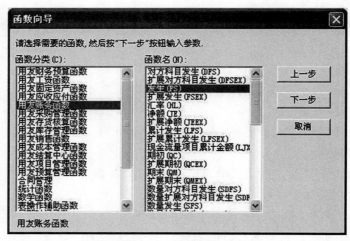

图 11-9　"函数向导"对话框

④ 单击【下一步】按钮,进入"用友账务函数"对话框,如图 11-10 所示。

图 11-10　"用友账务函数"对话框

⑤ 单击【参照】按钮,打开"账务函数"对话框。

⑥ 选择账套号为"默认"、会计年度为"默认",输入科目"660203"、部门编码"财务部",选中"包含未记账凭证"复选框,如图 11-11 所示。

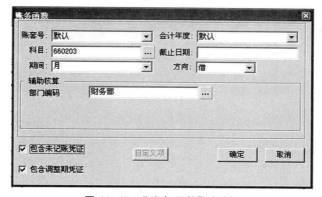

图 11-11　"账务函数"对话框

⑦ 单击【确定】按钮,返回"用友账务函数"对话框。

⑧ 在"用友账务函数"对话框,单击【确定】按钮,返回"定义公式"对话框,如图 11-12 所示。

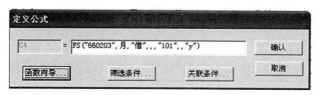

图 11-12　"定义公式"对话框

⑨ 单击【确认】按钮,报表 C4 单元格显示"公式单元"字样,至此单元格 C4 公式设置完毕。

⑩ 同理,根据实验资料的要求,分别选定需要定义公式的其他单元格,设置相应的公式。

注意:

● 如果未进行账套初始,则账套号、会计年度需要直接输入。

● 可使用"fx"按钮打开"定义公式"对话框。

第二,直接输入公式。

① 选定需要定义公式的单元格 B9,执行"数据"→"编辑公式"→"单元公式"命令,打开"定义公式"对话框。

② "定义公式"对话框中,直接输入公式"B4+B5+B6+B7+B8",如图 11-13 所示。

图 11-13 输入公式

③ 单击【确认】按钮,单元格 B9 公式设置完毕。

④ 同理,执行"数据"→"编辑公式"→"单元公式"命令,可分别直接输入其他单元格的公式。

⑤ 公式设置完毕后,如图 11-14 所示。

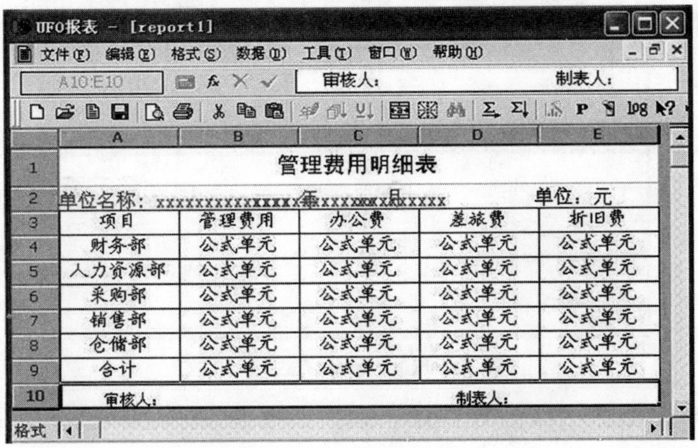

图 11-14 公式设置

注意:

单元公式中的符号应为英文半角字符。

(4) 保存报表格式。

操作步骤:

① 执行"文件"→"保存"命令,打开"另存为"对话框。

② 选择保存文件夹的目录,输入报表文件名"管理费用明细表",单击【另存为】按钮保存。

注意:

报表格式设置完成后,应及时保存,以便以后直接调用。

(5) 报表数据处理。

操作步骤:

第一,增加表页。

① 在"数据"状态下,执行"编辑"→"追加"→"表页"命令,打开"追加表页"对话框。

② 输入追加表页数量"2",单击【确认】按钮,如图 11-15 所示。

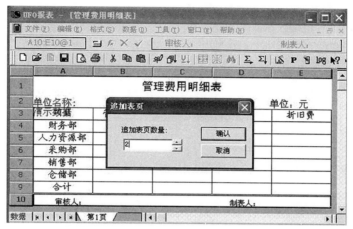

图 11-15　"追加表页"对话框

注意:

追加表页是在最后一张表页后追加 N 张空白表页,插入表页是在当前表页后面插入一张空白表页。

第二,录入关键字。

① 执行"数据"→"关键字"→"录入"命令,打开"录入关键字"对话框。

② 输入单位名称"南京市珠江机械有限公司"、年"2012"、月"12"。

③ 单击【确认】按钮,系统弹出"是否重算第 1 页?"信息提示。

④ 单击【否】按钮。

注意:

如果单击【是】按钮,系统会自动计算 12 月管理费用明细表数据,并显示结果。单击【否】按钮,系统将不进行报表数据的计算,以后可利用"表页重算"功能计算并生成有关报表数据。

第三,生成报表。

操作步骤:

① 执行"数据"→"表页重算",系统弹出"是否重算第 1 页?"信息提示。

② 单击【是】按钮,则系统自动计算 12 月管理费用明细表数据,并显示结果。

第四,保存报表数据。

操作步骤:

① 执行"文件"→"另存为"命令,打开"另存为"对话框。

② 选择保存文件夹的目录,输入报表文件名"12 月管理费用明细表",根据需要选择保存文件格式为"＊.rep"或者"＊.xls"等格式。

③ 单击【另存为】按钮,即可将 12 月管理费用明细表数据保存。

3.备份本次实验数据,命名为实验账套九

21世纪经济与管理规划教材

工商管理系列

模拟实战篇

第三单元　用友 ERP 供应链管理系统

第12章 供应链管理系统模块初始化设置

供应链管理系统是用友 ERP-U8 管理软件系统的重要组成部分,它以企业购销存业务环节中的各项活动为对象,执行供应链中从供应商到最终用户的物流的计划和控制等职能,对企业购销存业务环节所产生的物流、资金流进行管理、控制和核算。它不仅记录各项业务的发生,还有效跟踪其发展过程,为财务核算、业务分析、管理决策提供依据,并实现了财务、业务一体化管理,实现了物流、资金流管理的统一。

在启用供应链管理系统各模块时,首先必须建立各模块的启用日期及对各模块进行初始化工作。其目的是设置各软件模块在启用日从原系统过渡到新系统所需的基础数据。

12.1 初始化设置概述

用友 ERP-U8 系统中各模块的初始化非常重要,直接关系到各业务模块系统的使用、业务点控制和模块启用前后业务处理的连续性。由于不同企业所属行业不同、管理模式不同,其业务处理也有所差异,而用友 ERP-U8 系统是通用系统,通过系统各业务模块的初始化设置,将通用系统与企业个性相结合,构建适合于企业管理特点的业务应用环境,并保持启用前后业务处理的连续性。

用户第一次使用供应链管理系统各模块进行日常业务处理前,应通过用友 ERP-U8 供应链管理系统各模块的初始化设置,根据本企业购销存业务处理的需要,将用友 ERP-U8 通用供应链管理系统变成适合本单位实际需要的专用系统,将截止到各模块启用时尚未处理完的业务单据和启用日期手工账目的期初数据录入各功能系统。

12.2 初始化设置内容

根据设置的位置和操作流程,我们将供应链管理系统模块初始化设置分为以下两类:一是与财务会计系统相关联的供应链业务与财务基础设置,在用友 ERP-U8 系统的"基础设置"中进行;二是与财务会计系统不相关的供应链业务与财务基础设置,则转入供应链管理系统各模块初始化设置中进行。模块初始化主要包括业务参数设置、基础档案信息设置及期初数据录入等内容。

1. 业务参数设置

用友 ERP-U8 软件中各模块的业务参数设置关系到该业务系统的使用和业务点控制,就像功能开关一样,决定用户使用该系统的业务流程、业务模块和数据流向,因此非常重要。例如,在采购管理系统中可以设置是否允许超请购订货。如果设置允许,那么参照

请购单生成的采购订单的累计订货量可以大于请购单量,否则不允许。再如在库存管理系统中可以设置是否进行安全库存报警、是否有形态转换业务等。

有些参数选项在日常业务开始后不允许随意修改,所以用户在进行业务参数设置之前,需要详细了解选项开关对业务处理流程的影响,并结合企业的实际业务需要,在业务开始前进行全盘考虑,再进行相关参数设置,尤其一些对其他系统有影响的选项设置更要考虑清楚。

2. 基础档案信息设置

在使用各模块进行日常业务处理前,应根据企业的实际情况,结合各模块基础档案信息设置的要求,事先做好基础数据的准备工作。在用友 ERP-U8 软件各模块集成使用的环境下,一些系统共享的信息可以在系统应用平台基础档案中设置,另外一些各模块的专用基础信息则需要在各模块中设置。

3. 期初数据录入

用友 ERP-U8 软件中各模块的期初数据是各业务系统运行的基础。在使用各业务模块进行日常业务处理前,应将各模块启用时尚未处理完的业务单据和启用日期手工账目的期初数据录入各功能系统,以便后期业务处理时的引用,从而使启用日期前后业务的处理能保持连续性。如库存管理系统从 2012/01/01 开始启用,则需要录入启用日期各仓库各存货的期初结存的详细数据,以便系统能正确计算以后的各存货收发存等数据。

用友 ERP-U8 供应链管理系统的初始化设置较为复杂,系统的业务处理涉及各个模块业务的流转和交叉,因此其初始化设置牵涉多个模块,若设置不当,将导致后续操作无法进行。

12.3 供应链管理系统各模块初始化设置

(1)供应链管理系统建账。企业建账过程在系统管理一章已有描述,在这里只需要在企业应用平台"基本信息"页签中启用供应链管理系统各模块即可。按照本企业业务流程的要求,需要启用供应链管理系统中的采购管理、销售管理、库存管理和存货核算模块,同时启用与供应链管理系统存在数据传递关系的相关模块,包括总账、应收款管理和应付款管理模块。

(2)业务参数设置。供应链管理系统各模块业务参数设置主要是设置各个系统公用的及各自特有的基本信息,这些信息的设置将决定用户使用业务系统的流程、模式和数据流向。供应链管理系统各模块提供了丰富的参数开关、个性化参数设置。企业应根据业务处理的需要,考虑参数设置与业务处理需求的关系,选择合适的业务控制参数进行设置。

由于有些参数选项在日常业务处理后不能改变,所以应在业务开始前进行全盘考虑,尤其要考虑清楚一些对其他系统有影响的选项设置。

(3)基础档案设置。供应链管理系统各模块的基础档案设置可分为两部分,与财务会计系统相关联的供应链管理的业务与财务基础信息已在企业应用平台"基础档案"页签中进行,不再需要另外设置,主要包括机构人员、客商信息、存货、财务及收付结算等。除此以外,供应链管理系统还需要增设与其业务处理、查询统计、财务连接相关的基础信息。

① 补充设置。包括存货档案的"存货属性"和客户档案的"税号"的设置。

② 新增设置。包括仓库档案、存货科目及对方科目设置、收发类别、采购类型和销售类型、发运方式、费用分类及费用项目的设置等。

（4）期初余额录入。当基础信息录入完毕后,还需要将系统启用日前的数据即期初数据录入供应链管理系统各模块,以保证各业务数据的连续性。

① 采购管理系统期初余额数据。采购管理系统的期初数据主要包括期初暂估入库数据、期初在途存货数据及期初受托代销数据。采购管理系统的这些期初数据必须在期初记账前录入。

② 销售管理系统期初余额数据。销售管理系统的期初数据主要包括期初发货单数据、期初委托代销发货单数据以及期初收款发货单数据。

③ 库存管理系统期初余额数据。库存管理系统的期初数据主要包括库存期初结存数据和期初不合格品期初余额数据。

当库存管理系统与存货核算系统集成使用时,库存期初结存数据的录入方法有两种:一是分仓库逐笔录入,二是通过【取数】按钮从存货核算系统中取得数据。

④ 存货核算系统期初余额数据。存货核算系统的期初数据主要包括存货期初结存数据、期初差异数据以及期初分期收款发出商品数据等内容。录入期初数据后,需要分仓库进行审核,表明该仓库期初数据录入工作的完成。

当存货核算系统与销售管理系统集成使用时,存货核算系统中分期收款发出商品的期初余额数据可以从销售管理系统中取数。

当存货核算系统与库存管理系统集成使用时,存货的期初数据同样可以分仓库逐笔录入或通过【取数】按钮从库存管理系统中取得数据。

⑤ 库存管理与存货核算模块之间的对账。完成库存与存货模块的期初数据录入或取数后,为避免由于记账时间差和记账原则的不同,从而造成财务账与实物账不一致的问题,应对两模块的期初数据进行对账。

总之,在用友 ERP-U8 系统下,供应链管理系统初始化设置对后续日常产供销业务的实物流和资金流的管理有重要的作用,因此应该掌握初始化的关键,高质量地完成初始化设置工作。

实验十　供应链管理系统模块初始化设置

【实验准备】

引入实验二的账套备份数据,将系统日期修改为"2012/12/31"。

【实验目的和要求】

（1）了解用友 ERP-U8 供应链管理系统各模块中基础数据及初始化管理的重要性,能够对企业的基础数据进行归纳和整理。

（2）熟悉用友 ERP-U8 软件中采购管理系统、销售管理系统、库存管理系统、存货核算系统初始设置的相关内容。

（3）理解用友 ERP-U8 软件中采购管理系统、销售管理系统、库存管理系统、存货核算系统初始设置的意义。

（4）掌握用友 ERP-U8 软件中采购管理系统、销售管理系统、库存管理系统、存货核算系统初始设置的具体内容和操作方法。

【实验内容】

（1）供应链管理系统各模块的启用。

（2）采购管理系统、销售管理系统、库存管理系统、存货核算系统参数设置。

（3）采购管理系统、销售管理系统、库存管理系统、存货核算系统期初数据录入。

（4）掌握采购管理系统、销售管理系统、库存管理系统、存货核算系统的期初记账。

【实验资料】

1．业务信息设置

（1）仓库档案如表 12-1 所示。

表 12-1　仓库档案

编号	名称	成本计价方式	属性
1	材料库	全月平均	普通仓
2	产成品库	全月平均	普通仓
3	办公用品库	全月平均	普通仓

（2）费用项目如表 12-2 所示。

表 12-2　费用项目

编号	名称
1	安装费
2	包装费
3	运输费

2．销售管理系统初始化设置

销售管理系统主要控制参数如表 12-3 所示。

表 12-3　销售管理系统业务控制参数

选项卡	参数设置
业务控制	是否允许超订量发货：是 单据按存货编码排序：否 提前预警天数：15 天 普通销售必有订单：否

（续表）

选项卡	参数设置
	销售生成出库单：否
	允许非批次存货超可用量发货：是
其他控制	是否在分页打印时将合计打印在备注栏：否

销售管理系统期初余额为零。

3. 采购管理系统初始化设置

采购管理系统主要控制参数如表 12-4 所示。

表 12-4　采购管理系统业务控制参数

选项卡	参数设置
业务及权限控制	普通业务必有订单：否
	是否允许超订单到货及入库：否
公共及参照控制	单据进入方式：最后一张单据

采购管理系统期初余额为零。

4. 库存管理系统初始化设置

（1）库存管理系统主要控制参数如表 12-5 所示。

表 12-5　库存管理系统业务控制参数

选项卡	参数设置
通用设置	是否采购入库审核时改现存量：是
	是否销售出库审核时改现存量：是
可用量控制	是否允许超可用量出库：是

（2）库存管理系统期初余额如表 12-6 和表 12-7 所示。

表 12-6　原材料期初余额

科目名称	数量	单价（元）	金额（元）
自行车主结构	150 套	1 110	166 500
自行车套件	70 套	200	14 000
轮胎	114 只	150	17 100
变速器	120 台	245	29 400
飞轮	160 片	70	11 200
脚踏	300 只	50	15 000
坐垫	810 个	35	28 350

表 12-7　库存商品期初余额

科目名称	数量（辆）	单位成本（元）	金额（元）
山地自行车	160	2 000	320 000
公路自行车	300	1 500	450 000

5. 存货核算系统初始化设置

（1）存货核算系统选项控制参数如表 12-8 所示。

表 12-8　存货核算系统业务控制参数

选项卡	参数设置
核算方式设置	资金占用规划：按存货分类 销售成本核算方式：销售发票

（2）存货核算系统科目设置如表 12-9 和表 12-10 所示。

表 12-9　存货档案

仓库编码	仓库名称	存货编码及名称		存货科目编码及名称
1	材料库	1001	自行车主结构	原材料/自行车主结构（140301）
1	材料库	1002	自行车套件	原材料/自行车套件（140302）
1	材料库	1003	轮胎	原材料/轮胎（140303）
1	材料库	1004	变速器	原材料/变速器（140304）
1	材料库	1005	飞轮	原材料/飞轮（140305）
1	材料库	1006	脚踏	原材料/脚踏（140306）
1	材料库	1007	坐垫	原材料/坐垫（140307）
1	材料库	1008	多功能安装工具	原材料/多功能安装工具（140308）
2	产成品库	3001	山地自行车	库存商品/山地自行车（140501）
2	产成品库	3002	公路自行车	库存商品/公路自行车（140502）
3	办公用品库	4001	原稿纸	周转材料/原稿纸（141101）
3	办公用品库	4002	蓝黑墨水	周转材料/蓝黑墨水（141102）
3	办公用品库	4003	A4 打印纸	周转材料/ A4 打印纸（14110301）

表 12-10　存货对方科目

收发类别	对方科目
采购入库（11）	材料采购（1401）
产成品入库（12）	生产成本转出（5102）
销售出库（21）	主营业务成本（6401）
材料领用出库（22）	生产成本/直接材料（500101）

存货核算系统期初余额与库存管理系统期初余额相同。

6. 财务基础设置

（1）总账系统期初余额。

① 总账期初明细如表 12-11 所示。

表 12-11　期初余额

单位:元

科目编号及名称	期初借方余额	期初贷方余额
库存现金（1001）	28 430	
银行存款（1002）	439 515	
农行珠江支行（100201）	439 515	
应收账款（1122）	23 400	
其他应收款（1221）	8 000	
备用金（122101）	8 000	
原材料（1403）	281 550	
库存商品（1405）	770 000	
山地自行车（140501）	320 000	
公路自行车（140502）	450 000	
固定资产（1601）	2 706 207	
累计折旧（1602）		122 655
短期借款（2001）		229 883
应付账款（2202）		16 200
预收账款（2203）		3 840
应付职工薪酬（2211）		
应交税金（2221）		882
应交增值税（222101）		
进项税额（22210101）		
销项税（22210102）		
应交所得税（222106）		
应交城市维护建设税（222108）		882
其他应付款（2241）		1 185
长期借款（2501）		400 000
实收资本（4001）		3 335 475

（续表）

科目编号及名称	期初借方余额	期初贷方余额
盈余公积（4101）		4 494
法定盈余公积（410101）		4 494
未分配利润（410301）		142 488

② 辅助账期初明细如表 12-12 至表 12-17 所示。

表 12-12　应收账款

发生日期	凭证号	客户	摘要	方向	金额（元）	业务员	票号
2012/09/15	记-315	贵州车辆交易中心	应收销货款	借	13 800	李菊	120915
2012/10/24	记-518	南京进香河自行车商贸公司	应收销货款	借	7 680	李菊	121024
2012/11/20	记-918	家乐福南京大桥南路店	应收销货款	借	1 920	李菊	121120

表 12-13　预收账款

发生日期	凭证号	客户	摘要	方向	金额（元）	业务员	票号
2012/11/10	记-858	青岛车友俱乐部	预收货款	贷	3 840	李菊	121110

表 12-14　原材料

科目名称	数量	单价（元）	金额（元）
自行车主结构	150 套	1 110	166 500
自行车套件	70 套	200	14 000
轮胎	114 只	150	17 100
变速器	120 台	245	29 400
飞轮	160 片	70	11 200
脚踏	300 只	50	15 000
坐垫	810 个	35	28 350

表 12-15　库存商品

科目名称	数量（辆）	单位成本（元）	金额（元）
山地自行车	160	2 000	320 000
公路自行车	300	1 500	450 000

表 12-16 应付账款

发生日期	凭证号	供应商	摘要	方向	金额(元)	业务员	票号
2012/09/24	记-176	北京天盛飞轮厂	应付购料款	贷	2 200	朱民意	225165
2012/10/20	记-388	南京钢铁加工公司	应付购料款	贷	10 000	朱民意	754186
2012/11/15	记-712	北京雪融车辆配件商城	应付购料款	贷	4 000	朱民意	123568

表 12-17 其他应收款

发生日期	凭证号	部门	个人	摘要	方向	金额(元)	单据号
2012/11/20	记-966	采购部	朱挺	出差借款	贷	8 000	20116

（2）应收款管理参数设置和初始设置。

① 主要参数控制如表 12-18 所示。

表 12-18 应收款管理系统控制参数设置

选项卡	参数设置
常规	单据审核日期依据：单据日期 坏账处理方式：应收余额百分比法
凭证	受控科目制单方式：明细到单据 控制科目依据：按客户 销售科目依据：按存货
核销设置	应收款核销方式：按单据

② 科目设置。

基本科目设置：应收科目   1122

预收科目   2203

销售收入科目   6001

税金科目   22210102

控制科目设置：应收科目   1122

预收科目   2203

产品科目设置：销售收入和销售退回科目"6001"，应交增值税科目"22210102"

③ 结算方式科目设置如表 12-19 所示。

表 12-19 结算方式

结算方式	币种	账号	科目
现金支票	RMB	800245788210	100201
转账支票	RMB	800245788210	100201

④ 坏账准备。提取比例为 0.5%，期初余额为 0，坏账准备科目：1231，坏账准备对方科目：管理费用（660207）。

（3）应付款管理参数设置和初始设置。

① 主要参数控制如表 12-20 所示。

表 12-20 应付款管理系统控制参数设置

选项卡	参数设置
常规	单据审核日期依据：单据日期
凭证	受控科目制单方式：明细到单据
	控制科目依据：按供应商
	采购科目依据：按存货
核销设置	应付款核销方式：按单据

② 科目设置。

基本科目设置：应付科目   2202

预付科目   1123

采购科目   1401

税金科目   22210101

控制科目设置：应付科目   2202

预付科目   1123

③ 结算方式科目设置如表 12-21 所示。

表 12-21 结算方式

结算方式	币种	账号	科目
现金支票	RMB	800245788210	100201
转账支票	RMB	800245788210	100201

7. 数据权限设置

将"007 姚明"赋予"记录权限设置"权限；将"销售部"从"禁用"调整为"可用"。

【实验指导】

1. 仓库档案设置

操作步骤：

① 以"张晓军"身份注册进入企业应用平台，在企业应用平台"基础设置"页签中，执行"基础档案"→"业务"→"仓库档案"命令，打开"仓库档案"对话框。

② 在"仓库档案"对话框中，单击【增加】按钮，根据给定实验资料，依次添加仓库档案，如图 12-1 所示。

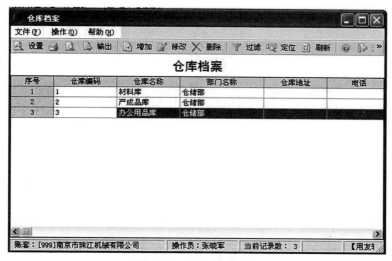

图 12-1　仓库档案设置

③ 输入完毕后,单击【退出】按钮后退出。

2. 费用项目设置

操作步骤:

① 在"基础设置"页签中,执行"基础档案"→"业务"→"费用项目分类"命令,打开"费用项目分类"窗口。

② 单击【增加】按钮,输入分类编码"1"、分类名称"代垫费用",如图 12-2 所示。

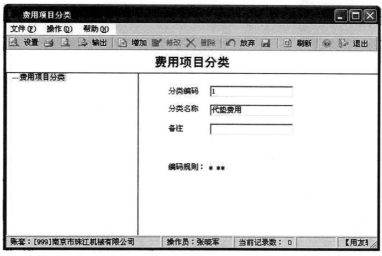

图 12-2　费用项目分类

③ 单击【保存】按钮,再单击【退出】按钮后退出。

④ 执行"基础档案"→"业务"→"费用项目"命令,打开"费用项目档案"窗口。

⑤ 单击【增加】按钮,输入费用项目编码"01"、费用项目名称"安装费"、费用项目分类"1",如图 12-3 所示。

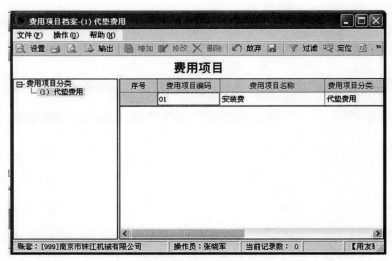

图 12-3　费用项目设置

⑥ 单击【保存】按钮，再单击【退出】按钮后退出。

⑦ 同理，根据给定实验资料输入其他费用项目。

⑧ 输入完毕后，单击【退出】按钮后退出。

3. 销售管理系统初始化设置

操作步骤：

① 在"业务工作"页签中，执行"供应链"→"销售管理"→"设置"→"销售选项"命令，打开"销售选项"对话框，如图 12-4 所示。

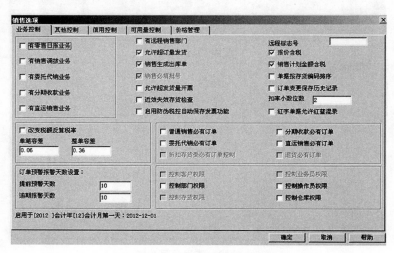

图 12-4　"销售选项"对话框

② 在"业务控制"选项卡中，不勾选"普通销售必有订单"及"单据按存货编码排序"复选框，选中"允许超订量发货"及"销售生成出库单"复选框，修改提前报警天数为"15"，如图 12-5 所示。

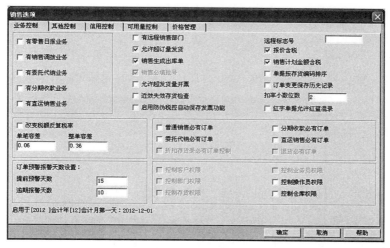

图 12-5　控制参数设置

③ 单击"其他控制"选项卡,点击选中新增发货单默认"参照订单"、新增发票默认"参照发货"单选按钮。

④ 设置完成后,单击【确定】按钮返回。

4. 采购管理系统初始化设置

（1）控制参数设置。

操作步骤：

① 在企业应用平台"业务工作"页签中,执行"供应链"→"采购管理"→"设置"→"采购选项"命令,打开"采购选项设置"对话框,如图 12-6 所示。

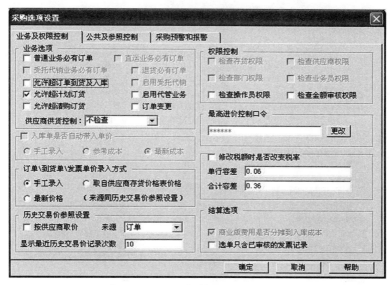

图 12-6　"采购选项设置"对话框

② 分别单击"业务及权限控制""公共及参照控制""采购预警和报警"选项卡,根据实验资料的要求进行相应的设置。操作步骤与"销售管理系统初始设置"相同。

③ 设置完成后,单击【确定】按钮返回。

(2)采购期初记账。

操作步骤:

① 执行"设置"→"采购期初记账"命令,打开"期初记账"对话框,如图 12-7 所示。

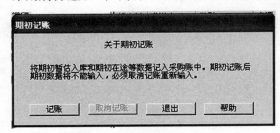

图 12-7　采购期初记账

② 单击【记账】按钮,稍候片刻,系统弹出"期初记账完毕!"信息提示。

③ 单击【确定】按钮返回。

注意:

采购管理期初余额为零,但需要进行期初记账。

5.　库存管理系统初始化设置

(1)控制参数设置。

操作步骤:

① 在企业应用平台"业务工作"页签中,执行"供应链"→"库存管理"→"初始设置"→"选项"命令,打开"库存选项设置"对话框,如图 12-8 所示。

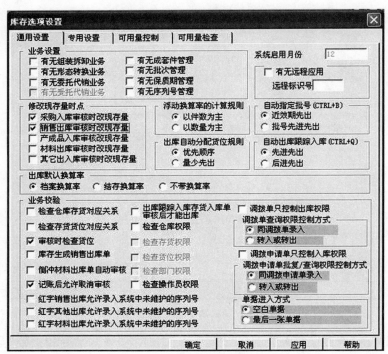

图 12-8　"库存选项设置"对话框

② 分别单击"通用设置""专用设置""可用量控制""可用量检查"选项卡,根据实验资料的要求进行相应的设置。操作步骤与"销售管理系统初始化设置"相同。

③ 设置完成后,单击【确定】按钮返回。

(2)库存期初数据录入。

操作步骤:

① 执行"初始设置"→"期初结存"命令,进入"库存期初数据录入"窗口。

② 选择对应的仓库"(1)材料库",单击【修改】按钮。

③ 单击【增行】按钮,输入或选择原材料"自行车主结构"的存货编码"1001"、输入数量"150"、单价"1 110"。

④ 同理,单击【增行】按钮,根据实验资料的要求,依次录入其他库存原材料期初数据。

⑤ 录入完毕后,单击【保存】按钮,如图 12-9 所示。

图 12-9　库存期初数据录入

⑥ 在"库存期初数据录入"窗口,选择对应的仓库"(2)产成品库",单击【增行】按钮,根据实验资料的要求,依次录入库存商品期初数据,单击【保存】按钮。操作步骤与"原材料期初余额的录入"相同。

⑦ 分别选择对应的仓库"(1)材料库""(2)产成品库",单击【审核】按钮进行审核。

⑧ 单击【对账】按钮,进入"库存与存货期初对账查询条件"对话框。

⑨ 在"请选择仓库"栏,单击【全选】按钮,如图 12-10 所示。

⑩ 单击【确定】按钮,系统显示"库存与存货期初对账表"。

⑪ 单击【退出】按钮返回。

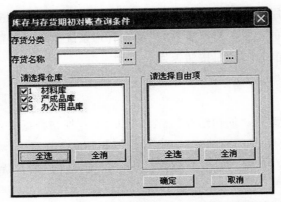

图 12-10　"库存与存货期初对账查询条件"对话框

6. 存货核算系统初始化设置

（1）控制参数设置。

操作步骤：

① 在企业应用平台"业务工作"页签中，执行"供应链"→"存货核算"→"初始设置"→"选项"→"选项录入"命令，打开"选项录入"对话框，如图 12-11 所示。

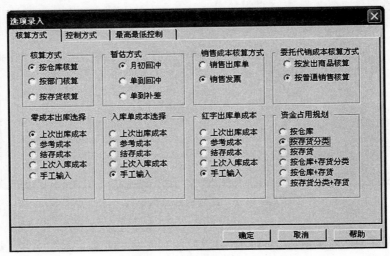

图 12-11　"选项录入"对话框

② 分别单击"核算方式""控制方式""最高最低控制"选项卡，根据实验资料的要求进行相应的设置操作步骤与"销售管理系统初始化设置"相同。

③ 设置完成后，单击【确定】按钮，再单击【是】按钮返回。

（2）存货核算科目设置。

操作步骤：

① 执行"初始设置"→"科目设置"→"存货科目"，打开"存货科目"窗口。

② 单击【增加】按钮，输入或选择"1001 自行车主结构"的仓库编码"1"、输入存货编码"1001"、存货科目编码"140301"。

③ 同理，根据实验资料的要求，依次增加其他存货科目信息，如图 12-12 所示。

图 12-12　有货核算科目设置

④ 单击【保存】按钮后退出。

⑤ 执行"初始设置"→"科目设置"→"对方科目"命令，根据实验资料要求，输入存货对方科目信息，如图 12-13 所示。操作步骤参见"存货科目设置"。

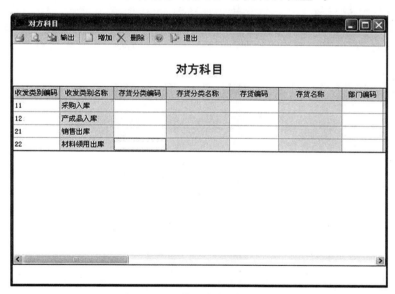

图 12-13　输入存货对方科目

（3）存货期初余额录入。

操作步骤：

① 执行"初始设置"→"期初数据"→"期初余额"命令，打开"期初余额"录入窗口。

② 选择仓库为"材料库"。

③ 单击【取数】按钮，即将库存管理系统中的存货期初数据取入，如图 12-14 所示。

图 12-14　存货期初余额录入

④ 同理,根据实验资料,依次选择其他仓库,单击【取数】按钮,将其他仓库的存货期初数据从库存管理系统中取入。

注意:

如果库存管理系统已有期初数据,则可以单击【取数】按钮将库存管理系统中的期初数据取过来作为存货核算系统的期初数据。

⑤ 单击【记账】按钮,系统对所有仓库进行记账,稍候,系统提示"期初记账成功!"信息提示。

⑥ 单击【确定】按钮,再击【对账】按钮,进入"库存与存货期初对账查询条件"对话框。

⑦ 在"请选择仓库"栏,单击【全选】按钮,如图 12-15 所示。

图 12-15　提示信息

⑧ 单击【确定】按钮,系统显示"对账成功!"信息提示。

⑨ 单击【确定】按钮,再单击【退出】按钮返回。

7. 总账系统期初余额

操作步骤:

① 在"业务工作"页签中,执行"财务会计"→"总账"→"设置"→"期初余额"命令,

进入"期初余额录入"窗口。

② 根据给定实验资料的要求,依次录入各会计科目期初余额。操作步骤详见"实验单元一:财务管理系统"中"财务会计系统初始化"部分。

8. 应收款管理系统参数设置和基础设置

(1)控制参数设置。

操作步骤:

① 在企业应用平台"业务工作"页签中,执行"财务会计"→"应收款管理"→"设置"→"选项"命令,打开"账套参数设置"对话框。

② 单击【编辑】按钮,进入参数修改状态。

③ 根据给定实验资料的要求,进行各控制参数的设置。操作步骤详见"实验单元一:财务管理系统"中"财务会计系统初始化"部分。

(2)初始设置。

操作步骤:

① 执行"设置"→"初始设置"命令,打开"初始设置"窗口。

② 根据给定实验资料的要求,进行各基本科目设置。操作步骤详见"实验单元一:财务管理系统"中"财务会计系统初始化"部分。

9. 应付款管理系统参数设置和基础设置

(1)控制参数设置。

操作步骤:

① 在企业应用平台"业务工作"页签中,执行"财务会计"→"应付款管理"→"设置"→"选项"命令,打开"账套参数设置"对话框。

② 单击【编辑】按钮,进入参数修改状态。

③ 根据给定实验资料的要求,进行各控制参数的设置。操作步骤详见"实验单元一:财务管理系统"中"财务会计系统初始化"部分。

(2)初始设置。

操作步骤:

① 执行"设置"→"初始设置"命令,打开"初始设置"窗口。

② 根据给定实验资料的要求,进行各基本科目设置。操作步骤详见"实验单元一:财务管理系统"中"财务会计系统初始化"部分。

10. 备份本次实验数据,命名为实验账套十

第13章 采购管理

13.1 采购管理系统概述

采购是企业物资供应部门按已确定的物资供应计划,通过市场采购、加工定制等各种渠道,取得企业生产经营活动所需要的各种物资的经济活动。在现代企业中,采购成本在总成本中所占的比率相当高,企业会对采购管理进行严格的控制,企业高层对此也非常重视。

在用友 ERP-U8 软件中,采购管理系统根据企业应用的实际需求,帮助企业对采购业务的全部流程进行管理。它通过各种可能的采购流程对采购业务进行有效的控制和管理,为采购部门和财务部门提供准确及时的信息,并辅助管理决策,从而在保证供应的同时尽可能地节约采购成本、缩短采购周期、避免采购风险。

在用友 ERP-U8(V8.72)软件中,采购管理子系统是属于企业供应链的一部分,应付款管理子系统属于财务会计的一个子系统,二者既可以独立运行完成各自功能,又可以结合运用。无论系统如何划分,采购与应付子系统之间都保持着密切的联系。

采购与应付款管理系统一起使用可以追踪采购业务的付款情况,及时交款以取得合理折扣和商业信誉;与存货子系统联合使用可以追踪存货的出库信息,把握存货的畅滞信息,从而减少盲目采购,避免库存积压,并且可以将采购结算成本自动记录到存货成本账中,便于财务部门及时掌握存货采购成本。

1. 采购管理系统功能概述

采购管理系统是用友 ERP-U8 供应链管理系统的一个子系统,它的主要功能包括以下几个方面:

(1)采购管理系统初始设置。包括采购管理系统业务处理所需要的采购参数、基础信息及采购期初数据。

(2)采购业务处理。主要包括请购、订货、到货、入库、采购发票、采购结算等采购业务全过程的管理,既可以处理普通采购业务、受托代销业务、直运业务等业务类型,也可以根据实际业务情况,对采购业务处理流程进行可选配置。

(3)采购账簿及采购分析。采购管理系统提供各种采购明细表、增值税抵扣明细表、各种统计表及采购账簿供用户查询,同时提供采购成本分析、供应商价格对比分析、采购类型结构分析、采购资金比重分析、采购费用分析、采购货龄综合分析。

2. 采购管理系统与其他系统的关系

采购管理系统既可以单独使用,也可以与用友 ERP-U8 软件系统的库存 、存货核算、销售管理、应付款管理集成使用。

采购管理系统与其他管理系统的主要关系如图 13-1 所示。

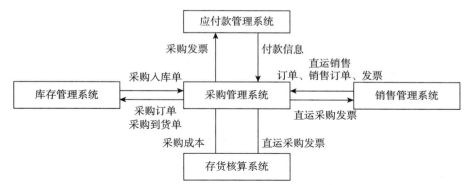

图 13-1　采购管理系统与其他管理系统的关系

采购管理系统可参照销售管理系统的销售订单生成采购订单。在直运业务必有订单模式下,直运采购订单必须参照直运销售订单生成,直运采购发票必须参照直运采购订单生成;如果直运业务费必有订单,那么直运采购发票和直运销售发票可相互参照。

库存管理系统可以参照采购管理系统的采购订单、采购到货单生成采购入库单,并将入库情况反馈到采购管理系统。

采购发票在采购管理系统中录入后,在应付款管理系统中审核登记应付明细账,进行制单时生成凭证,应付款管理系统进行付款并核销相应应付单据后回写付款核销信息。

直运采购发票在存货核算系统中进行记账,登记存货明细表并制单生成凭证。采购结算单在存货核算系统中进行制单生成凭证,存货核算系统为采购管理系统提供采购成本信息。

13.2　采购管理系统日常业务处理

采购业务的日常处理包括资金流和物流两条线索。采购业务的资金流涉及采购管理、应付款管理等。采购业务的物流涉及采购管理、库存管理和存货核算。

1. 普通采购业务处理

普通采购业务适用于大多数企业的日常采购业务,提供了对采购请购、订货、到货、入库、采购发票、采购结算等全过程的管理。

(1)请购。请购是指企业内部部门向采购部门提出采购申请,或采购部门汇总企业内部采购需求提出采购申请。企业根据采购申请填制采购请购单,并需要审核后执行。经过审核后的采购请购单,可以生成采购订单。

(2)订货。订货是企业与供应商之间签订采购合同、购销协议,确定采购需求。企业填制或依据审核后的采购请购单生成采购订单。

(3)到货。到货是采购订货与采购入库的中间环节。企业接受到货通知后填写采购到货单,并传递到仓库作为验收入库的依据。到货单可以直接填制,也可以依据采购订单生成。

（4）入库。入库是指将采购的货物验收合格后，放入指定仓库的业务。采购入库单是采购到货签收的实际数量填写的入库单据，可以参照采购订单或采购到货单填制采购入库单。如果没有启用库存管理子系统，可在采购管理系统中录入采购入库单；如果启用了库存管理系统，那么必须在库存管理系统中填制入库单。

（5）采购发票。采购发票是供应商开出的销售货物的凭证。企业根据采购发票进行采购结算、确定采购成本，并据以登记应付账款。采购发票包括采购专用发票、普通采购发票和采购运费发票。采购发票可以直接填制，也可以根据采购订单、采购入库单或其他采购发票复制生成。

（6）采购结算。采购结算是指根据采购入库单和采购发票核算采购货物的入库成本。采购结算的结果是生成采购结算单，它是采购入库单与采购发票对应关系的结算对照表。采购结算分为计算机自动结算和手工结算两种方式。采购结算的内容有入库单与发票结算、蓝字入库单与红字入库单结算、蓝字发票与红字发票结算、运费发票与红字发票结算等。

2. 采购入库业务

按照货物和发票到达的先后，将采购入库业务划分为单货同行、货到单未到（暂估入库）、单到货未到（在途存货）三种类型，不同的业务类型其相应的处理方式也有所不同。

（1）单货同行。单货同行是指采购发票与货物同时收到。对于单货同行业务，在完成采购入库和发票录入后即可实现结算处理。

单货同行业务处理流程如图13-2所示。

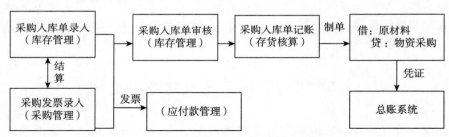

图 13-2 单货同行业务处理流程

（2）货到单未到（暂估入库）。货到单未到指货物已验收入库，但采购发票尚未收到。月底需要将这部分存货暂估入账，形成暂估凭证。

货到单未到（暂估入库）业务处理流程如图13-3所示。

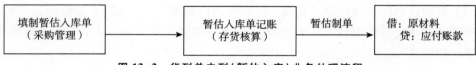

图 13-3 货到单未到（暂估入库）业务处理流程

对于货到单未到（暂估入库）业务，系统提供月初回冲、单到回冲、单到补差三种回冲方式。

（3）单到货未到。单到货未到指采购发票已收到，但货物尚未收到。可以对发票进行压单处理，待货物到达后，再一并输入计算机做报账结算处理。但如果需要实时统计在途货物的情况,就必须将发票输入计算机,待货物到达后,再填制入库单并做采购结算。

3. 直运采购业务

直运采购业务是指产品无须入库即可完成的购销业务,由供应商直接将商品发给企业的客户,没有实物的入库处理,财务结算由供销双方通过直运销售发票和直运采购发票分别与企业结算。直运采购业务有普通直运业务和必有订单业务两种。

4. 采购退货业务

由于材料质量不合格、价格不正确等因素或与采购订单不相符等原因,企业可能发生退货业务,需要进行退货处理。

无论是否录入"采购发票"、"采购发票"是否结算、结算后的"采购发票"是否付款,都需要录入退货单。退货业务处理流程如图 13-4 所示。

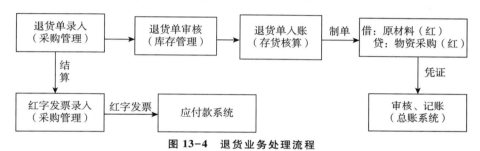

图 13-4　退货业务处理流程

5. 现付业务

现付业务是指采购业务发生时,立即付款,由供货单位开具发票。

现付业务处理流程如图 13-5 所示。

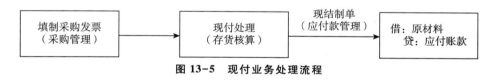

图 13-5　现付业务处理流程

6. 受托代销业务

受托代销业务是指商业企业接受其他企业的委托,为其代销商品,代销商品售出后,本企业与委托方进行结算,开具正式的销售发票,商品的所有权实现转移。它是一种先销售后结算的采购模式。

7. 综合查询

采购管理系统提供了各种单据查询和多种统计分析账表,主要包括入库单明细列表、发票列表、结算单明细列表、凭证列表查询、采购明细表、到货明细表、入库明细表、费用明细表、采购统计表、余额表、采购分析表等。

13.3　用友 ERP-U8 采购管理系统的处理流程

用友 ERP-U8(V8.72)采购管理系统的处理流程如图 13-6 所示。

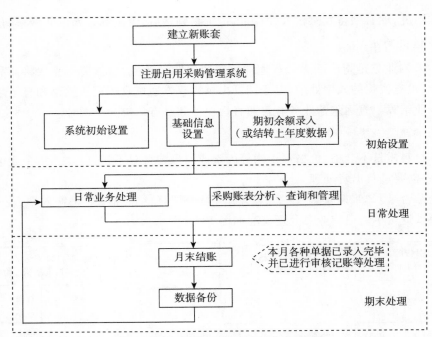

图 13-6　采购管理系统的业务处理流程

实验十一　采购管理

【实验准备】

引入实验十的账套备份数据,将系统日期修改为"2012/12/31"。

【实验目的和要求】

(1)熟悉用友 ERP-U8(V8.72)软件中采购管理系统的相关内容。

(2)掌握企业日常采购业务处理方法。

(3)理解采购管理系统与其他系统之间的数据传递关系。

【实验内容】

(1)普通采购业务。

(2)采购现结业务。

(3)采购运费处理。

(4)请购比价业务。

(5)采购退货业务。

【实验资料】

1.业务处理

(1)业务 1:普通采购业务。

① 2012 年 12 月 1 日业务员朱挺向南京钢铁加工公司询问自行车主结构的价格(1 110 元/套,本币单价),觉得价格合适,随后向公司上级主管提出请购要求,请购数量为 20 套,需求日期为 2012 年 12 月 3 日。业务员据此填制请购单。

② 2012 年 12 月 2 日上级主管同意向南京钢铁加工公司订购自行车主结构 20 套,单

价为 1 110 元,要求到货日期为 2012 年 12 月 3 日。

③ 2012 年 12 月 3 日收到所订购的自行车主结构 20 套,填制到货单。

④ 2012 年 12 月 3 日将所收到的货物验收入原材料仓库,填制采购入库单。

⑤ 当天收到该笔货物的专用发票一张,金额为 25 974 元,票号为 20121203。

⑥ 财务部门开出转账支票,支票号为 2012120301,付清采购款。

（2）业务 2:采购现结业务。

2012 年 12 月 5 日向北京雪融车辆配件商城购买自行车套件 100 套,不含税单价为 210 元/套,验收入原料仓库。同时收到专用发票一张,票号为 85011。立即以转账支票形式支付货款,票号为 2351。

（3）业务 3:采购运费业务。

2012 年 12 月 6 日向无锡脚踏专卖店购买车轮脚踏 1 500 只,单价为 50 元/只,验收入原料仓库。同时收到专用发票一张,票号为 85012。另外,在采购的过程中,发生了一笔运输费 250 元,税率为 7%,收到相应的运费发票一张,票号为 5678。

（4）业务 4:请购比价业务。

① 2012 年 12 月 10 日业务员朱挺想购买 500 个坐垫,提出请购要求,经同意填制并审核请购单。根据以往的资料得知提供坐垫的供应商有两家,分别为南京塑料制品有限公司和盐城精诚坐垫加工厂,它们的报价分别为 32 元/个和 35 元/个。通过比价,决定向南京塑料制品有限公司订购,要求到货日期为 2012 年 12 月 12 日。

② 假定,2012 年 12 月 12 日尚未收到该货物,向南京塑料制品有限公司订购发出催货函。

（5）业务 5:采购退货业务(采购结算前退货)。

① 2012 年 12 月 16 日收到南京钢铁加工公司提供的自行车主结构,数量 50 套,单价为 1 110 元/套。验收入原料仓库。

② 2012 年 12 月 17 日仓库反映有两套发现质量问题,要求退回给供应商。

③ 2012 年 12 月 17 日,收到南京钢铁加工公司开具的专用发票一张,发票号为 20121211,进行采购结算。

2. 账表查询

（1）查询 2012 年 12 月的采购明细表。

（2）查询 2012 年 12 月的入库明细表。

（3）查询 2012 年 12 月的采购结算余额表。

（4）查询 2012 年 12 月的采购资金比重分析。

（5）查询 2012 年 12 月的采购综合统计表。

【实验指导】

1. 业务 1:普通采购业务

（1）在采购管理系统中填制并审核请购单。

操作步骤:

① 以"朱挺"身份注册进入企业应用平台,在企业应用平台"业务工作"页签中,执行

"供应链"→"采购管理"→"请购"→"请购单"命令,进入"采购请购单"窗口。

② 单击【增加】按钮,选择或输入日期"2012-12-01"、请购部门"采购部"、请购人员"朱挺"。

③ 选择存货编码"1001"存货名称"自行车主结构",输入数量"20"、本币单价"1 110"、需求日期"2012-12-03"、供应商"南京钢铁加工公司"。

④ 单击【保存】按钮,再单击【审核】按钮,如图 13-7 所示。

图 13-7 填制并审核清购单

⑤ 单击【退出】按钮,退出"采购请购单"窗口。

(2)在采购管理系统中填制并审核采购订单。

操作步骤:

① 执行"采购订货"→"采购订单"命令,进入"采购订单"窗口。

② 单击【增加】按钮,输入订单日期"2012-12-02",在"生单"下拉菜单下选择"请购单",打开"过滤条件选择"对话框。

③ 单击【过滤】按钮,进入"拷贝并执行"窗口,如图 13-8 所示。

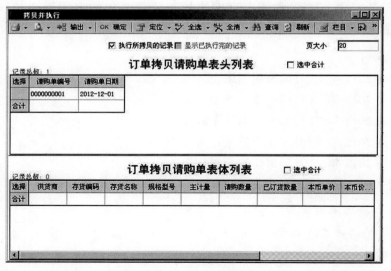

图 13-8 "拷贝并执行"窗口

④ 在"订单拷贝请购单表头列表"中,双击需要参照的请购单的"选择"栏。

⑤ 单击【OK 确定】按钮,将采购请购单相关信息带入采购订单。

⑥ 修改订单日期为"2012-12-02"、计划到货日期为"2012-12-03"。

⑦ 单击【保存】按钮,再单击【审核】按钮,订单底部显示审核人名字,如图 13-9 所示。

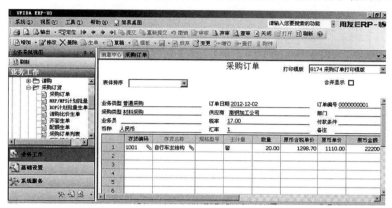

图 13-9　填制并审核采购订单

⑧ 单击"退出"按钮,退出"采购订单"窗口。

注意:

● 填制采购订单时,单击鼠标右键可查看存货现存量。

● 如果企业要按部门或业务员进行考核,必须输入相关部门和业务员信息。

● 采购订单审核后,可以在"采购订单执行统计表"中查询。

(3) 在采购管理系统中填制到货单。

操作步骤:

① 执行"采购到货"→"到货单"命令,进入"到货单"窗口。

② 单击【增加】按钮,在"生单"下拉菜单下选择"采购订单",打开"过滤条件选择"对话框。

③ 单击【过滤】按钮,进入"拷贝并执行"窗口,如图 13-10 所示。

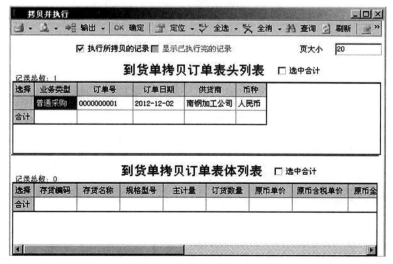

图 13-10　"拷贝并执行"窗口

④ 在"到货单拷贝采购订单列表"中，双击需要参照的采购订单的"选择"栏。

⑤ 单击【OK 确定】按钮，将采购订单相关信息带入采购到货单。

⑥ 修改到货单日期为"2012-12-03"，选择部门为"采购部"，如图 13-11 所示。

图 13-11　填制到货单

⑦ 单击【保存】按钮，再单击【审核】按钮。

⑧ 单击【退出】按钮，退出"采购到货单"窗口。

（4）在库存管理系统中填制并审核采购入库单。

操作步骤：

① 以"刘祥"身份重新注册进入企业应用平台，在企业应用平台"业务工作"页签中，执行"供应链"→"库存管理"→"入库业务"→"采购入库单"命令，进入"采购入库单"窗口。

② 在"生单"下拉菜单下选择"采购到货单（蓝字）"，打开"过滤条件选择"对话框。

③ 单击【过滤】按钮，进入"到货单生单列表"窗口。

④ 在"到货单生单表头"中，双击需要参照的采购到货单"选择"栏，如图 13-12 所示。

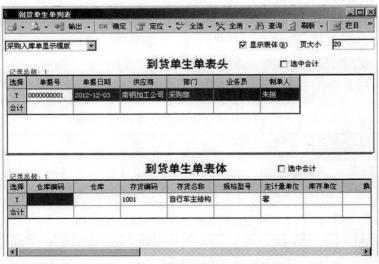

图 13-12　"到货单生单列表"窗口

⑤ 单击【OK 确定】按钮，将采购到货单相关信息带入采购入库单。

⑥ 修改采购入库单日期为"2012-12-03"，选择仓库为"材料库"，如图 13-13 所示。

图 13-13　填制并审核采购入库单

⑦ 单击【保存】按钮,再单击【审核】按钮,系统弹出"该单据审核成功!"信息提示。

⑧ 单击【确定】返回,再单击【退出】按钮后退出。

注意:

● 只有采购管理系统、库存管理系统集成使用时,库存管理系统才可以通过"生单"功能生成采购入库单。

● 生单时参照的单据是采购管理系统中已审核未关闭的采购订单和到货单。

● 采购管理系统如果设置了"必有订单业务模式",则不可手工录入采购入库单。

● 当入库数量与订单/到货数量完全相同时,可不显示表体。

(5)在采购管理系统中填制并审核采购发票。

操作步骤:

① 以"朱挺"身份重新注册进入企业应用平台,在企业应用平台"业务工作"页签中,执行"供应链"→"采购管理"→"采购发票"→"专用采购发票"命令,进入"专用发票"窗口。

② 单击【增加】按钮,在"生单"下拉菜单下选择"入库单",单击【过滤】按钮,打开"过滤条件选择"对话框。

③ 单击【过滤】按钮,进入"拷贝并执行"窗口,如图 13-14 所示。

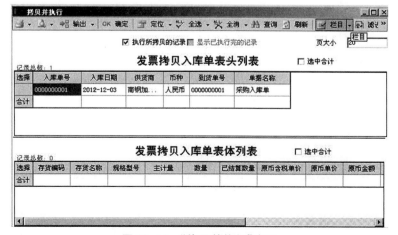

图 13-14　"拷贝并执行"窗口

④ 在"发票拷贝入库单表头列表"窗口,双击选择需要参照的采购入库单"选择"栏。

⑤ 单击【OK 确定】按钮,将采购入库单信息带入采购专用发票。

⑥ 输入相应的发票号"20121203",开票日期"2012-12-03",如图 13-15 所示。

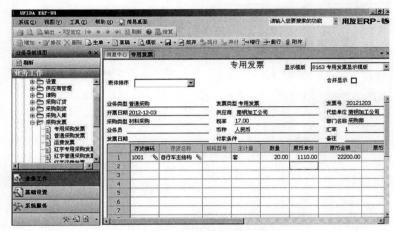

图 13-15　填制并审核采购发票

⑦ 单击【保存】按钮,再单击【退出】按钮后退出。

(6) 在采购管理系统中执行采购结算。

操作步骤:

① 执行"采购结算"→"自动结算"命令,打开"过滤条件选择"对话框。

② 选择结算模式"入库单和发票"类型。

③ 单击【过滤】按钮,系统弹出结算成功信息提示,如图 13-16 所示。

图 13-16　提示信息

④ 单击【确定】按钮返回。

⑤ 执行"采购结算"→"结算单列表"命令,打开"过滤条件选择"对话框。

⑥ 单击【过滤】按钮,打开"结算单列表"窗口可查看结算结果,如图 13-17 所示。

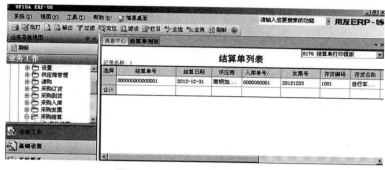

图 13-17　"结算单列表"窗口

⑦ 查看完毕,单击【退出】按钮后退出。

注意:

● 结算结果可以在"结算单列表"中查询。

● 结算完成后,在"手工结算"窗口将看不到已结算的入库单和发票。

● 由于某种原因需要修改或删除入库单、采购发票时,需要先取消采购结算。

(7) 在存货核算系统中记账并生成入库凭证。

操作步骤:

① 以"李燕"身份重新注册进入企业应用平台,在企业应用平台"业务工作"页签中,执行"供应链"→"存货核算"→"业务核算"→"正常单据记账"命令,打开"过滤条件选择"对话框。

② 单击【过滤】按钮,进入"未记账单据一览表"窗口,如图 13-18 所示。

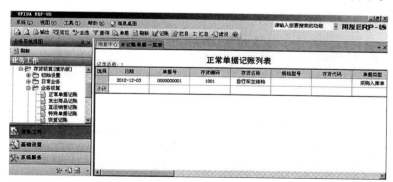

图 13-18　"未记账单据一览表"窗口

③ 选择要记账的单据。

④ 单击【记账】按钮,显示"记账成功"提示信息。

⑤ 单击【确定】按钮,再单击【退出】按钮。

⑥ 执行"财务核算"→"生成凭证"命令,进入"生成凭证"窗口。

⑦ 单击工具栏上的【选择】按钮,打开"查询条件"对话框。

⑧ 选择"采购入库单(报销记账)"复选框。

⑨ 单击【确定】按钮,进入"未生成凭证一览表"窗口。

⑩ 选择要制单的记录行，单击【确定】按钮，进入"生成凭证"窗口。

⑪ 选择凭证类别为"记账凭证"。

⑫ 单击【生成】按钮，进入"填制凭证"窗口。

⑬ 输入制单日期"2012-12-03"，单击【保存】按钮，凭证左上角出现"已生成"标志，表示凭证已传递到总账，如图 13-19 所示。

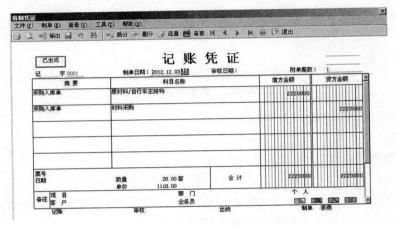

图 13-19 生成记账凭证

⑭ 单击【退出】按钮后退出。

（8）在应付款管理系统中审核采购专用发票，并生成应付凭证。

① 以"张晓军"身份重新注册进入企业应用平台，在企业应用平台"业务工作"页签中，执行"财务会计"→"应付款管理"→"应付单据处理"→"应付单据审核"命令，打开"应付单过滤条件"对话框。

② 选择供应商"南京钢铁加工公司"。

③ 单击【确定】按钮，进入"单据处理"窗口。

④ 选择需要审核的单据，单击【审核】按钮，系统弹出审核成功信息提示，如图 13-20 所示。

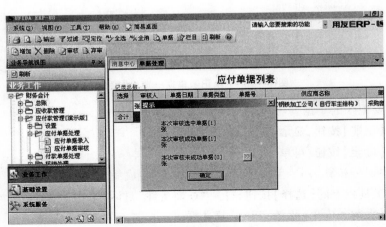

图 13-20 提示信息

⑤ 单击【确定】按钮后退出。

⑥ 执行"制单处理"命令,打开"制单查询"对话框。

⑦ 选择"发票制单"复选框,选择供应商"南京钢铁加工公司"。

⑧ 单击【确定】按钮,进入"制单"窗口,如图 13-21 所示。

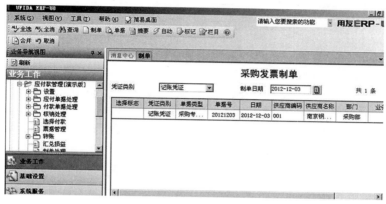

图 13-21 "制单"窗口

⑨ 单击【全选】按钮,选择凭证类别"记账凭证",制单日期"2012-12-03"。

⑩ 单击【制单】按钮,进入"填制凭证"窗口,如图 13-22 所示。

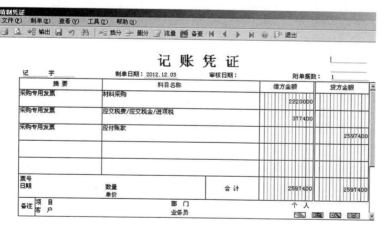

图 13-22 生成记账凭证

⑪ 单击【保存】按钮,凭证左上角出现"已生成"标志,表示凭证已传递到总账。

⑫ 单击【退出】按钮后退出。

(9) 在应付款管理系统中,进行付款处理并生成付款凭证。

操作步骤:

① 执行"付款单据处理"→"付款单据录入"命令,进入"收付款单录入"窗口。

② 单击【增加】按钮,选择日期"2012-12-03"、供应商"南钢加工公司"、结算方式"转账支票"、票据号"12120301",输入金额"25 974",如图 13-23 所示。

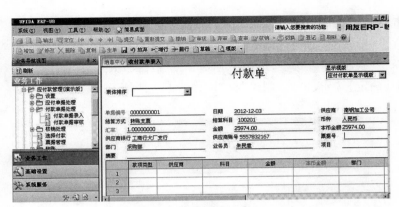

图 13-23　填制付款单

③ 单击【保存】按钮,再单击【审核】按钮,系统弹出"是否立即制单?"信息提示。

④ 单击【是】按钮,进入填制凭证窗口。

⑤ 选择凭证类别"记账凭证",单击【保存】按钮,凭证左上角出现"已生成"标志,表示凭证已传递到总账,如图 13-24 所示。

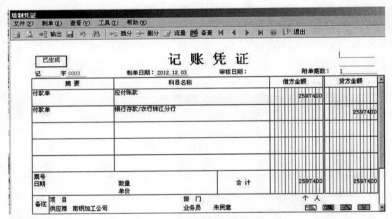

图 13-24　生成记账凭证

⑥ 单击【退出】按钮后退出。

2. 业务 2:采购现结业务

(1) 在库存管理系统中直接填制采购入库单并审核。

操作步骤:

① 以"刘祥"身份重新注册进入企业应用平台,在企业应用平台"业务工作"页签中,执行"供应链"→"库存管理"→"入库业务"→"采购入库单"命令,进入"采购入库单"窗口。

② 单击【增加】按钮,输入或选择入库日期"2012-12-05"、仓库"材料库"、供货单位"雪融配件",输入存货编码"1002"、数量"100"、单价"210",如图 13-25 所示。

图 13-25　填制采购入库单并审核

③ 单击【保存】按钮,再单击【审核】按钮,系统弹出"该单据审核成功!"信息提示。

④ 单击【确定】按钮,再单击【退出】按钮后退出。

(2) 在采购管理系统中录入采购专用发票进行现结处理和采购结算。

操作步骤:

① 以"朱挺"身份重新注册进入企业应用平台,在企业应用平台"业务工作"页签中,执行"供应链"→"采购管理"→"采购发票"→"专用采购发票"命令,进入"专用发票"窗口。

② 单击【增加】按钮,选择"生单"下拉菜单中的"入库单",进入"过滤条件选择"窗口。

③ 单击【过滤】按钮,进入"拷贝并执行"窗口。

④ 在"采购发票拷贝表头列表"中,双击选择需要参照的采购入库单,单击【OK 确定】按钮,将采购入库单信息带入采购专用发票。

⑤ 修改开票日期为"2012-12-05"、发票号为"85011"。

⑥ 单击【保存】按钮,再单击【现付】按钮,打开"采购现付"对话框。

⑦ 选择结算方式"转账支票",输入结算金额"21 000",票据号"22351"等信息,如图 13-26 所示。

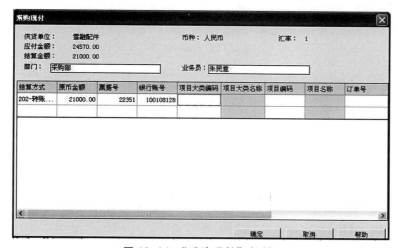

图 13-26　"采购现付"对话框

⑧ 单击【确定】按钮,发票左上角显示"已现付"字样,如图 13-27 所示。

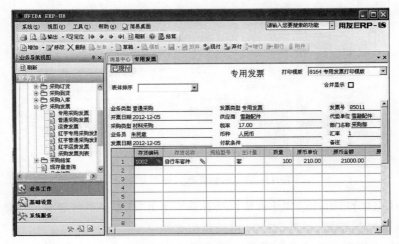

图 13-27　现结处理

⑨ 执行工具栏上【结算】按钮,自动完成采购结算,如图 13-28 所示。

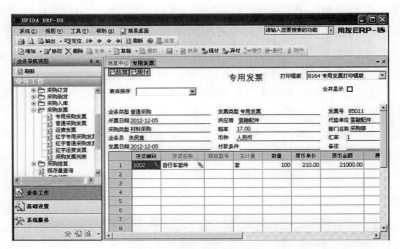

图 13-28　采购结算

⑩ 单击【退出】按钮后退出。

（3）在存货核算系统中记账并生成入库凭证。

① 以"李燕"身份重新注册进入企业应用平台,在企业应用平台"业务工作"页签中,执行"供应链"→"存货核算"→"业务核算"→"正常单据记账"命令,打开"过滤条件选择"对话框。

② 单击【过滤】按钮,进入"未记账单据一览表"窗口,如图 13-29 所示。

③ 选择要记账的单据,单击【记账】按钮,出现"记账成功"信息提示。

④ 单击【确定】按钮,再单击【退出】按钮后退出。

⑤ 执行"财务核算"→"生成凭证"命令,进入"生成凭证"窗口。

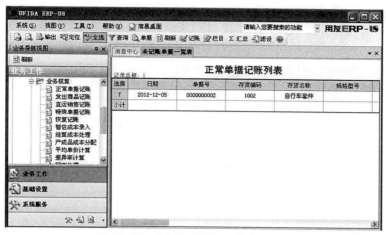

图 13-29　"未记账单据一览表"窗口

⑥ 单击工具栏上的【选择】按钮,打开"查询条件"对话框。

⑦ 选择"采购入库单(报销记账)"复选框,单击【确定】按钮,进入"选择单据"窗口。

⑧ 单击【全选】按钮,再单击【确定】按钮,进入"生成凭证"窗口。

⑨ 选择凭证类别为"记账凭证",单击【生成】按钮,进入"填制凭证"窗口。

⑩ 选择日期为"2012-12-05",单击【保存】按钮,凭证左上角出现"已生成"标志,表示凭证已传递到总账。

⑪ 单击【退出】按钮后退出。

(4)在应付款管理系统中审核发票进行现结制单。

① 以"张晓军"身份重新注册进入企业应用平台,在企业应用平台"业务工作"页签中,执行"供应链"→"财务会计"→"应付款管理"→"应付单据处理"→"应付单据审核",进入"应付单过滤条件"对话框。

② 选中"包含已现结发票"复选框,如图 13-30 所示。

图 13-30　"应付单过滤条件"对话框

③ 单击【确定】按钮,进入"单据处理"窗口。

④ 选择应审核的单据,如图 13-31 所示。

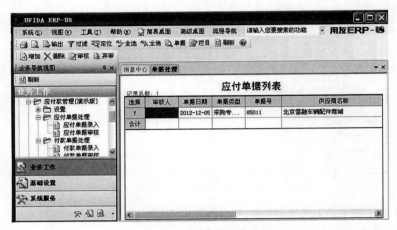

图 13-31 "单据处理"窗口

⑤ 单击【审核】按钮,系统弹出审核成功信息提示。

⑥ 单击【确定】按钮退出。

⑦ 执行"应付款管理"→"制单处理",进入"制单查询"对话框,选择"现结制单"复选框。

⑧ 单击【确定】按钮,进入"制单"窗口,选择要制单的记录行,如图 13-32 所示。

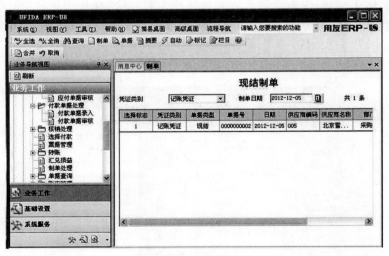

图 13-32 "制单"窗口

⑨ 单击【制单】按钮,进入"填制凭证"窗口。

⑩ 选择日期为"2012-12-05",单击【保存】按钮,凭证左上角出现"已生成"标志,表示凭证已传递到总账。

⑪ 单击【退出】按钮后退出。

3. 业务 3:采购运费处理

（1）在库存管理系统中填制并审核采购入库单。

以"刘祥"身份注册进入企业应用平台,在企业应用平台"业务工作"页签中,执行"供应链"→"库存管理"→"入库业务"→"采购入库单"命令,填制并审核采购入库单,如图 13-33 所示。操作步骤参见"业务 2:采购现结业务"。

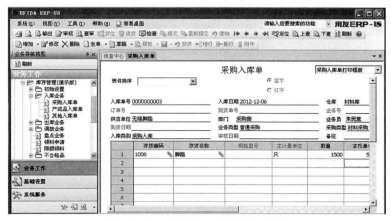

图 13-33　填制并审核采购入库单

（2）在采购管理系统中参照采购入库单填制采购专用发票。

操作步骤:

① 以"朱挺"身份重新注册进入企业应用平台,在企业应用平台"业务工作"页签中,执行"供应链"→"采购管理"→"采购发票"→"专用采购发票"命令,进入"专用发票"窗口。

② 单击【增加】按钮,选择"生单"下拉菜单中的"入库单",进入"过滤条件选择"窗口。

③ 单击【过滤】按钮,进入"拷贝并执行"窗口。

④ 在"采购拷贝入库单表头列表"中,双击选择需要参照的采购入库单,单击【OK 确定】按钮,将采购入库单信息带入采购专用发票。

⑤ 修改开票日期为"2012-12-06"、发票号为"85012",如图 13-34 所示。

图 13-34　填制采购专用发票

⑥ 单击【保存】按钮,再单击【退出】按钮后退出。

(3)在采购管理系统中填制运费发票并进行采购结算(手工结算)。

操作步骤:

① 执行"采购发票"→"运费发票"命令,进入"运费发票"窗口。

② 单击【增加】按钮,输入或选择发票号"5678"、供应商"无锡脚踏"、发票日期"2012-12-06"、税率"7"、存货名称"运输费"、金额"250",如图 13-35 所示。

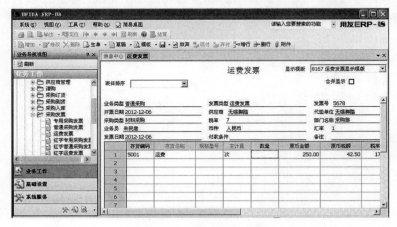

图 13-35 填制运费发票

③ 单击【保存】按钮,再单击【退出】按钮后退出。

注意:

费用发票上的存货必须具有"应税劳务"属性。

④ 执行"采购结算"→"手工结算"命令,进入"手工结算"窗口。

⑤ 单击【选单】按钮,打开"结算选单"对话框。

⑥ 单击【过滤】按钮,打开"过滤条件选择"对话框。

⑦ 单击【过滤】按钮,上方显示采购专用发票和运费发票,下方显示未结算的采购入库单,如图 13-36 所示。

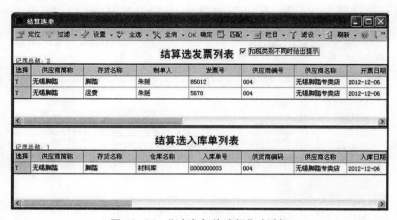

图 13-36 "过滤条件选择"对话框

⑧ 根据实验要求,选择要结算的入库单、采购专用发票和运费发票。

⑨ 单击【OK 确定】按钮,系统弹出"所选单据扣税类别不同,是否继续?"提示信息。

⑩ 单击【是】按钮,返回"手工结算"窗口。

⑪ 点击选择费用分配方式"按金额"单选按钮,如图 13-37 所示。

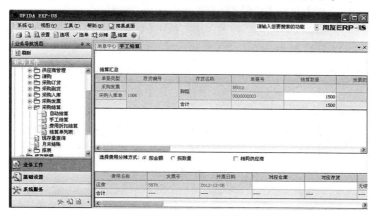

图 13-37　手工结算

⑫ 单击【分摊】按钮,系统弹出"选择按金额分摊,是否开始计算?"信息提示。

⑬ 单击【是】按钮,系统自动完成分摊,系统显示"费用分摊(按金额)完毕,请检查!"提示信息,单击【确定】按钮返回手工结算窗口。

⑭ 单击【结算】按钮,系统进行结算处理,完成后弹出"完成结算!"信息提示。

⑮ 单击【确定】按钮,再单击【退出】按钮后退出。

注意:

不管采购入库单上有无单价,采购结算后,其单价都被自动修改为发票上的存货单价。

(4) 在存货核算系统中记账并生成入库凭证。

① 以"李燕"身份重新注册进入企业应用平台,在企业应用平台"业务工作"页签中,执行"供应链"→"存货核算"→"业务核算"→"正常单据记账"命令,进入"过滤条件选择"对话框。

② 单击【过滤】按钮,打开"未记账单据一览表"窗口,如图 13-38 所示。

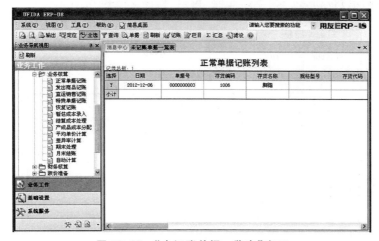

图 13-38　"未记账单据一览表"窗口

③ 选择要记账的单据,单击【记账】按钮,出现"记账成功!"信息提示。

④ 单击【确定】按钮后返回。

⑤ 执行"财务核算"→"生成凭证"命令,进入"生成凭证"窗口。

⑥ 单击工具栏上的【选择】按钮,打开"查询条件"对话框。

⑦ 选择"采购入库单(报销记账)"复选框,单击【确定】按钮,进入"选择单据"窗口。

⑧ 单击【全选】按钮,再单击【确定】按钮,进入"生成凭证"窗口。

⑨ 选择凭证类别为"记账凭证",单击【生成】按钮,进入"填制凭证"窗口。

⑩ 修改制单日期为"2012-12-06",单击【保存】按钮,凭证左上角出现"已生成"标志,表示凭证已传递到总账,如图 13-39 所示。

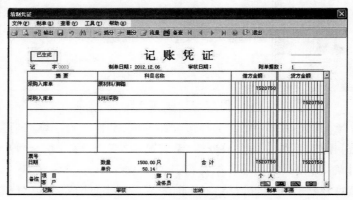

图 13-39 生成记账凭证

⑪ 单击【退出】按钮后退出。

(5) 在应付款管理系统中审核发票并合并制单。

操作步骤:

① 以"张晓军"身份重新注册进入企业应用平台,在企业应用平台"业务工作"页签中,执行"财务会计"→"应付款管理"→"应付单据处理"→"应付单据审核",进入"应付单过滤条件"对话框。

② 选中"包含已现结发票"复选框。

③ 单击【确定】按钮,进入"单据处理"窗口,如图 13-40 所示。

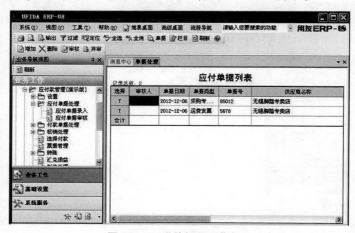

图 13-40 "单据处理"窗口

④ 根据实验要求,选择相应的采购专用发票、运费发票,单击【审核】按钮,系统显示审核成功信息提示。

⑤ 单击【确定】按钮后返回。

⑥ 执行"应付款管理"→"制单处理"命令,打开"制单查询"对话框。

⑦ 选中"发票制单"复选框。

⑧ 单击【确定】按钮,进入"制单"窗口。

⑨ 选择凭证类别为"记账凭证",单击【合并】按钮。

⑩ 单击【制单】按钮,进入"填制凭证"窗口。

⑪ 修改制单日期为"2012-12-06",单击【保存】按钮,凭证左上角出现"已生成"标志,表示凭证已传递到总账。

⑫ 单击【退出】按钮后退出。

4. 业务 4:请购比价业务

(1)在采购管理系统中定义供应商存货对照表。

操作步骤:

① 以"张晓军"身份注册进入企业应用平台,在企业应用平台"业务工作"页签中,执行"供应链"→"采购管理"→"供应商管理"→"供应商供货信息"→"供应商存货对照表"命令,进入"供应商存货对照表"窗口。

② 单击【增加】按钮,打开"增加"对话框。

③ 输入供应商编码"002"、存货编码"1007"。

④ 单击【保存】按钮,保存"002"的存货对照信息。

⑤ 同理,根据实验资料,输入其他供应商及存货信息,如图 13-41 所示。

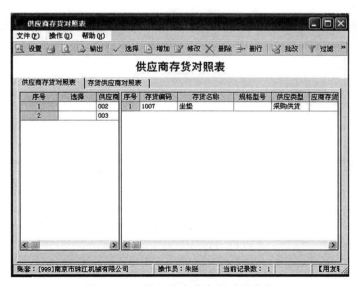

图 13-41　输入供应商存货对照信息

⑥ 增加完毕后,单击【退出】按钮后退出。

⑦ 执行"供应商管理"→"供应商供货信息"→"供应商存货调价单"命令,进入"供

应商存货调价单"窗口。

⑧ 单击【增加】按钮,根据实验资料,输入供应商对应存货的报价信息,如图 13-42
所示。

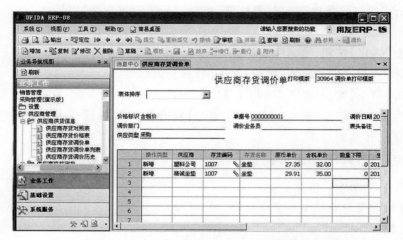

图 13-42　输入供应商对应存货的报价信息

⑨ 单击【保存】按钮,再单击【审核】按钮后退出。

(2)在采购管理系统中填制并审核请购单。

操作步骤:

① 以"朱挺"身份重新注册进入企业应用平台,在企业应用平台"业务工作"页签
中,执行"供应链"→"采购管理"→"请购"→"请购单"命令,进入"采购请购单"
窗口。

图 13-43　填制并审核请购单

② 单击【增加】按钮,根据实验资料,输入有关请购单信息,如图 13-43 所示。操作步
骤参见"业务 1:普通采购业务"。

注意:

采购请购无须填写单价、供应商信息。

③ 单击【保存】按钮,再单击【审核】按钮后退出。

(3)在采购管理系统中请购比价生成采购订单。

操作步骤:

① 执行"采购订货"→"请购比价生单"命令,打开"过滤条件选择"对话框。

② 单击【过滤】按钮,进入"请购比价生单列表"窗口。

③ 单击【全选】按钮,再单击【比价】按钮,系统将供货商存货对照表中该存货价格最低的供应商挑选到当前单据中,如图 13-44 所示。

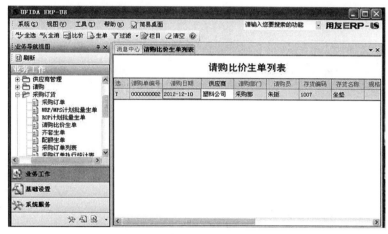

图 13-44　"请购比价生单列表"窗口

④ 单击【生单】按钮,系统弹出"成功生成采购订单!"信息提示。

⑤ 单击【确定】按钮后退出。

⑥ 执行"采购订货"→"采购订单"命令,打开"采购订单"窗口。

⑦ 查看请购比价生成的采购订单,单击【修改】按钮,填写订单日期为"2012-12-10"、计划到货日期为"2012-12-12",如图 13-45 所示。

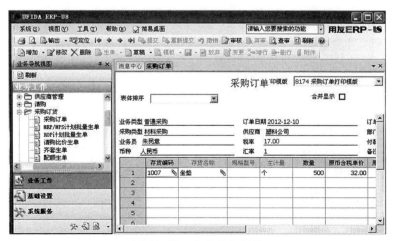

图 13-45　生成采购订单

⑧ 单击【保存】按钮,再单击【审核】按钮后退出。

（4）向供应商催货及查询。

操作步骤:

① 执行"供应商管理"→"供应商催货函"命令,进入"过滤条件选择"对话框。

② 输入到货日期"2012-12-12",选择供应商为"塑料公司"。

③ 单击【过滤】按钮,打开"供应商催货函"对话框,生成"供应商催货函",如图 13-46 所示。

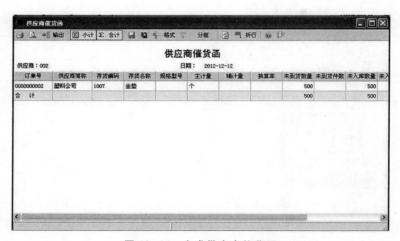

图 13-46　生成供应商催货函

④ 单击【保存】按钮后退出。

5. 业务 5:采购退货业务(采购结算前退货)

（1）在库存管理系统中填制并审核采购入库单。

以"刘祥"身份注册进入企业应用平台,在企业应用平台"业务工作"页签中,执行"供应链"→"库存管理"→"入库业务"→"采购入库单"命令,根据实验资料要求,填制采购入库单,保存并审核,如图 13-47 所示。操作步骤参见"业务 2:采购现结业务"。

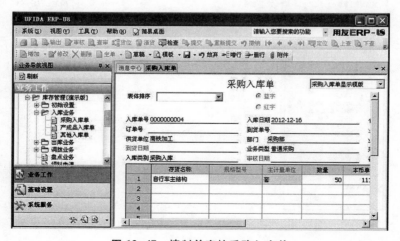

图 13-47　填制并审核采购入库单

（2）在库存管理系统中填制红字采购入库单。

操作步骤：

① 执行"入库业务"→"采购入库单"命令，进入"采购入库单"窗口。

② 单击【增加】按钮，选择窗口右上角"红字"选项，输入或选择入库日期"2012-12-17"、仓库"材料库"、供货单位"南铁加工"、入库类别"采购入库"，输入存货编码"1001"、数量"-2"、单价"1 110"，如图 13-48 所示。

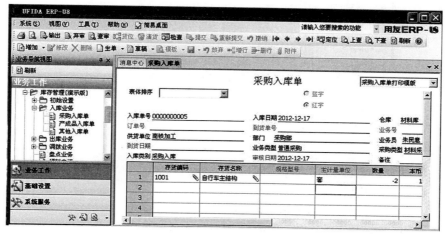

图 13-48　填制红字采购入库单

③ 单击【保存】按钮，再单击【审核】按钮，系统弹出"该单据审核成功！"信息提示。

④ 单击【确定】按钮后退出。

（3）在采购管理系统中根据采购入库单生成采购专用发票。

操作步骤：

① 以"朱挺"身份重新注册进入企业应用平台，在企业应用平台"业务工作"页签中，执行"供应链"→"采购管理"→"采购发票"→"专用采购发票"命令，进入"专用发票"窗口。

② 单击【增加】按钮，选择"生单"下拉菜单中"入库单"命令，打开"过滤条件选择"对话框。

③ 单击【过滤】按钮，进入"拷贝并执行"窗口。

④ 在"发票拷贝入库单表头列表"中，双击选择该业务的"采购入库单"，单击【确定】按钮，将采购入库单相关信息带入专用发票。

⑤ 修改发票号为"20121211"、发票日期为"2012-12-17"、数量为"48"，如图 13-49 所示。

图 13-49　生成采购专用发票

⑥ 单击【保存】按钮后退出。

（4）在采购管理系统中处理采购结算。

操作步骤：

① 执行"采购结算"→"手工结算"命令，进入"手工结算"窗口。

② 单击【选单】按钮，打开"结算选单"窗口。

③ 单击【过滤】按钮，系统弹出"过滤条件选择"对话框。

④ 单击【过滤】按钮，返回"结算选单"窗口，上方显示符合条件的发票列表，下方显示符合条件的入库单列表。

⑤ 根据实验资料，在"结算选单"窗口选择该业务对应的发票与采购入库单、红字采购入库单，如图 13-50 所示。

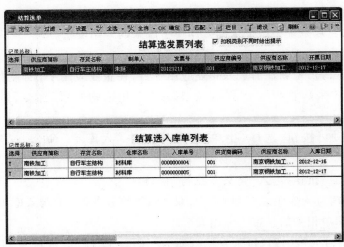

图 13-50　"结算选单"窗口

⑥ 单击【确定】按钮，返回"手工结算"窗口。

⑦ 单击【结算】按钮，出现"完成结算"信息提示，再单击【确定】后退出。

（5）在存货核算系统中记账并生成入库凭证。

① 以"李燕"身份重新注册进入企业应用平台，在企业应用平台"业务工作"页签中，

执行"供应链"→"存货核算"→"业务核算"→"正常单据记账"命令,选择本业务需要记账的单据,进行记账,如图 13-51 所示。操作步骤参考"业务 2:采购现结业务"。

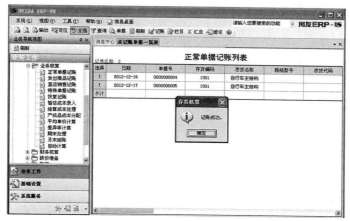

图 13-51 提示信息

② 执行"财务核算"→"生成凭证"命令,生成本业务采购入库业务的记账凭证,并保存,如图 13-52 和图 13-53 所示。操作步骤参考"业务 2:采购现结业务"。

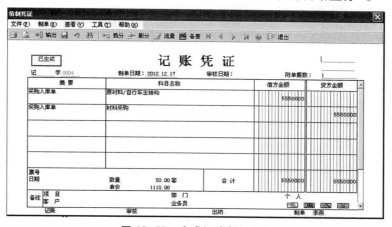

图 13-52 生成记账凭证(1)

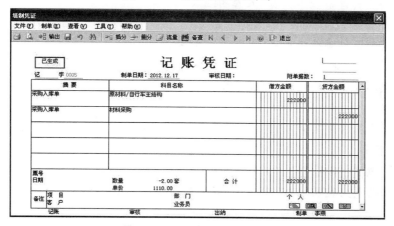

图 13-53 生成记账凭证(2)

注意：

在财务与业务一体化应用环境中，作为采购与付款业务循环的一部分，还需在应付款管理系统中审核发票进行现结制单，生成该业务的付款凭证。

6. 账表查询

（1）在采购管理系统中查看"采购明细表"。

操作步骤：

① 以"张晓军"身份注册进入企业应用平台，在企业应用平台"业务工作"页签中，执行"供应链"→"采购管理"→"报表"→"我的报表"命令，进入"报表管理器"窗口。

② 选择"账簿"→"统计表"→"采购明细表"命令，系统弹出"过滤条件选择"对话框。

③ 单击【过滤】按钮，进入"采购明细表"窗口。

④ 在"采购明细表"窗口，查询有关采购明细信息，如图 13-54 所示。

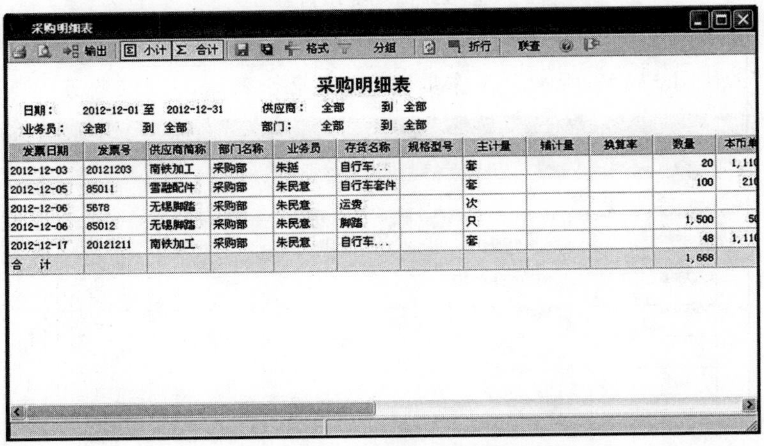

图 13-54　查询采购明细信息

⑤ 查看完毕后，单击【退出】按钮后退出。

（2）在采购管理系统中查看"入库明细表"。

操作步骤参见"采购明细表"查询。

（3）在采购管理系统中查看"采购结算余额表"。

操作步骤参见"采购明细表"查询。

（4）在采购管理系统中查看"采购资金比重分析"。

操作步骤：

① 执行"采购管理"→"报表"→"采购分析"→"采购资金比重分析"命令，打开"过滤条件选择"对话框。

② 单击【过滤】按钮，进入"采购资金比重分析"窗口。

③ 在"采购资金比重分析"窗口，查询有关采购资金比重分析信息，如图 13-55 所示。

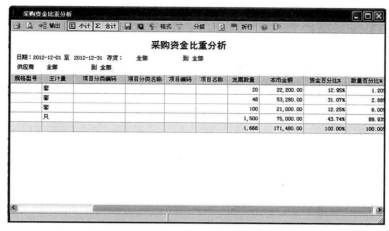

图 13-55 查询采购资金比重分析信息

④ 查看完毕后,单击【退出】按钮后退出。

(5)在采购管理系统中查看"采购综合统计表"。

操作步骤参见"采购明细表"查询。

7. 备份本次实验数据,命名为实验账套十一

第14章 销售管理

14.1 销售管理系统概述

销售是企业生产经营成果的实现过程,是企业经营活动的中心。销售部门在企业供应链中处于市场与企业接口的位置,其主要职能就是为客户提供产品及服务,从而实现企业的资金周转并获得利润,为企业提供生存与发展的动力。

在用友 ERP-U8 管理软件中,销售管理提供了报价、订货、发货、开票的完整销售流程,支持普通销售、委托代销、分期收款、直运、零售、销售调拨等多种类型的销售业务,并可对销售价格和信用进行实时监控,支持其他销售辅助业务的处理,在完备的业务处理基础上提供了丰富、灵活、多维度的销售统计报表和分析,为管理决策提供依据。

在用友 ERP-U8(V8.72)软件中,销售管理子系统是属于企业供应链的一部分,应收款管理子系统属于财务会计的一个子系统,二者既可以独立运行完成各自功能,又可以结合运用。无论系统如何划分,销售与应收款管理系统之间都保持着密切的联系。

1. 销售管理系统功能概述

销售管理系统是用友 ERP-U8 供应链管理系统的一个子系统,它的主要功能包括以下方面:

(1)销售管理系统初始设置。它包括设置销售管理系统业务处理所需要的各种业务选项、基础方案信息及销售期初数据。

(2)销售业务管理。它主要处理销售报价、销售订货、销售发票、销售开票、销售调拨、销售退回、发货折扣、委托代销、零售业务等,并根据审核后的发票或发货单自动生成销售出库单;处理随同货物销售所发生的各种代垫费用,以及在货物销售过程中发生的各种销售支出。在销售管理系统中,可以处理普通销售、委托代销、直运销售、分期收款销售、销售调拨及零售业务等。

(3)销售账簿及销售分析。销售管理系统可以提供各种销售明细账、销售明细表及各种统计表,还提供各种销售分析及综合查询统计分析。

2. 销售管理系统与其他系统的关系

销售管理系统既可以单独使用,也可以与用友 ERP-U8 软件系统的库存、存货核算、采购管理、应收款管理系统集成使用。

销售管理系统与其他系统的主要关系如图 14-1 所示。

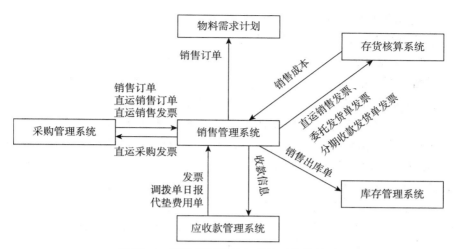

图 14-1　销售管理系统与其他系统的关系

采购管理可参照销售管理的销售订单生成采购订单。在直运业务必有订单模式下,直运采购订单必须参照直运销售订单生成;如果是直运业务非必有订单模式,那么直运采购发票和直运销售发票可相互参照。

根据选项设置,销售出库单既可以在销售管理系统中生成并传递到库存管理系统审核,也可以在库存管理系统中参照销售管理系统的单据生成销售出库单。库存管理系统为销售管理系统提供用于销售的存货的可用量。

销售发票、销售调拨单、零售日报、代垫费用单在应收款管理系统中审核登记应收明细账,进行制单生成凭证;应收款系统进行收款并核销相应应收单据后回写收款核销信息。

直运销售发票、委托代销发货单发票、分期收款发货单发票在存货核算系统中登记存货明细账,并制单生成凭证;存货核算系统为销售管理系统提供销售成本。

14.2　销售管理系统日常业务处理

销售业务的日常处理包括物流和资金流两条线索。销售业务的资金流涉及销售管理、应付款管理等。销售业务的物流涉及销售管理、库存管理和存货核算。

1. 普通销售业务处理

销售管理系统适合于大多数企业的日常销售业务,与其他系统相联系,提供了对销售报价、销售订货、销售发货、销售开票、销售出库、结转销售成本、应收账款确认及收款处理全过程的管理。

(1)销售报价。销售报价是企业向客户提供销售商品、规格、价格、结算方式等信息,双方达成协议后,销售报价单可以转为有效的销售合同或销售订单。

(2)销售订货。销售订货是指企业与客户签订销售合同,表现为销售管理系统中的销售订单。销售订单可以直接填制,也可以参照销售报价单生成。已审核未关闭的销售订单可以参照生成发货单或销售发票。

(3)销售发货。销售发货是企业执行与客户签订的销售合同或销售订单,将货物发往客户的行为,是销售业务的执行阶段。销售发货单是发货的凭据,是发货业务执行的载体。

发货单的填制有两种方式:一是先发货后开票方式,可以参照销售订单生成或手工填制;二是开票直接发货方式,销售发票自动生成发货单和销售出库单。

(4)销售开票。销售开票是在销售过程中企业给客户开具销售发票及其所附清单的过程,是销售收入确认、销售成本计算、应交销售税金确认和应收账款确认的依据,是销售业务的重要环节。销售发票可以直接填制,也可以参照销售订单或销售发货单生成。

(5)销售出库。销售出库是销售业务处理的必要环节。销售出库需要填制销售出库单,在库存管理系统用于存货出库数量的核算,在存货核算系统用于存货出库成本的核算。根据参数设置的不同,销售出库单可在销售管理系统生成,也可以在库存管理系统中生成。

(6)结转销售成本。销售出库(开票)后,需要进行出库成本的确认。对于先进先出、移动平均、个别计价方式的存货,在存货核算系统进行出库成本核算,而全月平均、计划价法计价的存货,则要在期末处理时进行出库成本的核算。

(7)应收账款确认及收款处理。及时进行应收账款确认及收款处理是财务核算工作的要求,由应收款管理系统完成。

普通销售业务模式有先发货后开票、开票直接发货。

先发货后开票(非必有订单业务模式)业务流程如图14-2所示。

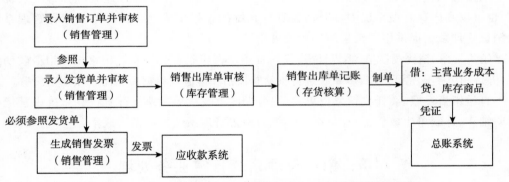

图14-2　先发货后开票业务流程(非必有订单业务模式)流程

开票直接发货业务流程(先开票后发货)流程如图14-3所示。

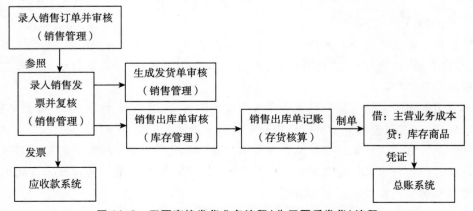

图14-3　开票直接发货业务流程(先开票后发货)流程

2. 退货业务

销售退货是指客户由于质量、品种、数量不符合规定要求而将已购货物退回。
销售退货业务流程如图 14-4 所示。

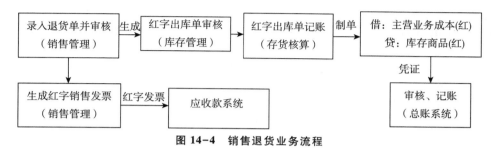

图 14-4　销售退货业务流程

3. 直运业务

直运业务是指产品无需入库即可完成的购销业务,由供应商直接将商品发送给企业的客户。结算时,企业与购销双方分别结算,从而赚取购销差价。直运业务包括直运销售业务和直运采购业务。

直运业务中无实物的出入库,分别填制直运销售发票、直运采购发票,并由此进行财务结算。

4. 分期收款销售业务流程

分期收款销售业务是指将货物提前发给客户,分期收回货款,收入与成本按照收款情况分期确认。其特点是一次发货,分次确认收入,并在确认收入时按照配比原则结转销售成本。

只有在销售管理系统设置了分期收款销售业务选项,在存货核算系统中进行分期收款销售业务的科目设置,才能处理分期收款销售业务。

分期收款销售业务流程如图 14-5 所示。

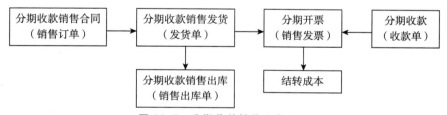

图 14-5　分期收款销售业务流程

5. 现结业务流程

现结业务是指在销售货物的同时向客户收取货币资金的行为。
现结业务流程如图 14-6 所示。

图 14-6　现结业务流程

6. 代垫费用

代垫费用是指在销售业务中,因货物销售而发生的如运杂费、保险费等暂时代垫费用,将来应向客户收取的费用项目。

7. 委托代销业务

委托代销业务是指企业将商品委托他人进行销售但商品所有权仍归本企业的销售方式,委托代销商品销售后,受托方与企业进行结算,并开具正式的销售发票,形成销售收入,商品所有权转移。只有设置了委托代销业务参数后,才能处理委托代销业务。

8. 销售调拨业务

销售调拨业务一般是集团企业内部有销售结算关系的销售部门或分公司之间的销售业务。销售调拨单是销售调拨业务发生开具的原始销售票据。与销售开票相比,销售调拨业务只计收入并不涉及销售税金。调拨业务需在当地税务机关的许可下才可使用。

9. 零售业务

如果企业有零售业务,企业的零售业务数据可以先按日汇总,然后通过零售日报进行处理。零售日报记销售收入账;而后生成发货单和销售出库单,进行销售出库登账处理。

对于零售业务,仓库指的是最终的出货地点,例如零售商场,仓库指的是将货物交给客户的柜组,货物从仓库到柜组的过程,属于库存的转库处理,由库存管理系统完成。

10. 综合查询

销售管理系统提供了各种单据查询和多种统计分析账表,主要包括销售订单列表、发货单列表、委托代销发货单列表、发票列表、销售调拨单列表、零售日报列表、销售明细表、发票使用明细表、销售成本明细表、销售月报表、销售统计表、发货统计表、余额表、销售分析表等。

14.3 用友 ERP-U8 销售管理系统的处理流程

用友 ERP-U8(V8.72)销售管理系统的业务处理流程如图 14-7 所示。

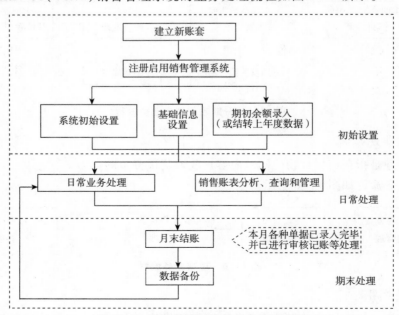

图 14-7 销售管理系统的业务处理流程

实验十二　销 售 管 理

【实验准备】

引入实验十一的账套备份数据,将系统日期修改为"2012/12/31"。

【实验目的和要求】

(1)熟悉用友 ERP-U8(V8.72)软件中销售管理系统的相关内容。

(2)掌握企业日常销售业务的处理方法。

(3)理解销售管理系统与其他系统之间的数据传递关系。

【实验内容】

(1)普通销售业务。

(2)商业折扣业务。

(3)现结业务。

(4)代垫费用处理。

(5)销售退货业务处理。

(6)销售账表查询。

(7)月末结账及取消。

【实验资料】

1．业务处理

(1)业务 1:普通销售业务。

① 2012 年 12 月 17 日,南京进香河自行车商贸公司想购买 10 辆山地自行车,向销售部了解价格。销售部报价为 2 600 元/辆。据此填制并审核报价单。

② 该客户了解情况后,要求订购 10 辆,要求发货日期为 2012 年 12 月 17 日,填制并审核销售订单。

③ 2012 年 12 月 17 日,销售部从产成品仓库向南京进香河自行车商贸公司发出其所订货物,并据此开具专用销售发票一张,发票号为 121217(参考成本价 2 340 元/辆)。

④ 2012 年 12 月 17 日,财务部收到南京进香河自行车商贸公司转账支票一张,金额为 26 000 元,支票号为 34587,据此填制收款单并制单。

(2)业务 2:商业折扣处理。

① 2012 年 12 月 18 日,销售部向合肥自行车商城出售公路自行车 30 辆,报价为 1 650 元/辆,成交价为报价的 90%,货物从产成品仓库发出(参考成本价 1 560 元/辆)。

② 2012 年 12 月 18 日根据上述发货单开具专用发票一张,发票号为 121218。

(3)业务 3:现结业务。

① 2012 年 12 月 20 日,销售部向沃尔玛南京桥北店出售山地自行车 5 辆,报价为 2 700 元/辆,货物从产成品仓库发出(参考成本价 2 340 元/辆)。

② 2012 年 12 月 20 日,根据上述发货单开具专用发票一张,发票号为 121220。同时收到客户以转账支票所支付的全部货款,支票号为 6435。

③ 进行现结制单处理。

（4）业务 4：代垫费用处理。

2012 年 12 月 20 日，销售部在向南京江浦珠江镇车行销售商品的过程中发生了一笔代垫的安装费 500 元，代垫单号为 2567，以现金支付。

（5）业务 5：销售退货业务处理。

① 2012 年 12 月 25 日，销售部售给江苏省供销总社的山地自行车 20 辆，单价为 2 680 元/辆，从产成品仓库发出（参考成本价 2 340 元/辆）。

② 2012 年 12 月 26 日，销售给江苏省供销总社的山地自行车因质量问题，退回 1 辆，单价为 2 680 元/辆，收回产成品仓库（参考成本价 2 340 元/辆）。

③ 2012 年 12 月 26 日，开具相应的专用发票一张，发票号为 121226，数量为 19 辆。

2．账表查询

（1）查询 2012 年 12 月的发货明细表。

（2）查询 2012 年 12 月的销售统计表。

（3）查询 2012 年 12 月的销售收入明细账。

（4）查询 2012 年 12 月的销售市场分析。

（5）查询 2012 年 12 月的销售货龄分析。

【实验指导】

1．业务 1：普通销售业务

（1）在销售管理系统中填制并审核报价单。

操作步骤：

① 以"姚明"身份注册进入企业应用平台，在企业应用平台"业务工作"页签中，执行"供应链"→"销售管理"→"销售报价"→"销售报价单"命令，进入"销售报价单"窗口。

② 单击【增加】按钮，输入报价日期"2012-12-17"、销售类型"批发"、客户简称"进香河商贸"、销售部门"销售部"。

③ 选择存货编码"3001"，输入数量"10"、报价"2 600"，如图 14-8 所示。

图 14-8　填制销售报价单

④ 单击【保存】按钮,再单击【审核】按钮后退出。

(2)在销售管理系统中填制并审核销售订单。

操作步骤:

① 执行"销售订货"→"销售订单"命令,进入"销售订单"窗口。

② 单击【增加】按钮,再单击【生单】下拉按钮,选择"报价",打开"过滤条件选择"对话框。

③ 单击【过滤】按钮,进入"参照生单"窗口。

④ 双击上方表格中前一项业务处理中录入的报价单"选择"栏,如图 14-9 所示。

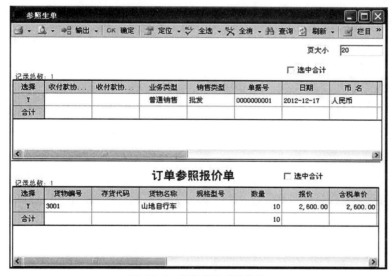

图 14-9　"参照生单"窗口

⑤ 单击【确定】按钮,将报价单信息带入销售订单。

⑥ 修改订单日期为"2012-12-17"、预发货日期为"2012-12-17",如图 14-10 所示。

图 14-10　填制销售订单

⑦ 单击【保存】按钮,再单击【审核】按钮后退出。

（3）在销售管理系统中填制并审核销售发货单。

操作步骤：

① 执行"销售发货"→"发货单"命令，进入"发货单"窗口。

② 单击【增加】按钮，系统弹出"过滤条件选择"对话框。

③ 单击【过滤】按钮，进入"参照生单"窗口，选择前面已生成的销售订单，如图 14-11 所示。

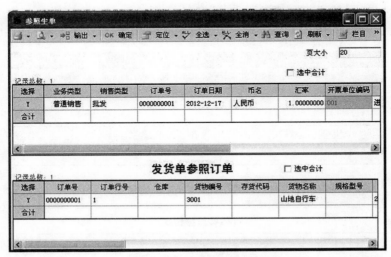

图 14-11 "参照生单"窗口

④ 单击【确定】按钮，将销售订单信息带入发货单。

⑤ 输入发货日期"2012-12-17"，选择仓库名称"产成品库"，如图 14-12 所示。

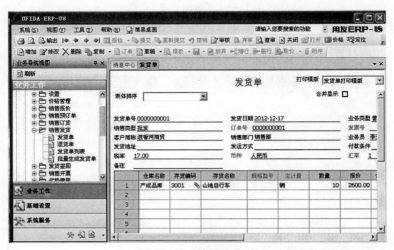

图 14-12 填制发货单

⑥ 单击【保存】按钮，再单击【审核】按钮后退出。

（4）在销售管理系统中根据发货单填制并复核销售发票。

操作步骤：

① 执行"销售开票"→"销售专用发票"命令，进入"销售专用发票"窗口。

② 单击【增加】按钮,进入"过滤条件选择"对话框。

③ 单击【过滤】按钮,进入"参照生单"窗口。

④ 选择要参照的发货单,如图 14-13 所示。

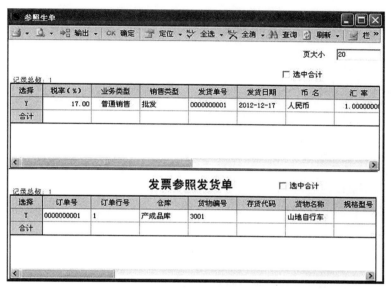

图 14-13　"参照生单"窗口

⑤ 单击【确定】按钮,将发货单信息带入销售专用发票。

⑥ 填写发票号"121217",修改开票日期为"2012-12-17",如图 14-14 所示。

图 14-14　填制销售专用发票

⑦ 单击【保存】按钮,再单击【复核】按钮后退出。

(5) 在应收款管理系统中,审核销售专用发票并生成销售收入凭证。

操作步骤:

① 以"张晓军"身份重新注册进入企业应用平台,在企业应用平台"业务工作"页签中,执行"财务会计"→"应收款管理"→"应收单据处理"→"应收单据审核"命令,打开

"应收单过滤条件"对话框。

② 单击【确定】按钮,进入"单据处理"窗口。

③ 选择要审核的单据,如图 14-15 所示。

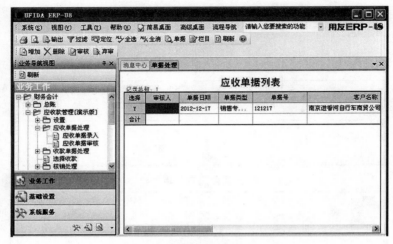

图 14-15 "单据处理"窗口

④ 单击【审核】按钮,系统显示审核成功的提示信息。

⑤ 单击【确定】按钮返回。

⑥ 执行"制单处理"命令,打开"制单查询"对话框。

⑦ 选中"发票制单"复选框,单击【确定】按钮,进入"制单"窗口。

⑧ 选择凭证类别为"记账凭证",单击工具栏中的【全选】按钮,选择窗口中的所有单据,如图 14-16 所示。

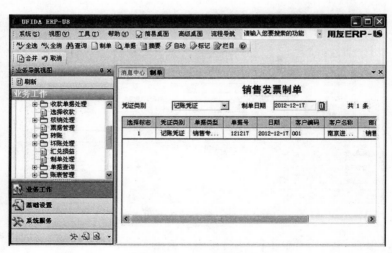

图 14-16 "制单"窗口

⑨ 单击【制单】按钮,打开"填制凭证"窗口,显示根据发票生成的记账凭证。

⑩ 修改制单日期为"2012-12-17",单击【保存】按钮,出现"第 2 条分录:项目核算科目的项目不能为空"提示信息,如图 14-17 所示。

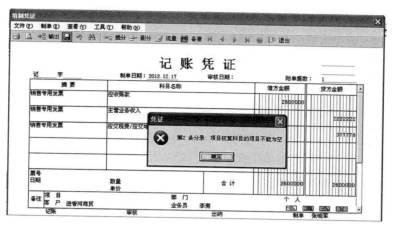

图 14-17 提示信息

⑪ 单击【确定】按钮后,点击选中第 2 记录行"主营业务收入"科目,双击鼠标左键,系统弹出"辅助项"对话框。

⑫ 选择主营业务收入的项目名称"山地自行车",如图 14-18 所示。

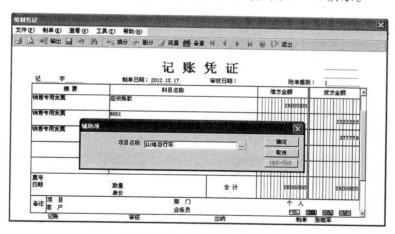

图 14-18 "辅助项"对话框

⑬ 单击【确定】按钮,再单击【保存】按钮,凭证左上角显示"已生成"红色字样,表示已将凭证传递到总账。

⑭ 单击【退出】按钮后退出。

(6)在库存管理系统中填制并审核销售出库单。

操作步骤:

① 以"刘祥"身份重新注册进入企业应用平台,在企业应用平台"业务工作"页签中,执行"供应链"→"库存管理"→"出库业务"→"销售出库单"命令,进入"销售出库单"窗口。

② 单击【生单】下拉按钮,选择"销售生单",打开"过滤条件选择"对话框。

③ 单击【过滤】按钮,进入"销售生单"窗口。

④ 选择前面已生成的销售发货单,单击【确定】按钮,将销售发货单信息导入出库单。

⑤ 修改出库日期为"2012-12-17",输入单价"2 340",如图 14-19 所示。

图 14-19   填制销售出库单

⑥ 单击【保存】按钮,再单击【审核】按钮,系统弹出"该单据审核成功!"信息提示。

⑦ 单击【确定】按钮后退出。

(7) 在存货核算系统中生成销售出库凭证。

操作步骤:

① 以"李燕"身份重新注册进入企业应用平台,在企业应用平台"业务工作"页签中,执行"供应链"→"存货核算"→"业务核算"→"正常单据记账"命令,打开"过滤条件选择"对话框。

② 选择仓库"产成品库",单击【过滤】按钮,进入"未记账单据一览表"窗口,如图 14-20 所示。

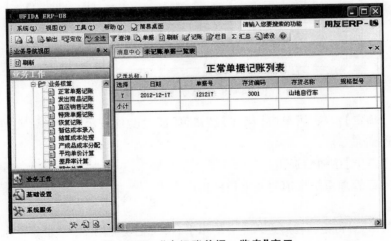

图 14-20   "未记账单据一览表"窗口

③ 双击选中需要记账的单据前的"选择"栏,单击【记账】按钮,系统弹出"记账成功!"信息提示。

④ 单击【确定】按钮后退出。

⑤ 执行"财务核算"→"生成凭证"命令,进入"记账凭证"窗口。

⑥ 单击【选择】按钮,打开"查询条件"对话框。

⑦ 选择"销售专用发票"复选框,单击【确定】按钮,进入"选择单据"窗口。

⑧ 点击需要生成凭证的单据前"选择"栏,或点击工具栏上的【全选】按钮,再单击工具栏上的【确定】按钮,进入"生成凭证"窗口。

⑨ 选择凭证类型为"记账凭证",参考产品历史成本(2 340 元/辆)输入借方金额"23 400"、贷方金额"23 400",如图 14-21 所示。

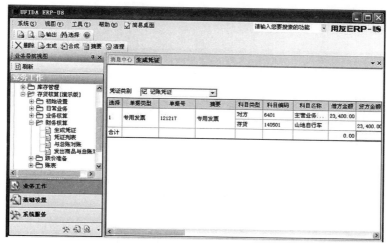

图 14-21　"生成凭证"窗口

⑩ 单击【生成】按钮,进入"填制凭证"窗口,系统显示生成的记账凭证。

⑪ 单击【保存】按钮,出现"第 1 条分录:项目核算科目的项目不能为空"提示信息。

⑫ 单击【确定】按钮,点击选中第 1 记录行"主营业务成本"科目,双击鼠标左键,系统弹出"辅助项"对话框。

⑬ 选择主营业务成本的项目名称"山地自行车",如图 14-22 所示。

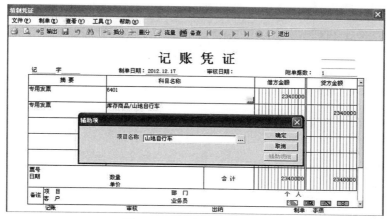

图 14-22　"辅助项"对话框

⑭ 单击【确定】按钮,再单击【保存】按钮,凭证左上角显示"已生成"红字字样,表示凭证已传递到总账。

⑮ 单击【退出】按钮后退出。

（8）在应收款管理系统中输入收款单并制单。

操作步骤：

① 以"张晓军"身份重新注册进入企业应用平台，在企业应用平台"业务工作"页签中，执行"财务会计"→"应收款管理"→"收款单据处理"→"收款单据录入"命令，进入"收付款单录入"窗口。

② 单击【增加】按钮，输入或选择日期"2012-12-17"、客户"进香河商贸"、结算方式"转账支票"、结算科目"100201"、金额"26 000"、票据号"34587"、摘要"收到销货款"，如图14-23所示。

图14-23　填制收款单

③ 单击【保存】按钮，再单击【审核】按钮，系统提示"是否立即制单？"。

④ 单击【是】按钮，进入"填制凭证"窗口，如图14-24所示。

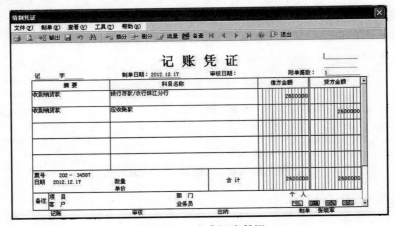

图14-24　生成记账凭证

⑤ 单击【保存】按钮，凭证左上角显示"已生成"红字字样，表示凭证已传递到总账。

⑥ 单击【退出】按钮后退出。

2. 业务2：商业折扣处理

（1）在销售管理系统中填制并审核发货单。

操作步骤：

① 以"姚明"身份注册进入企业应用平台,在企业应用平台"业务工作"页签中,执行"供应链"→"销售管理"→"销售发货"→"发货单"命令,进入"发货单"窗口。

② 单击【增加】按钮,打开"过滤条件选择"对话框。

③ 单击【取消】按钮,返回"发货单"窗口。

④ 选择或输入发货日期"2012-12-18"、销售类型"批发"、客户简称"合肥商城"、仓库"产成品库"、存货名称"公路自行车",输入数量"30"、报价"1 650"、折扣率"90",如图14-25所示。

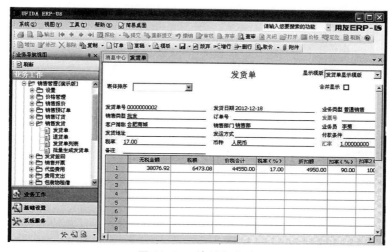

图 14-25 填制发货单

⑤ 单击【保存】按钮,再单击【审核】按钮,保存并审核发货单后退出。

(2)在销售管理系统根据发货单填制并复核销售发票。

执行"销售管理"→"销售开票"→"销售专用发票"命令,进入"销售专用发票"窗口,根据实验资料的要求,参照上一步所填制的销售发货单,填制销售专用发票,保存并复核,如图14-26所示。操作步骤参见"业务1:普通销售业务"。

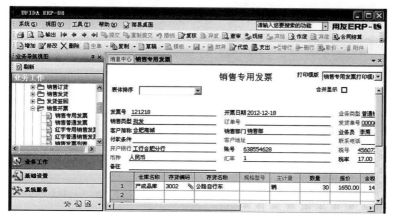

图 14-26 填制并复核销售发票

（3）在库存管理系统审核销售出库单。

以"刘祥"身份重新注册进入企业应用平台，在企业应用平台"业务工作"页签中，执行"供应链"→"库存管理"→"出库业务"→"销售出库单"命令，进入"销售出库单"窗口，选择已生成的该笔业务销售出库单，进行审核，如图14-27所示。操作步骤参见"业务1：普通销售业务"。

图14-27　审核销售出库单

（4）在存货核算系统中生成销售出库凭证。

操作步骤：

① 以"李燕"身份重新注册进入企业应用平台，在企业应用平台"业务工作"页签中，执行"供应链"→"存货核算"→"业务核算"→"正常单据记账"命令，打开"过滤条件选择"对话框。

② 选择仓库"产成品库"，单击【过滤】按钮，进入"未记账单据一览表"窗口，如图14-28所示。

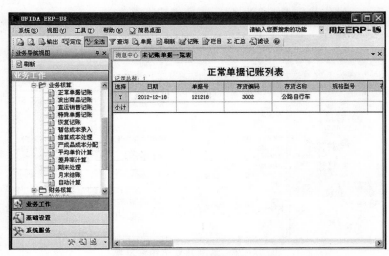

图14-28　"未记账单据一览表"窗口

③ 双击选中需要记账的单据前的"选择"栏,单击【记账】按钮,系统弹出"记账成功!"信息提示。

④ 单击【确定】按钮后退出。

⑤ 执行"财务核算"→"生成凭证"命令,进入"记账凭证"窗口。

⑥ 单击【选择】按钮,打开"查询条件"对话框。

⑦ 选择"销售专用发票"复选框,单击【确定】按钮,进入"选择单据"窗口。

⑧ 点击需要生成凭证的单据前的"选择"栏,或点击工具栏上的【全选】按钮,然后单击工具栏上的【确定】按钮,进入"生成凭证"窗口。

⑨ 选择凭证类型为"记账凭证",参考产品历史成本(1 560 元/辆)输入借方金额"46 800"、贷方金额"46 800",如图 14-29 所示。

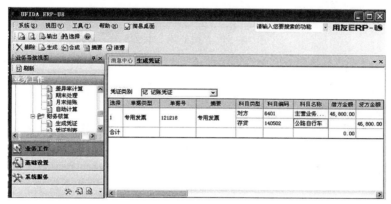

图 14-29　"生成凭证"窗口

⑩ 单击【生成】按钮,进入"填制凭证"窗口,系统显示生成的记账凭证,如图 14-30 所示。

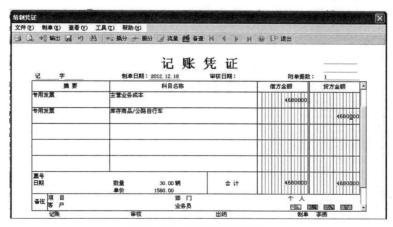

图 14-30　"填制凭证"窗口

⑪ 单击【保存】按钮,出现"第 1 条分录:项目核算科目的项目不能为空"的提示。

⑫ 单击【确定】按钮,点击选中第 1 记录行"主营业务成本"科目,双击鼠标左键,系统弹出"辅助项"对话框。

⑬ 选择主营业务成本的项目名称"公路自行车",如图 14-31 所示。

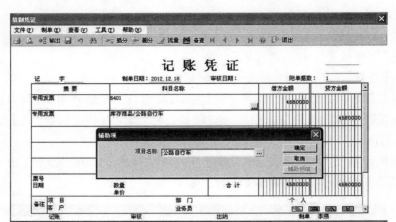

图 14-31 "辅助项"对话框

⑭ 单击【确定】按钮,再单击【保存】按钮,凭证左上角显示"已生成"红色字样,表示凭证已传递到总账。

⑮ 单击【退出】按钮后退出。

(5)在应收款管理系统中,审核销售发票并生成销售收入凭证。

操作步骤:

① 以"张晓军"身份重新注册进入企业应用平台,在企业应用平台"业务工作"页签中,执行"财务会计"→"应收款管理"→"应收单据处理"→"应收单据审核"命令,进入"单据处理"窗口,审核前面已生成的该业务销售专用发票,如图 14-32 所示。操作步骤参见"业务1:普通销售业务"。

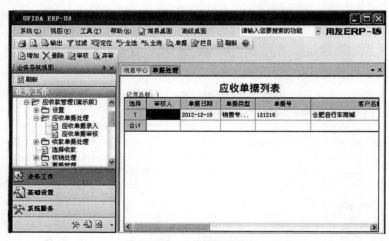

图 14-32 "单据处理"窗口

② 执行"制单处理"命令,打开"制单查询"对话框。

③ 选中"发票制单"复选框,单击【确定】按钮,进入"制单"窗口。

④ 选择凭证类别为"记账凭证",单击工具栏中的【全选】按钮,选择窗口中的所有单据,如图 14-33 所示。

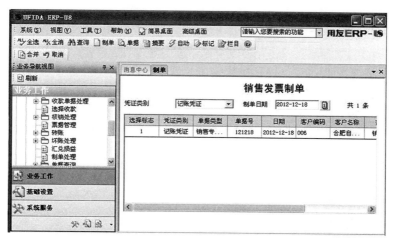

图 14-33　"制单"窗口

⑤ 单击【制单】按钮,打开"填制凭证"窗口,显示根据发票生成的记账凭证。

⑥ 修改制单日期为"2012-12-18",单击【保存】按钮,出现"第 2 条分录:项目核算科目的项目不能为空"的提示。

⑦ 单击【确定】按钮后,点击选中第 2 记录行"主营业务收入"科目,双击鼠标左键,系统弹出"辅助项"对话框。

⑧ 选择主营业务收入的项目名称"公路自行车",如图 14-34 所示。

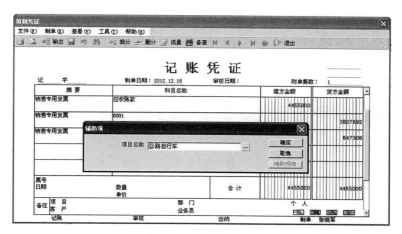

图 14-34　"辅助项"对话框

⑨ 单击【确定】按钮,再单击【保存】按钮,凭证左上角显示"已生成"红色字样,表示已将凭证传递到总账。

⑩ 单击【退出】按钮后退出。

3. 业务 3:现结业务

(1) 在销售管理系统中填制并审核发货单。

执行"销售管理"→"销售发货"→"发货单"命令,进入"发货单"窗口,根据实验资料的要求,填制销售发货单,保存并审核,如图 14-35 所示。操作步骤参见"业务 2:商业折扣处理"。

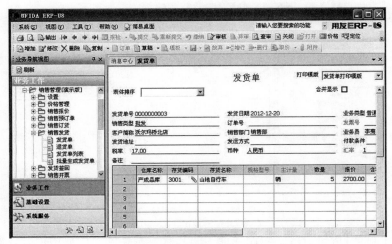

图 14-35　填制并审核收货单

（2）在销售管理系统中根据发货单生成销售专用发票并执行现结。

操作步骤：

① 执行"销售管理"→"销售开票"→"销售专用发票"命令，进入"销售专用发票"窗口，根据实验资料所提供的数据，参照上一步所填制的销售发货单，填制销售专用发票并保存。操作步骤参见"业务 2：商业折扣处理"。

② 在"销售专用发票"窗口，单击【现结】按钮，打开"现结"对话框。

③ 选择结算方式为"转账支票"，输入结算金额"13 500"、支票号"6435"，选择银行账号"456135890"，如图 14-36 所示。

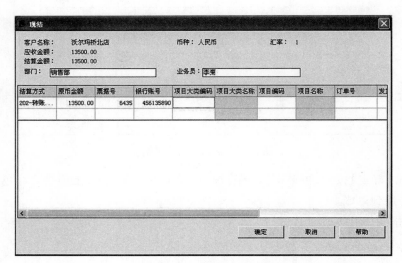

图 14-36　"现结"对话框

④ 单击【确定】按钮,销售专用发票左上角显示"现结"标志,如图 14-37 所示。

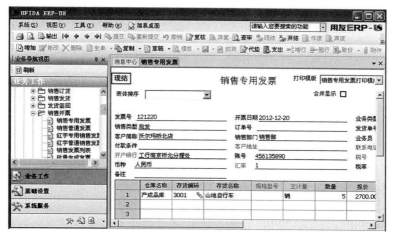

图 14-37　执行现结

⑤ 单击【复核】按钮,对现结发票进行复核。

⑥ 单击【退出】按钮后退出。

注意:

- 应在销售发票复核前进行现结处理。

- 销售发票复核后才能在应收款管理系统中进行"现结"制单。

(3)在库存管理系统审核销售出库单。

以"刘祥"身份重新注册进入企业应用平台,在企业应用平台"业务工作"页签中,执行"供应链"→"库存管理"→"出库业务"→"销售出库单"命令,进入"销售出库单"窗口,选择已生成的该笔业务生成的销售出库单,保存并审核,如图 14-38 所示。操作步骤参见"业务 2:商业折扣处理"。

图 14-38　审核销售出库单

（4）在存货核算系统中生成销售出库凭证。

操作步骤：

① 以"李燕"身份重新注册进入企业应用平台，在企业应用平台"业务工作"页签中，执行"供应链"→"存货核算"→"业务核算"→"正常单据记账"命令，打开"过滤条件选择"对话框。

② 选择仓库"产成品库"，单击【过滤】按钮，进入"未记账单据一览表"窗口。

③ 双击选中需要记账的单据前的"选择"栏，单击【记账】按钮，系统弹出"记账成功！"信息提示。

④ 单击【确定】按钮后退出。

⑤ 执行"财务核算"→"生成凭证"命令，进入"生成凭证"窗口。

⑥ 单击【选择】按钮，打开"查询条件"对话框。

⑦ 选择"销售专用发票"复选框，单击【确定】按钮，进入"选择单据"窗口。

⑧ 点击需要生成凭证的单据前的"选择"栏，或点击工具栏上的【全选】按钮，然后单击工具栏上的【确定】按钮，进入"生成凭证"窗口。

⑨ 选择凭证类型为"记账凭证"，参考产品历史成本（2 340 元/辆）输入借方金额"11 700"、贷方金额"11 700"，如图 14-39 所示。

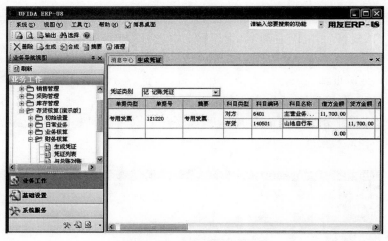

图 14-39 "生成凭证"窗口

⑩ 单击【生成】按钮，进入"填制凭证"窗口，系统显示生成的记账凭证。

⑪ 单击【保存】按钮，出现"第 1 条分录：项目核算科目的项目不能为空"的提示。

⑫ 单击【确定】按钮，点击选中第 1 记录行"主营业务成本"科目，双击鼠标左键，系统弹出"辅助项"对话框。

⑬ 选择主营业务成本的项目名称"山地自行车"，如图 14-40 所示。

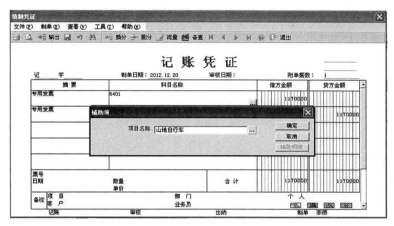

图 14-40　"辅助项"对话框

⑭ 单击【确定】按钮,再单击【保存】按钮,凭证左上角显示"已生成"红色字样,表示凭证已传递到总账。

⑮ 单击【退出】按钮后退出。

(5)在应收款管理系统中审核应收单据和现结制单。

操作步骤:

① 以"张晓军"身份重新注册进入企业应用平台,在企业应用平台"业务工作"页签中,执行"财务会计"→"应收款管理"→"应收单据处理"→"应收单据审核"命令,打开"应收单过滤条件"对话框。

② 选中"包含已现结发票"复选框,单击【确定】按钮,进入"单据处理"窗口,显示"应收单据列表",如图 14-41 所示。

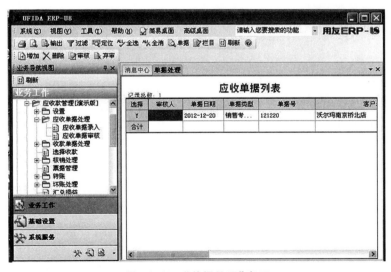

图 14-41　"单据处理"窗口

③ 在"选择"栏,选中前面根据发货单生成的销售专用发票。

④ 单击【审核】按钮,系统弹出"审核成功!"信息提示。

⑤ 单击【确定】按钮后退出。

⑥ 执行"制单处理"命令,打开"制单查询"对话框。

⑦ 选中"现结制单"复选框,单击【确定】按钮,进入"制单"窗口。

⑧ 单击需要制单的单据行的"选择标志"栏,选中该单据,选择凭证类别"记账凭证",选择制单日期"2012-12-20"。

⑨ 单击【制单】按钮,生成记账凭证,单击【保存】按钮,出现"第 2 分录:项目核算科目的项目不能为空"的提示。

⑩ 点击选中第 2 记录行"主营业务收入"科目,双击鼠标左键,系统弹出"辅助项"对话框。

⑪ 选择主营业务收入的项目名称"山地自行车",如图 14-42 所示。

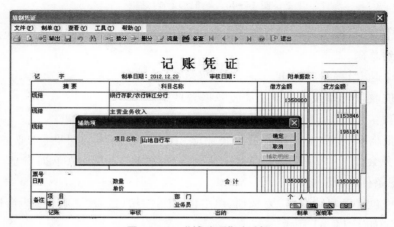

图 14-42 "辅助项"对话框

⑫ 单击【确定】按钮,再单击【保存】按钮,凭证左上角出现"已生成"红色字样,表示凭证已传递到总账。

⑬ 单击【退出】按钮后退出。

4. 业务 4:代垫费用处理

(1) 在销售管理系统中填制并审核代垫费用单。

操作步骤:

① 以"姚明"身份重新注册企业应用平台,在企业应用平台"业务工作"页签中,执行"供应链"→"销售管理"→"代垫费用"→"代垫费用单"命令,进入"代垫费用单"窗口。

② 单击【增加】按钮,输入或选择代垫单号"2567"、代垫日期"2012-12-20"、客户"珠江镇车行",选择费用项目"安装费",输入代垫金额"500",如图 14-43 所示。

图 14-43 填制代垫费用单

③ 单击【保存】按钮,再单击【审核】按钮后退出。

（2）在应收款管理系统中对代垫费用审核并确认应收账款。

① 以"张晓军"身份重新注册进入企业应用平台,在企业应用平台"业务工作"页签中,执行"财务会计"→"应收款管理"→"应收单据处理"→"应收单据审核"命令,打开"应收单过滤条件"对话框。

② 单击【确定】按钮,进入"单据处理"窗口,选中对应的代垫费用单据,如图 14-44 所示。

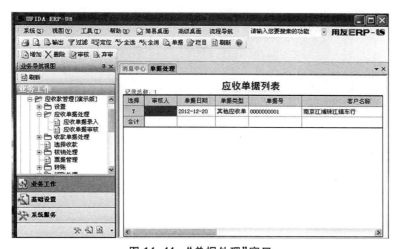

图 14-44 "单据处理"窗口

③ 单击【审核】按钮,系统弹出"审核成功!"信息提示,再单击【确定】按钮后退出。

④ 执行"制单处理"命令,打开"制单查询"对话框。

⑤ 选择"应收单制单"复选框,单击【确定】按钮,进入"制单"窗口。

⑥ 选择要制单的单据,选择凭证类型"记账凭证"、制单日期"2012-12-20",单击【制单】按钮,进入"填制凭证"窗口,如图 14-45 所示。

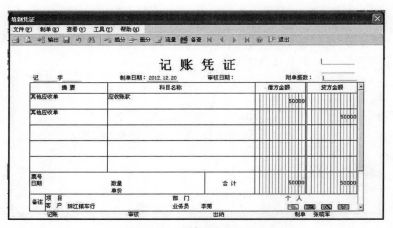

图 14-45　"填制凭证"窗口

⑦ 输入贷方科目"6051"。

⑧ 单击【保存】按钮,凭证左上角出现"已生成"红色字样,表示凭证已传递到总账。

⑨ 单击【退出】按钮后退出。

5. 业务 5:销售退货业务处理(开票前退货业务)

(1) 在销售管理系统中填制并审核发货单。

以"姚明"身份注册进入企业应用平台,在企业应用平台"业务工作"页签中,执行"供应链"→"销售管理"→"销售发货"→"发货单"命令,进入"发货单"窗口,根据实验资料的要求,填制销售发货单,保存并审核,如图 14-46 所示。操作步骤参见"业务 1:普通销售业务"。

图 14-46　填制并审核发货单

（2）在销售管理系统中填制并审核退货单。

操作步骤：

① 执行"销售发货"→"退货单"命令，进入"退货单"窗口。

② 单击【增加】按钮，打开"过滤条件选择"对话框。

③ 单击【取消】按钮，进入"退货单"窗口。

④ 选择【生单】按钮下拉列表中的"参照发货单"，进入"过滤条件选择"对话框。

⑤ 单击【过滤】按钮，进入"参照生单"窗口。

⑥ 双击选中上一步生成的销售发货单，单击【确定】按钮，将发货单信息导入退货单。

⑦ 输入或选择退货日期"2012-12-26"、数量"-1"，如图 14-47 所示。

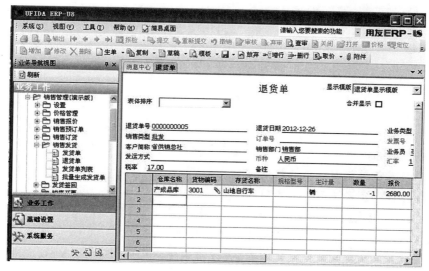

图 14-47　填制退货单

⑧ 单击【保存】按钮，再单击【审核】按钮后退出。

注意：

填制退货单时可参照订单、发货单。

（3）在销售管理系统中填制并复核销售发票。

操作步骤：

① 执行"销售开票"→"销售专用发票"命令，进入"销售专用发票"窗口。

② 单击【增加】按钮，进入"过滤条件选择"对话框。

③ 选择发货单类型为"全部"，单击【过滤】按钮，进入"参照生单"窗口。

④ 选中前面生成的发货单据，单击【确定】按钮，将发货单信息带入销售专用发票。

⑤ 填写发票号"121226"，修改开票日期为"2012-12-26"，如图 14-48 所示。

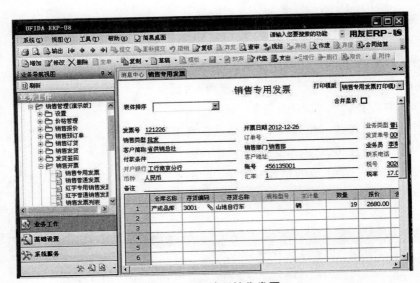

图 14-48　填制销售发票

⑥ 单击【保存】按钮,再单击【复核】按钮后退出。

注意:

● 参照发货单生成销售发票时,需要同时选中"蓝字记录"和"红字记录"复选框。

● 如果生成退货单时已参照发货单,则"选择发货单"窗口中不再出现退货单,而发票参照的结果是发货单与退货单的数量差。

(4)在库存管理系统审核销售出库单。

以"刘祥"身份重新注册进入企业应用平台,在企业应用平台"业务工作"页签中,执行"供应链"→"库存管理"→"出库业务"→"销售出库单"命令,进入"销售出库单"窗口,分别选择该笔业务生成的蓝字销售出库单、红字销售出库单,保存并审核,如图 14-49 和图 14-50 所示。操作步骤参见"业务 2:商业折扣处理"业务。

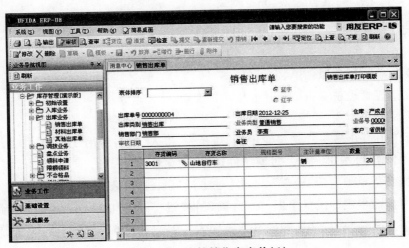

图 14-49　审核销售出库单(1)

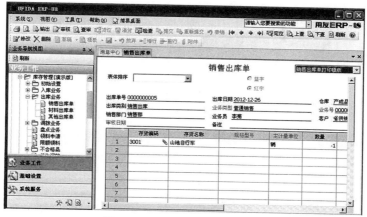

图 14-50　审核销售出库单（2）

（5）在存货核算系统中生成销售出库凭证。

操作步骤：

① 以"李燕"身份重新注册进入企业应用平台，在企业应用平台"业务工作"页签中，执行"供应链"→"存货核算"→"业务核算"→"正常单据记账"命令，打开"过滤条件选择"对话框。

② 选择仓库"成品库"，单击【过滤】按钮，进入"未记账单据一览表"窗口。

③ 双击选中需要记账的单据前的"选择"栏，单击【记账】按钮，系统弹出"记账成功！"信息提示。

④ 单击【确定】按钮后退出。

⑤ 执行"财务核算"→"生成凭证"命令，进入"生成凭证"窗口。

⑥ 单击【选择】按钮，打开"查询条件"对话框。

⑦ 选择"销售专用发票"复选框，单击【确定】按钮，进入"选择单据"窗口。

⑧ 点击需要生成凭证的单据前的"选择"栏，或点击工具栏上的【全选】按钮，然后单击工具栏上的【确定】按钮，进入"生成凭证"窗口。

⑨ 选择凭证类型为"记账凭证"，参考产品历史成本（2 340 元/辆）输入借方金额"44 460"、贷方金额"44 460"，如图 14-51 所示。

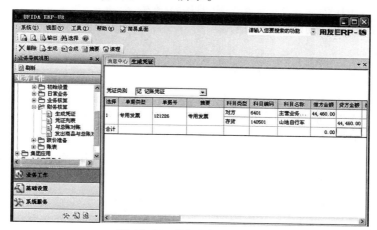

图 14-51　"生成凭证"窗口

⑩ 单击【生成】按钮,进入"填制凭证"窗口,系统显示生成的记账凭证。

⑪ 单击【保存】按钮,出现"第1条分录:项目核算科目的项目不能为空"的提示。

⑫ 单击【确定】按钮,点击选中第1记录行"主营业务成本"科目,双击鼠标左键,系统弹出"辅助项"对话框。

⑬ 选择主营业务成本的项目名称"山地自行车",如图14-52所示。

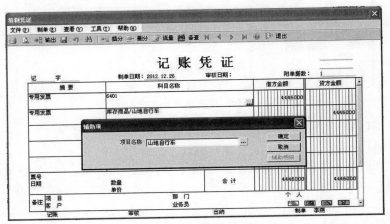

图14-52 "辅助项"对话框

⑭ 单击【确定】按钮,再单击【保存】按钮,凭证左上角显示"已生成"红色字样,表示凭证已传递到总账。

⑮ 单击【退出】按钮后退出。

(6) 在应收款管理系统中审核销售专用发票并制单。

操作步骤:

① 以"张晓军"身份重新注册进入企业应用平台,在企业应用平台"业务工作"页签中,执行"财务会计"→"应收款管理"→"应收单据处理"→"应收单据审核"命令,审核前面生成的专用发票。操作步骤参见"业务1:普通销售业务"。

② 执行"应收款管理"→"制单处理"命令,进入"制单"窗口,选择前面的专用发票,生成记账凭证。操作步骤参见"业务1:普通销售业务"。

③ 保存后,再单击【退出】按钮退出。

6. 账表查询

(1) 在销售系统中查看"发货明细表"。

操作步骤:

① 以"张晓军"身份注册进入企业应用平台,在企业应用平台"业务工作"页签中,执行"供应链"→"销售管理"→"报表"→"我的报表"命令,进入"账表"窗口。

② 在"账表"窗口,执行"销售报表"→"发货明细表",打开"过滤条件选择"对话框。

③ 单击【过滤】按钮,进入"发货明细表"窗口。

④ 在"发货明细表"窗口,查询有关发货明细表信息,如图14-53所示。

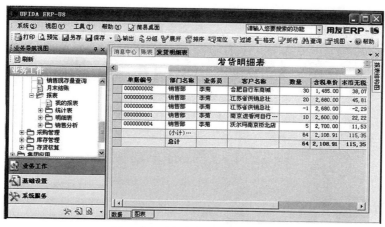

图 14-53　查询发货明细表信息

⑤ 查看完毕后,单击【退出】按钮后退出。

(2) 在销售管理系统中查看"销售统计表"。

操作步骤参考"发货明细表"查询。

(3) 在销售管理系统中查看"销售收入明细账"。

操作步骤参考"发货明细表"查询。

(4) 在销售管理系统中查看"销售市场分析"。

操作步骤参考"发货明细表"查询。

(5) 在销售管理系统中查看"销售货龄分析"。

操作步骤参考"发货明细表"查询。

7. 备份本次实验数据,命名为实验账套十二

第15章 库存管理

15.1 库存管理系统概述

在企业的日常业务中,库存管理是指对企业的存货物品进行管理,每项存货的收发都必须经过库存管理人员的监督、管理和确认,随时提供有关存货结存数量,是仓库或成本核算的重要数据来源之一,进而保证企业的正常运营。

库存管理系统是供应链管理的重要子系统,能够满足采购入库、产成品入库、销售出库、材料出库、其他出入库、盘点管理、形态转换等业务需要,提供仓库货位管理、批次管理、保质期管理、出库跟踪入库管理、可用量管理等全面业务应用,提供各种丰富的账表表分析功能。

在用友 ERP-U8(V8.72)软件中,库存管理子系统是企业供应链的一部分,可以单独使用,也可以与采购管理、销售管理、存货核算等系统集成使用,从而发挥更强大的功能。

1. 功能概述

库存管理系统是用友 ERP-U8 供应链管理系统的一个子系统,它的主要功能包括以下几个方面:

(1) 日常收发存业务处理。库存管理系统的主要功能是对采购管理系统、销售管理系统及库存管理系统填制的各种出入库单据进行审核,并对存货的出入库数量进行管理。除管理采购业务、销售业务形成的入库和出库业务外,还可以处理仓库间的调拨业务、盘点业务、组装拆卸业务、形态转换业务等。

(2) 库存控制。库存管理系统支持批次跟踪、保质期管理、委托代销商品管理、不合格管理、现存量(可用量管理)、安全库存管理,对超储、短缺、呆滞积压、超额领料等情况进行报警。

(3) 库存账簿及统计分析。库存管理系统可以提供出入库流水账、库存台账、受托代销商品备查簿、委托代销商品备查簿、呆滞积压存货备查簿供用户查询,同时提供各种统计汇总表。

2. 库存管理系统与其他系统的主要关系

库存管理系统既可以和采购管理、销售管理、存货核算等系统集成使用,也可以单独使用。在集成应用模式下,库存管理系统与其他系统的主要关系如图 15-1 所示。

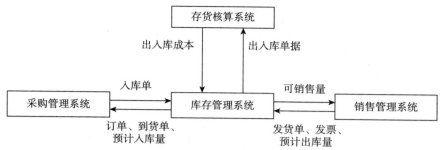

图 15-1　库存管理系统与其他系统的主要关系

库存管理系统可以参照采购管理系统的采购订单、采购到货单生成采购入库单,库存管理系统将入库情况反馈到采购管理系统。采购管理系统向库存管理系统提供预计入库量。根据选项设置,销售出库单可以在库存管理系统中填制、生成,也可以在销售管理系统中生成后传递到库存管理系统,库存管理系统再进行审核。如果在库存管理系统中生成,那么需要参照销售管理系统的发货单、销售发票。销售管理系统为库存管理系统提供预计出库量,库存管理系统为销售管理系统提供可用于销售的存货的可用量。库存管理系统为存货核算系统提供出入库单据。所有出入库单均由库存管理系统填制,存货核算系统只能填写出入库单的单价、金额,并可对出入库单进行记账操作,核算出入库的成本。

15.2　库存管理系统日常业务处理

库存管理系统的日常业务处理主要包括入库业务处理、出库业务处理、其他业务处理及账表查询与分析等。

1. 入库业务处理

入库业务处理是对各种入库业务进行单据的填制和审核。入库单据主要包括采购入库单、产成品入库单和其他入库单(如调拨入库、盘盈入库、组装拆卸入库、形态转换入库等业务形成的入库单)。

材料入库业务的处理流程如图 15-2 所示。

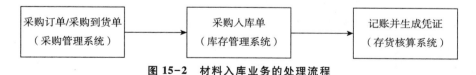

图 15-2　材料入库业务的处理流程

2. 出库业务处理

出库业务处理是对各种出库业务进行单据的填制和审核。出库业务主要包括销售出库、材料出库和其他出库。

(1)销售出库业务。如果启用了销售管理系统,那么在销售管理系统中填制的销售发票、发货单、销售调拨单等,经复核后均可以参照生成出库单。如果没有启用销售管理系统,销售出库单就需要手工填制。

(2)材料出库业务。材料出库单是工业企业领用材料时所填制的出库单据。

（3）其他出库业务。其他出库是指除销售出库、材料出库之外的其他出库业务，如维修、办公耗用、调拨出库、盘盈出库、组装拆卸出库、形态转换出库等。

产成品一次发货一次全部出库业务的处理流程如图15-3所示。

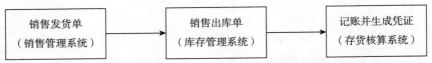

图15-3　产成品一次发货一次全部出库业务的处理流程

3. 其他业务

其他业务是指出入库、盘点、调拨业务之外的业务，主要包括库存调拨、盘点、组装与拆卸、形态转换。

（1）库存调拨。调拨业务是指存货在仓库之间或部门之间变迁的业务。库存管理系统提供了调拨单，用于处理部门间的调拨业务和仓库间的转库业务。

（2）盘点业务。盘点是将仓库中存货的实物数量与账面数据进行核对的工作。盘点单是用来定期对仓库中的存货进行盘点。存货盘点报告表是记录企业存货盘盈、盘亏和毁损，据以调整存货实存数量的凭证。

盘点业务的处理流程如图15-4所示。

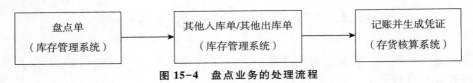

图15-4　盘点业务的处理流程

（3）组装与拆卸。组装与拆卸分别是指将多个存货散件组装成一个成套配件与将一个配套件拆分成多个散件的过程。组装单相当于两张单据，一是散件出库单，一是成套配件入库单。拆卸单则相当于配套件出库单和散件入库单两张单据。用户在组装与拆卸之前都应先进行产品结构定义。

（4）形态转换。形态转换是指由于风吹、雨淋、日晒或时间长久等原因所引起的存货由一种形态转换为另一种形态，从而引起存货规格和成本的变化。形态转换单或规格调整单用于对形态转换进行调账处理。

4. 综合查询

库存管理系统提供了多种统计分析账表，主要包括库存台账、出入库流水账、收发存汇总表、存货分布表、存货现存量查询、安全库存预警、超储存货查询、短缺存货查询、呆滞积压分析、库龄分析等。

15.3　用友 ERP-U8 库存管理系统的处理流程

用友 ERP-U8（V8.72）库存管理系统的处理流程如图15-5所示。

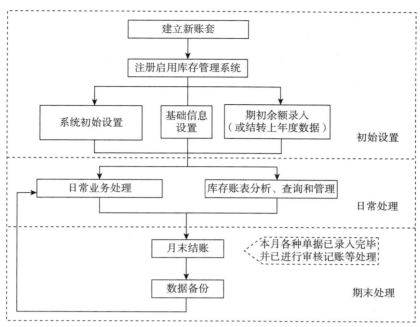

图 15-5　库存管理系统的业务处理流程

实验十三　库　存　管　理

【实验准备】

引入实验十二的账套备份数据,将系统日期修改为"2012/12/31"。

【实验目的和要求】

（1）熟悉用友 ERP-U8（V8.72）软件中库存管理的相关内容。

（2）掌握企业库存日常业务处理方法。

（3）理解库存管理系统与其他系统之间的数据传递关系。

【实验内容】

（1）入库业务处理。

（2）出库业务处理。

（3）其他业务处理。

（4）库存账簿查询。

（5）月末结账。

【实验资料】

1. 业务处理

（1）业务 1:产成品入库业务。

① 2012 年 12 月 26 日,产成品仓库收到一车间当月加工的 200 辆山地自行车,做产成品入库。

② 2012 年 12 月 26 日,产成品仓库收到二车间当月加工的 150 辆公路自行车,做产成品入库。

③ 随后收到财务部门提供的完工产品成本,其中山地自行车总成本为 468 000 元、公路自行车总成本为 303 600 元,立即做成本分配,记账生成凭证。

（2）业务 2：材料领用业务。

2012 年 12 月 27 日，一车间向原料仓库领用自行车套件 20 套、坐垫 100 个，用于生产山地自行车，记材料明细账，生成领料凭证。（自行车套件参考成本 205 元/套，坐垫 38 元/个）

（3）业务 3：调拨业务。

2012 年 12 月 27 日，将原料仓库中的 20 只轮胎调拨到产成品仓库。

（4）业务 4：盘点预警。

2012 年 12 月 27 日，企业决定对山地自行车每周二盘点一次，如果周二未进行盘点需提示。

（5）业务 5：盘点业务。

① 2012 年 12 月 28 日，对原料仓库的所有存货进行盘点。盘点后，脚踏多出 25 个，经确认，成本为 50 元/个。

② 2012 年 12 月 28 日，对原料仓库的所有存货进行盘点。盘点后，自行车套件少出 2 个，经确认，成本为 200 元/套。

2. 账表查询

（1）查询 2012 年 12 月的库存台账。

（2）查询 2012 年 12 月的出入库流水账。

（3）查询 2012 年 12 月的收发存汇总表。

（4）查询 2012 年 12 月的存货分布表。

（5）查询 2012 年 12 月的现存量查询。

【实验指导】

1. 业务 1：产成品入库业务

（1）在库存管理系统中录入产成品入库单并审核。

操作步骤：

① 以"刘祥"身份注册进入企业应用平台，在企业应用平台"业务工作"页签中，执行"供应链"→"库存管理"→"入库业务"→"产成品入库单"命令，进入"产成品入库单"窗口。

② 单击【增加】按钮，输入或选择入库日期"2012-12-26"、仓库"产成品库"、入库类别"产成品入库"、部门"一车间"、产品编码"3001"、数量"200"，如图 15-6 所示。

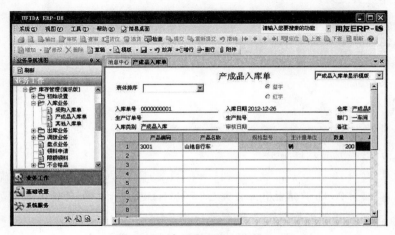

图 15-6　填制产成品入库单（1）

③ 单击【保存】按钮,再单击【审核】按钮,系统弹出"该单据审核成功!"信息提示。

④ 单击【确定】按钮完成对该单据的审核。

⑤ 同理,根据实验资料的要求,输入第二张产成品入库单,如图 15-7 所示。

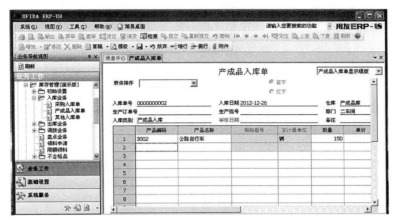

图 15-7　填制产成品入库单(2)

注意:

产成品入库单上无须填写单价,待产品成本分配后会自动写入。

(2)在存货核算系统中录入生产总成本并进行产成品成本分配。

操作步骤:

① 以"李燕"身份重新注册进入企业应用平台,在企业应用平台"业务工作"页签中,执行"供应链"→"存货核算"→"业务核算"→"产成品成本分配"命令,进入"产成品成本分配表"窗口。

② 单击【查询】按钮,打开"产成品成本分配表查询"对话框,选择"产成品库"复选框。

③ 单击【确定】按钮,系统将符合条件的记录导入"产成品成本分配表"窗口。

④ 在"山地自行车"记录行"金额"栏输入"468 000","公路自行车"记录行"金额"栏输入"303 600",如图 15-8 所示。

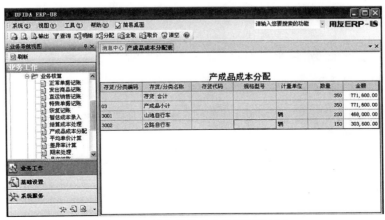

图 15-8　"产成品成本分配表"窗口

⑤ 单击【分配】按钮,系统弹出"分配操作顺利完成!"信息提示。

⑥ 单击【确定】按钮返回。

⑦ 执行"日常业务"→"产成品入库单"命令,进入"产成品入库单"窗口,可查看成本分配后的入库存货单价。

(3) 在存货核算系统中对产成品入库单进行记账并生成凭证。

操作步骤:

① 执行"业务核算"→"正常单据记账"命令,打开"过滤条件选择"对话框。

② 单击【过滤】按钮,进入"未记账单据一览表"窗口。

③ 选择前面生成的两张产成品入库单,单击【记账】按钮,系统弹出"记账成功!"信息提示。

④ 单击【确定】按钮后退出。

⑤ 执行"财务核算"→"生成凭证"命令,进入"生成凭证"窗口。

⑥ 单击【选择】按钮,打开"查询条件"对话框。

⑦ 选择查询条件"产成品入库单"复选框,单击【确定】按钮,进入"选择单据"窗口。

⑧ 在"选择"栏选中前面生成的两笔入库单据,单击【确定】按钮,进入"生成凭证"窗口,如图 15-9 所示。

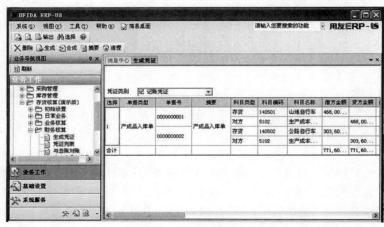

图 15-9 "生成凭证"窗口

⑨ 选择凭证类别为"记账凭证",单击【生成】按钮,进入"填制凭证"窗口,如图 15-10 所示。

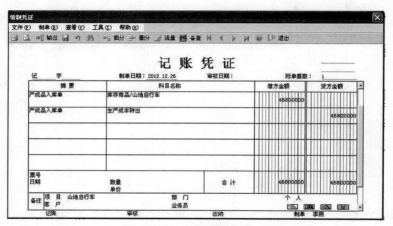

图 15-10 "填制凭证"窗口

⑩ 选择制单日期为"2012-12-26",单击【保存】按钮,出现"第 2 条分录:项目核算科目的项目不能为空"信息提示。

⑪ 点击选中第 2 记录行"5102 生产成本转出"科目,双击鼠标左键,系统弹出"辅助项"对话框。

⑫ 选择"生产成本转出"的项目名称"山地自行车",如图 15-11 所示。

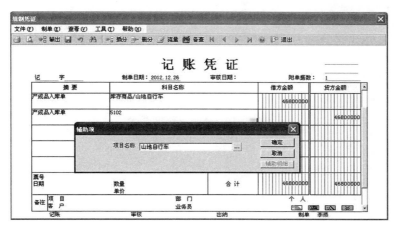

图 15-11　"辅助项"对话框

⑬ 单击【确定】按钮,再单击【保存】按钮,凭证左上角出现"已生成"红色字样,表示凭证已传递到总账。

⑭ 在"填制凭证"窗口,单击【下一张】按钮,显示第 2 张凭证。

⑮ 选择制单日期为"2012-12-26",输入"生产成本转出"的项目名称"公路自行车",单击【保存】按钮,凭证左上角出现"已生成"红色字样,表示凭证已传递到总账。操作步骤参考前一张凭证。

⑯ 凭证全部生成后,单击【退出】按钮后退出。

注意:

生产成本转出为项目核算科目。

2. 业务 2:材料领用业务

(1) 在库存管理系统中填制材料出库单。

操作步骤:

① 以"刘祥"身份重新注册进入企业应用平台,在企业应用平台"业务工作"页签中,执行"供应链"→"库存管理"→"出库业务"→"材料出库单"命令,进入"材料出库单"窗口。

② 单击【增加】按钮,输入或选择出库日期"2012-12-27"、仓库"材料库"、出库类别"材料领用出库"、部门"一车间"。

③ 单击【增行】按钮,选择自行车套件数量"20",输入单价"205"。

④ 单击【增行】按钮,选择坐垫数量"100",输入单价"38",如图 15-12 所示。

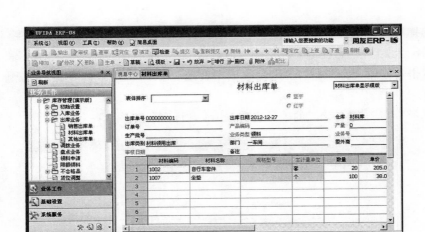

图 15-12　填制材料出库单

⑤ 单击【保存】按钮，再单击【审核】按钮，系统弹出"该单据审核成功！"信息提示。

⑥ 单击【确定】按钮后返回。

（2）在存货核算系统中对材料出库单记账并生成凭证。

操作步骤：

① 以"李燕"身份重新注册进入企业应用平台，在企业应用平台"业务工作"页签中，执行"供应链"→"存货核算"→"业务核算"→"正常单据记账"命令，打开"过滤条件选择"对话框。

② 单击【过滤】按钮，进入"未记账单据一览表"窗口，如图 15-13 所示。

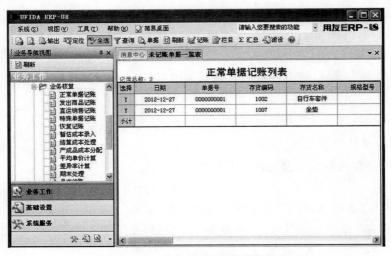

图 15-13　"未记账单一览表"窗口

③ 选中该业务的 2 笔材料出库单，单击【记账】按钮，系统出现"记账成功！"信息提示。

④ 单击【确定】按钮后返回。

⑤ 执行"财务核算"→"生成凭证"命令，进入"生成凭证"窗口。

⑥ 单击【选择】按钮，打开"查询条件"对话框。

⑦ 选择"材料出库单"复选框,单击【确定】按钮,进入"选择单据"窗口。

⑧ 选中前面需要制单的材料出库单,单击【确定】按钮,返回"生成凭证"窗口。

⑨ 选择凭证类别"记账凭证",如图 15-14 所示。

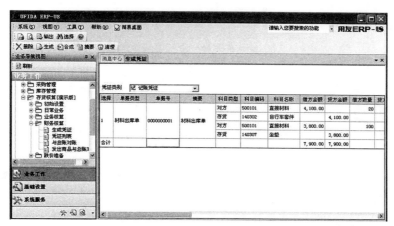

图 15-14　"生成凭证"窗口

⑩ 单击【生成】按钮,进入"填制凭证"窗口,如图 15-15 所示。

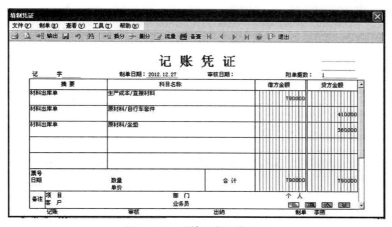

图 15-15　"填制凭证"窗口

⑪ 选择制单日期为"2012-12-27",单击【保存】按钮,出现"第 1 条分录:项目核算科目的项目不能为空"信息提示。

⑫ 点击选中第 1 记录行"生产成本/直接材料"科目,双击鼠标左键,系统弹出"辅助项"对话框。

⑬ 选择"生产成本/直接材料"的项目名称"山地自行车",如图 15-16 所示。

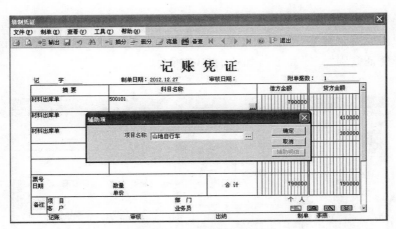

图 15—16 "辅助项"对话框

⑭ 单击【确定】按钮,再单击【保存】按钮,凭证左上角出现"已生成"红色字样,表示凭证已传递到总账。

⑮ 单击【退出】按钮后退出。

注意:

生产成本/直接材料为项目核算科目。

3. 业务 3:调拨业务

(1) 在库存管理系统中填制调拨单。

操作步骤:

① 以"刘祥"身份注册进入企业应用平台,在企业应用平台"业务工作"页签中,执行"供应链"→"库存管理"→"调拨业务"→"调拨单"命令,进入"调拨单"窗口。

② 单击【增加】按钮,输入或选择日期"2012-12-27"、转出仓库"材料库"、转入仓库"产成品库"、出库类别"其他出库"、入库类别"其他入库"。

③ 选择存货编码"1003"、存货名称"轮胎",输入数量"20",如图 15-17 所示。

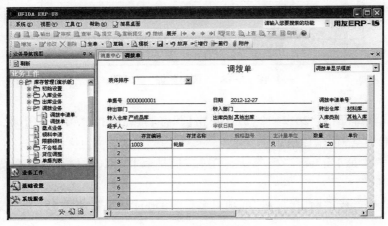

图 15-17 填制调拨单

④ 单击【保存】按钮,再单击【审核】按钮,系统出现"该单据审核成功!"信息提示。

⑤ 单击【确定】按钮后退出。

注意：

● 调拨单保存后，系统自动生成其他入库单和其他出库单，且由调拨单生成的其他入库单和其他出库单不得修改和删除。

● 当转出仓库的计价方式采用的是移动平均法、先进先出法、后进先出法时，调拨单的单价可以为空，系统根据计价方式自动计算填入。

（2）在库存管理系统中对调拨单生成的其他出入库单进行审核。

操作步骤：

① 执行"入库业务"→"其他入库单"命令，进入"其他入库单"窗口。

② 选择前面由调拨单生成的入库单，如图 15-18 所示。

图 15-18　"其他入库单"窗口（1）

③ 单击【审核】按钮，系统出现"该单据审核成功！"信息提示。

④ 单击【确定】按钮后返回。

⑤ 执行"库存管理"→"出库业务"→"其他出库单"命令，进入"其他出库单"窗口。

⑥ 同理，选择前面由调拨单生成的出库单进行审核，如图 15-19 所示。

图 15-19　"其他出库单"窗口（2）

⑦ 审核完毕后,单击【退出】按钮后退出。

（3）在存货核算系统中对其他出入库单记账。

操作步骤:

① 以"李燕"身份重新注册进入企业应用平台,在企业应用平台"业务工作"页签中,执行"供应链"→"存货核算"→"业务核算"→"特殊单据记账"命令,打开"特殊单据记账条件"对话框。

② 选择单据类型为"调拨单",如图15-20所示。

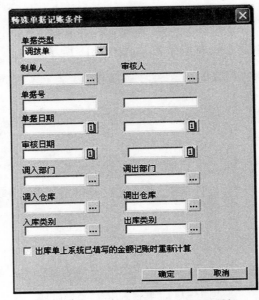

图15-20 "特殊单据记账条件"对话框

③ 单击【确定】按钮,进入"未记账单据一览表"窗口。

④ 选中要记账的调拨单,单击【记账】按钮,系统出现"记账成功!"信息提示,如图15-21所示。

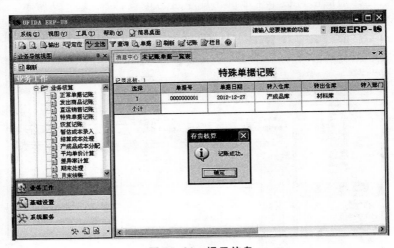

图15-21 提示信息

⑤ 单击【确定】按钮后退出。

注意：

在"库存商品"科目不分明细的情况下，库存调拨业务不会涉及账务处理，因此，对库存调拨业务生成的其他出入库单暂不进行制单。

4. 业务 4：盘点预警

（1）在库存管理系统中设置相关选项。

操作步骤：

① 以"张晓军"身份注册进入企业应用平台，在企业应用平台"业务工作"页签中，执行"供应链"→"库存管理"→"初始设置"→"选项"命令，打开"库存选项设置"对话框。

② 选择"专用设置"选项卡，选择"按仓库控制盘点参数"，如图 15-22 所示。

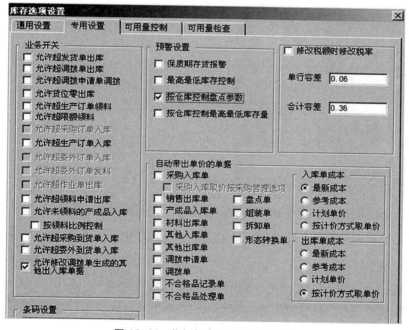

图 15-22 "库存选项设置"对话框

③ 单击【确定】按钮后退出。

（2）在企业应用平台的"基础设置"选项卡中修改存货档案。

① 在企业应用平台中的"基础设置"页签中，执行"基础设置"→"基础档案"→"存货"→"存货档案"命令，进入"存货档案"窗口。

② 点击选中"山地自行车"所在行，单击【修改】按钮，系统弹出"修改存货档案"对话框。

③ 选择"控制"选项卡，将盘点周期单位改为"周"，改每周第"2"天为盘点日期，如图 15-23 所示。

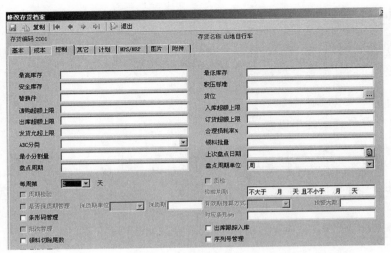

图 15-23　修改存货档案

④ 单击【保存】按钮后退出。

5. 业务 5：盘点业务

（1）在库存管理系统中增加盘点单。

操作步骤：

① 以"刘祥"身份重新注册进入企业应用平台，在企业应用平台"业务工作"页签中，执行"供应链"→"库存管理"→"盘点业务"命令，进入"盘点单"窗口。

② 单击【增加】按钮，输入盘点日期"2012-12-28"、账面日期"2012-12-28"、盘点仓库"材料库"、出库类别"其他出库"、入库类别"其他入库"，如图 15-24 所示。

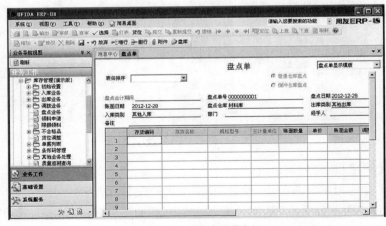

图 15-24　"盘点单"窗口

③ 单击【盘库】按钮，系统弹出"盘库将删除未保存的所有记录，是否继续?"信息提示。

④ 单击【是】按钮，系统弹出"盘点处理"对话框。

⑤ 选中盘点方式"按仓库盘点"单选按钮，再单击【确认】按钮，系统将账面结果导入盘点单。

⑥ 根据实验的要求,输入存货自行车套件、脚踏的盘点数量分别为"78""1 525",并输入自行车套件、脚踏的参考单价"200""50",如图 15-25 所示。

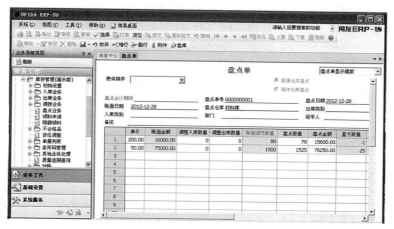

图 15-25　填加盘点单

⑦ 单击【保存】按钮,再单击【审核】按钮,系统弹出"该单据审核成功!"信息提示。

⑧ 单击【确定】按钮后返回。

注意:

● 盘点单审核后,系统自动生成相应的其他入库单和其他出库单。

● 单击【盘库】按钮,表示选择盘点仓库中所有的存货进行盘点;单击【选择】按钮,表示按存货分类批量选择存货进行盘点。

● 盘点单中输入的盘点数量是实际库存盘点的结果。

● 盘点单记账后,不能再取消记账。

(2)在库存管理系统对盘点单生成的其他入库单、其他出库单进行审核。

操作步骤:

① 执行"入库业务"→"其他入库单"命令,对盘点单生成的其他入库单进行审核,如图 15-26 所示。操作步骤参见"业务 3:调拨业务"。

图 15-26　审核其他入库单(1)

② 执行"入库业务"→"其他出库单"命令,对盘点单生成的其他出库单进行审核,如图 15-27 所示。操作步骤参见"业务 3:调拨业务"。

图 15-27　审核其他入库单(2)

(3) 在存货核算系统中对盘点单生成的其他入库单、其他出库单记账并生成凭证。

操作步骤:

① 以"李燕"身份重新注册进入企业应用平台,在企业应用平台"业务工作"页签中,执行"供应链"→"存货核算"→"业务核算"→"正常单据记账"命令,对盘点单生成的其他入库单、其他出库单进行记账。操作步骤参见"业务 3:调拨业务"。

② 执行"财务核算"→"生成凭证"命令,进入"生成凭证"窗口。

③ 单击【选择】按钮,打开"查询条件"对话框。

④ 选择"其他入库单""其他出库单"复选框,单击【确定】按钮,进入"选择单据"窗口。

⑤ 选择盘点单生成的其他入库单、其他出库单,点击选中单据前的"选择"栏,然后单击工具栏上的【确定】按钮,进入"生成凭证"窗口。

⑥ 选择凭证类型为"记账凭证",在"其他入库单""其他出库单"生成的记账凭证"对方科目编码"栏分别输入科目代码"1901",如图 15-28 所示。

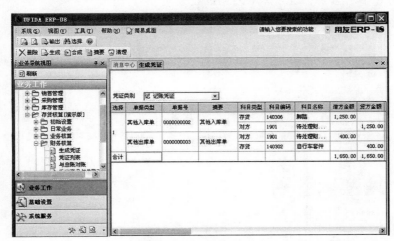

图 15-28　"生成凭证"窗口

⑦ 单击【生成】按钮,进入"填制凭证"窗口,系统显示生成的 2 张记账凭证,如图 15-29、图 15-30 所示 。

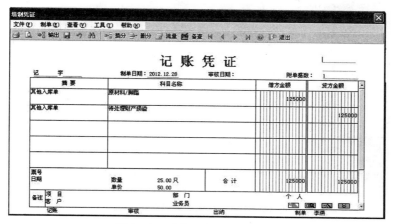

图 15-29　"填制凭证"窗口(1)

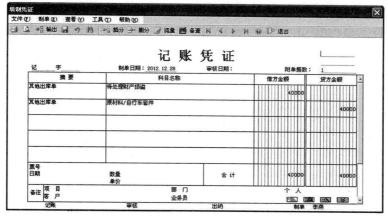

图 15-30　"填制凭证"窗口(2)

⑧ 分别单击【保存】按钮,2 张凭证左上角显示"已生成"红色字样,表示凭证已传递到总账。

⑨ 单击【退出】按钮后退出。

6. 账表查询

(1) 在库存管理系统中查看"库存台账"。

操作步骤:

① 以"刘祥"身份注册进入企业应用平台,在企业应用平台"业务工作"页签中,执行"供应链"→"库存管理"→"报表"→"我的报表"命令,进入"报表管理器"窗口。

② 在"账簿"查询窗口,执行"库存账"→"库存台账"命令,打开"输入查询条件"对话框。

③ 单击【确定】按钮,进入"库存台账备查簿"窗口。

④ 在"库存台账备查簿"窗口,查询有关库存台账明细信息,如图 15-31 所示。

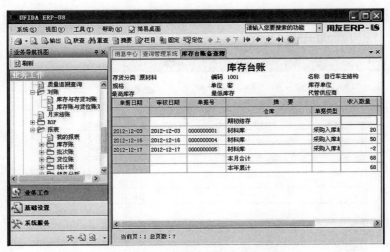

图 15-31　查询库存台账明细信息

⑤ 查看完毕后,单击【退出】按钮后退出。

(2)在库存管理系统中查看"出入库流水账"。

操作步骤参考"库存台账"查询。

(3)在库存管理系统中查看"收发存汇总表"。

操作步骤参考"库存台账"查询。

(4)在库存管理系统中查看"存货分布表"。

操作步骤参考"库存台账"查询。

(5)在库存管理系统中进行"现存量查询"。

操作步骤参考"库存台账"查询。

7. 备份本次实验数据,命名为实验账套十三

第 16 章　存货核算

16.1　存货核算系统概述

存货是指企业在生产经营过程中为销售或耗用而储存的各种资产,包括商品、产成品、半成品、在产品及各种材料、燃料、包装物、低值易耗品等。存货是企业的一项重要流动资产,是保证企业生产经营活动顺利进行的必要条件。

存货核算用于核算和分析所有业务中的存货耗用情况,正确计算存货的采购入库成本,暂估采购入库成本及销售出库成本等,动态掌握存货资金的变动,减少库存资金的积压,加速资金周转,促进企业提高资金的使用效果。

在用友 ERP-U8(V8.72)软件中,存货核算子系统可以单独使用,也可以与采购管理、销售管理、库存管理等系统集成使用,真正实现供应链中物流、资金流的全程动态管理。

1. 功能概述

存货核算系统是用友 ERP-U8 供应链管理系统的一个子系统。存货核算系统主要针对企业存货的收发存业务进行核算,掌握存货的使用情况,及时准确地把各类存货成本归集到各个成本项目和成本对象上,为企业的成本核算提供基础数据。

存货核算主要从资金的角度管理存货的出入库业务,主要用于核算企业的入库成本、出库成本和结余成本,反映和监督存货的收发、领退和保管情况,反映和监督存货资金的占用情况,存货核算系统的主要功能包括存货出入库成本的核算、暂估入库业务的处理、出入库成本的调整、存货跌价准备的处理等。

2. 存货核算系统与其他系统的主要关系

存货核算系统既可以和采购管理、销售管理、库存管理集成使用,也可以只与库存管理联合使用,还可以单独使用。

(1) 集成应用模式。当存货核算系统与采购管理、销售管理、库存管理集成使用时,在库存管理系统中录入采购入库单,在销售管理系统中录入发货单,审核后自动生成销售出库单或者在库存管理系统中参照销售订单或发货单生成销售出库单,传递到存货核算系统,在存货核算系统中,对各种出入库单据记账,并生成出入库凭证。

(2) 与库存管理系统联合使用。当存货核算系统与库存管理系统联合使用时,在库存管理系统中录入各种出入库单据并审核,在存货核算系统中对各种出入库单据记账,并生成凭证。

(3) 独立应用模式。如果存货核算系统单独使用,那么所有的出入库单据均由存货核算系统填制。

在集成应用模式下,存货核算系统与其他系统的主要关系如图 16-1 所示。

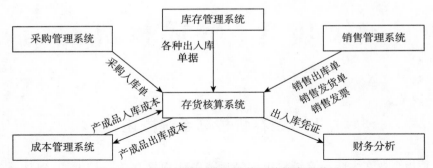

图 16-1　存货核算系统与其他系统的主要关系

　　存货核算系统可以对采购管理系统生成的采购入库单记账、对采购暂估入库单进行暂估报销处理;存货核算系统还可以对库存管理系统生成的各种出入库单据记账核算。企业发生的正常销售业务的销售成本可以在存货核算系统中根据所选的计价方法自动计算;企业发生分期收款业务和委托代销业务时,存货核算系统可以对销售管理系统生成的发货单和发票记账并确认成本。在存货核算系统中,进行了出入库成本记账的单据可以生成一系列的物流凭证并传入总账系统,实现财务和业务的一体化。成本管理系统可以将存货核算系统中材料出库单的出库成本自动读取出来,作为成本核算时的材料成本;成本管理系统完成成本计算后,存货核算系统可以从成本管理系统中读取其计算的产成品成本,并且分配到未记账的产成品入库单中,作为产成品入库单的入库成本。

16.2　存货核算系统的日常业务处理

　　存货核算系统根据出入库单,需要时核对有关发票,核算入库成本、出库成本并填制记账凭证,记入存货明细账的同时传递给总账,提供存货成本和有关账表的查询分析信息。

　　1. 入库业务处理

　　入库业务主要包括采购入库、产成品入库和其他入库。在存货核算系统中可以修改采购入库单金额、自动计算产成品单价、输入或修改其他入库单的单价等。

　　(1)采购入库。存货核算系统取得库存管理系统中的采购入库单,确认采购成本,分配采购费用。

　　(2)产成品入库。存货核算系统通过产成品入库单填入单价与金额,或由产成品成本分配功能自动填入,以核算产成品成本。

　　(3)其他入库。存货核算系统依据相关业务生成的其他入库单以及输入或修改其他入库单单价核算其他入库成本。

2. 出库业务处理

出库业务主要包括销售出库、材料出库和其他出库。在存货核算系统中可以修改出库单据的单价或金额。

（1）销售出库。存货核算系统取得销售出库单或发票，确认销售成本。

（2）材料出库。存货核算系统通过材料出库单填入单价与金额或自动分配填入，以核算材料成本。

（3）其他出库。存货核算系统依据相关业务生成的其他出库单以及输入或修改其他出库单单价核算其他出库成本。

3. 单据记账

单据记账是将各种出入库单据计入各种存货账，包括存货明细账、差异明细账、受托代销商品明细账等。

4. 调整业务

出入库单据记账后，发现单据金额错误，如果是录入错误，那么可采用修改方式进行调整。但有时遇到由于暂估入库后发生零出库业务等所造成的出库成本不准确或库存数量为零而仍有库存金额的情况时，只能使用入库调整单或出库调整单进行调整。

入库调整单或出库调整单都只针对当月存货的出入库成本进行调整，并且只调整存货的金额，不调整存货的数量。

5. 暂估处理

在存货核算系统中，对于没有成本的采购入库单，进行暂估成本（单价、金额）录入，已有成本的也可以修正。存货核算系统中对采购暂估入库业务提供了月初回冲、单到回冲、单到补差三种方式，暂估处理方式一旦选择不可修改。

无论采用哪一种暂估方式，都需要遵循以下步骤：待采购发票到达后，在采购管理系统中填制发票并进行采购结算，然后在存货核算系统中完成暂估入库业务成本处理。

6. 生成凭证

存货核算系统可以将各种出入库单据中涉及存货增减和价值变动的单据生成凭证，并传递到总账。

7. 综合查询

存货核算系统提供了多种统计分析账表，主要包括存货流水账、存货明细账、发出商品明细账、总账、个别计价明细表、入库汇总表、出库汇总表、差异分摊表、收发存汇总表、暂估材料余额表、存货周转率分析表、ABC 成本分析、库存资金占用表、入库成本分析表等。

用友 ERP-U8（V8.72）存货核算系统的业务流程图如图 16-2 所示。

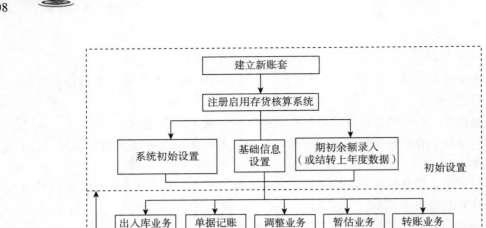

图 16-2 存货核算系统的业务处理流程

实验十四 存 货 核 算

【实验准备】

引入实验十三的账套备份数据,将系统日期修改为"2012/12/31"。

【实验目的和要求】

(1) 熟悉用友 ERP-U8(V8.72)软件中存货核算系统的相关内容。

(2) 掌握存货核算日常业务处理方法。

(3) 理解存货核算系统与其他系统之间的数据传递关系。

【实验内容】

(1) 入出库业务处理。

(2) 暂估业务处理。

(3) 调整入库成本。

(4) 调整出库成本。

(5) 存货账簿查询。

(6) 月末处理。

【实验资料】

1. 业务处理

(1) 业务 1:出库业务。

2012 年 12 月 28 日,向江苏省供销总社出售 10 辆山地自行车,报价为 2 650 元/辆,货物已发出,开出销售专用发票,票号为 121228。(产品成本参考历史成本 2 340 元/辆)

(2) 业务 2:暂估业务。

2012 年 12 月 28 日,向广州昭阳轮胎有限公司订购轮胎 200 只,发票未到,历史单价为 150 元,验收入库,并填制入库单。

（3）业务 3:调整入库成本。

2012 年 12 月 29 日,将 12 月 28 日发生的采购轮胎的入库成本增加 2 元/只。

（4）业务 4:调整出库成本。

2012 年 12 月 30 日,将 12 月 28 日出售给江苏省供销总社的山地自行车的出库成本增加 50 元/辆。

2. 账表查询

（1）查询 2012 年 12 月的流水账。

（2）查询 2012 年 12 月的收发存汇总表。

（3）查询 2012 年 12 月的暂估材料/商品余额表。

（4）查询 2012 年 12 月的入库成本分析。

（5）查询 2012 年 12 月的存货周转率分析。

【实验指导】

1. 业务 1:出库业务

（1）在销售管理系统中输入销售发货单并审核。

以"姚明"身份重新注册进入企业应用平台,在企业应用平台"业务工作"页签中,执行"供应链"→"销售管理"→"销售发货"→"发货单"命令,进入"发货单"窗口,根据实验资料的要求,填制销售发货单,保存并审核,如图 16-3 所示。操作步骤参见实验十三的"业务 1:普通销售业务"。

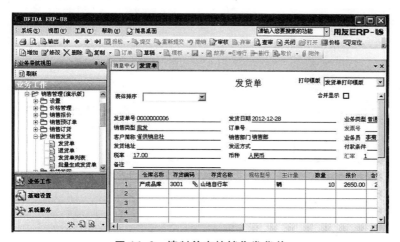

图 16-3　填制并审核销售发货单

（2）在库存管理系统中审核销售出库单。

以"刘祥"身份重新注册进入企业应用平台,在企业应用平台"业务工作"页签中,执行"供应链"→"库存管理"→"出库业务"→"销售出库单"命令,进入"销售出库单"窗口,根据上一步销售发货单的要求,审核销售出库单,如图 16-4 所示。操作步骤参见实验十三的"业务 1:普通销售业务"。

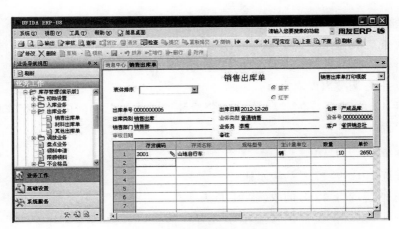

图 16-4　审核销售出库单

（3）在销售管理系统中审核销售发票。

以"姚明"身份注册进入企业应用平台,在企业应用平台"业务工作"页签中,执行"供应链"→"销售管理"→"销售开票"→"销售专用发票"命令,进入"销售专用发票"窗口,根据上一步销售发货单的要求,填制销售专用发票,保存并复核,如图 16-5 所示。操作步骤参见实验十三的"业务 1:普通销售业务"。

图 16-5　填制并复核销售专用发票

（4）在存货核算系统中记账并生成凭证。

操作步骤:

① 以"李燕"身份注册进入企业应用平台,在企业应用平台"业务工作"页签中,执行"供应链"→"存货核算"→"业务核算"→"正常单据记账"命令,打开"过滤条件选择"对话框。

② 单击【过滤】按钮,进入"未记账单据一览表"窗口,如图 16-6 所示。

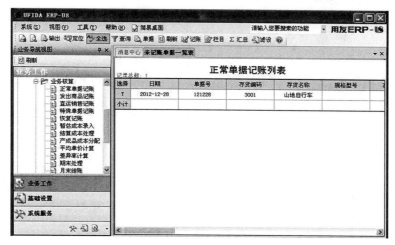

图 16-6　填制"未记账单据一览表"窗口

③ 单击本业务需要记账的单据前的"选择"栏,或单击工具栏的【全选】按钮,然后单击工具栏中的【记账】按钮,系统弹出"记账成功!"信息提示。

④ 单击【确定】按钮后完成记账。

⑤ 执行"财务核算"→"生成凭证"命令,进入"生成凭证"窗口。

⑥ 单击【选择】按钮,打开"查询条件"对话框。

⑦ 选择"销售专用发票"复选框,单击【确定】按钮,进入"选择单据"窗口。

⑧ 选中前面需要制单的销售专用发票,单击【确定】按钮,返回"生成凭证"窗口。

⑨ 选择凭证类别"记账凭证",分别输入第 1 行科目编码"6401"的借方金额"23 400"、第 2 行科目编码"140501"的贷方金额"23 400",如图 16-7 所示。

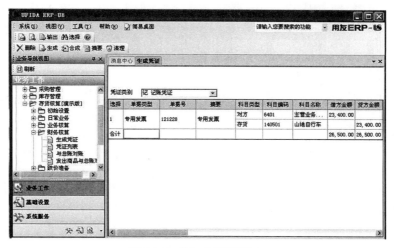

图 16-7　"生成凭证"窗口

⑩ 单击【生成】按钮,进入"填制凭证"窗口。

⑪ 选择制单日期为"2012-12-28",点击选中第 1 记录行"6401 主营业务成本"科目,在"辅助项"对话框中选择项目名称"山地自行车",如图 16-8 所示。

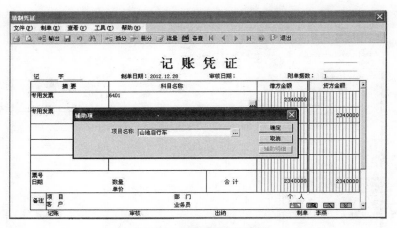

图 16-8　"辅助项"对话框

⑫ 单击【确定】按钮,再单击【保存】按钮,凭证左上角出现"已生成"红色字样,表示凭证已传递到总账。

⑬ 单击【退出】按钮后退出。

注意:

主营业务成本为辅助核算项目。

(5) 在应收款管理系统中审核销售专用发票并制单。

① 以"张晓军"身份重新注册进入企业应用平台,在企业应用平台"业务工作"页签中,执行"财务会计"→"应收款管理"→"应收单据处理"→"应收单据审核"命令,审核前面生成的专用发票。操作步骤参见实验十三的"业务1:普通销售业务"。

② 执行"应收款管理"→"制单处理"命令,进入"制单"窗口,选择前面的专用发票,生成记账凭证并保存,如图 16-9 所示。操作步骤参见实验十三的"业务1:普通销售业务"。

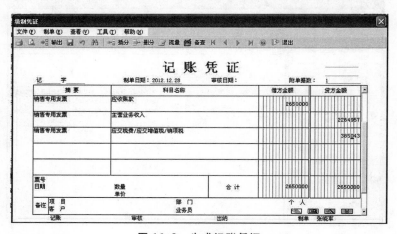

图 16-9　生成记账凭证

2. 业务2:暂估业务

(1) 在库存管理系统中输入采购入库单并审核。

以"刘祥"身份注册进入企业应用平台,在企业应用平台"业务工作"页签中,执行"供应链"→"库存管理"→"入库业务"→"采购入库单"命令,根据实验资料的要求,填制采购入库单(由于发票未到,所以价格不填),保存并审核,如图16-10所示。操作步骤参见实验十三的"业务1:普通采购业务"。

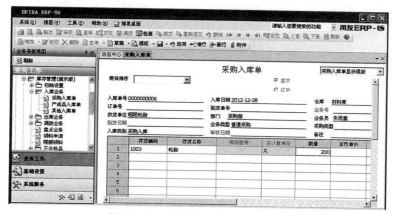

图 16-10　填制并审核采购入库单

(2)在存货核算系统中记账及生成凭证。

操作步骤:

① 以"李燕"身份重新注册进入企业应用平台,在企业应用平台"业务工作"页签中,执行"供应链"→"存货核算"→"业务核算"→"暂估成本录入"命令,打开"采购入库成本成批录入查询"对话框。

② 选择"材料库"复选框,单击【确定】按钮,进入"暂估成本录入"窗口。

③ 录入该笔业务的参考历史单价"150",如图16-11所示。

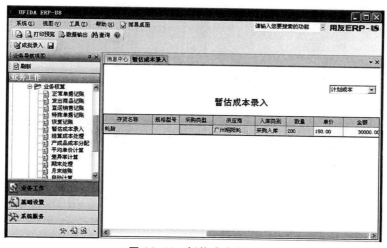

图 16-11　暂估成本录入

④ 单击【保存】按钮,系统显示"保存成功!"信息提示,再单击【确定】按钮返回。

⑤ 执行"存货核算"→"业务核算"→"正常单据记账"命令,打开"过滤条件选择"对话框。

⑥ 单击【过滤】按钮,进入"未记账单据一览表"窗口。

⑦ 根据实验资料要求,选中要记账的暂估入库单,单击【记账】按钮,显示"记账成功。"信息提示,如图16-12所示。

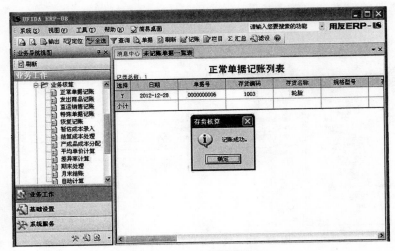

图16-12　提示信息

⑧ 单击【确定】按钮后退出。

⑨ 执行"财务核算"→"生成凭证"命令,进入"生成凭证"窗口。

⑩ 单击【选择】按钮,打开"查询条件"对话框。

⑪ 选中条件"采购入库单(暂估记账)"复选框,单击【确定】按钮,进入"选择单据"窗口,选中前面生成的暂估采购入库单。

⑫ 单击【确定】按钮,进入"生成凭证"窗口,在第2行输入科目编码"1401",如图16-13所示。

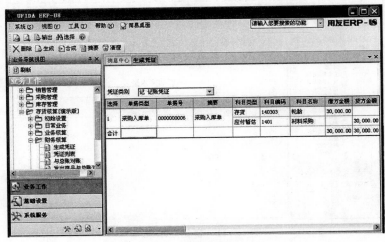

图16-13　"生成凭证"窗口

⑬ 单击【生成】按钮,进入"填制凭证"窗口,选择制单日期为"2012-12-28",如图16-14所示。

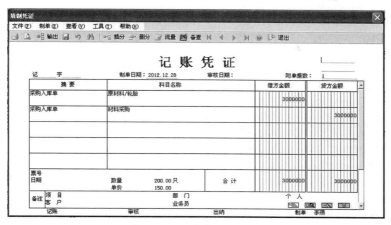

图 16-14　生成记账凭证

⑭ 单击【保存】按钮,凭证左上角出现"已生成"红色字样,表示凭证已传递到总账。

⑮ 单击【退出】按钮后退出。

3. 业务 3:调整入库成本

(1)在存货核算系统中录入入库调整单据。

操作步骤:

① 以"李燕"身份重新注册进入企业应用平台,在企业应用平台"业务工作"页签中,执行"供应链"→"存货核算"→"日常业务"→"入库调整单"命令,进入"入库调整单"窗口。

② 单击【增加】按钮,输入或选择仓库"材料库"、日期"2012-12-29"、收发类别"采购入库"、供应商"昭阳轮胎"、业务员"朱民意"。

③ 选择存货名称"轮胎",输入金额"400",如图 16-15 所示。

图 16-15　录入入库调整单据

④ 单击【保存】按钮,再单击【记账】按钮后退出。

(2)在存货核算系统中生成入库调整凭证。

操作步骤:

① 执行"财务核算"→"生成凭证"命令,进入"生成凭证"窗口。

② 单击【选择】按钮,打开"查询条件"对话框。

③ 选中条件"入库调整单"复选框,单击【确定】按钮,进入"选择单据"窗口。

④ 选中前面生成的入库调整单,单击【确定】按钮,进入"生成凭证"窗口。

⑤ 选择凭证类别"记账凭证",单击【生成】按钮,进入"填制凭证"窗口,如图 16-16 所示。

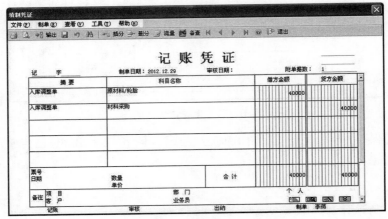

图 16-16 "填制凭证"窗口

⑥ 修改日期为"2012-12-29",单击【保存】按钮,凭证左上角出现"已生成"红色字样,表示凭证已传递到总账。

⑦ 单击【退出】按钮后退出。

4. 业务 4:调整出库成本

(1)在存货核算系统中录入出库调整单据。

以"李燕"身份重新注册进入企业应用平台,在企业应用平台"业务工作"页签中,执行"供应链"→"存货核算"→"日常业务"→"出库调整单"命令,根据实验资料的要求,填制出库调整单并记账,如图 16-17 所示。操作步骤参见"业务 3:调整入库成本"。

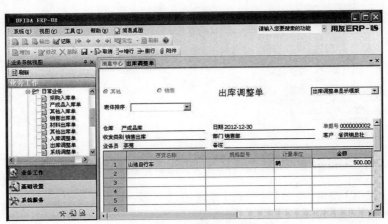

图 16-17 录入出库调整单据

（2）在存货核算系统中生成出库调整凭证。

执行“财务核算”→“生成凭证”命令，根据实验资料的要求，选择相对应的出库调整单记录，生成记账凭证，如图 16-18 所示。操作步骤参见“业务 3：调整入库成本”。

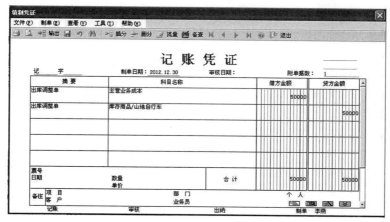

图 16-18　生成记账凭证

注意：

主营业务成本为项目核算科目。

5. 账表查询

（1）在存货核算系统中查看“流水账”。

操作步骤：

① 以“张晓军”身份注册进入企业应用平台，在企业应用平台“业务工作”页签中，执行“供应链”→“存货核算”→“账表”→“账簿”→“流水账”命令，打开“过滤条件选择”对话框。

② 选择“包含单据”下拉按钮下的“已记账单据”和“未记账单据”复选框，单击【过滤】按钮，进入“流水账”窗口。

③ 在“流水账”窗口，查询有关流水账信息，如图 16-19 所示。

流水账

单据日期	单据号	记账日期	记账人	凭证号	凭证摘要	业务类型	仓库编码	仓库	客户	供应商	经手人
2012-12-03	0000000001	2012-12-03	李燕	1	采购入库单	普通采购	1	材料库		南京钢...	刘祥
2012-12-05	0000000002	2012-12-05	李燕	2	采购入库单	普通采购	1	材料库		北京雪...	刘祥
2012-12-06	0000000003	2012-12-06	李燕	3	采购入库单	普通采购	1	材料库		无锡脚...	刘祥
2012-12-16	0000000004	2012-12-17	李燕	4	采购入库单	普通采购	1	材料库		南京钢...	刘祥
2012-12-17	0000000005	2012-12-17	李燕	5	采购入库单	普通采购	1	材料库		南京钢...	刘祥
2012-12-17	121217	2012-12-17	李燕	9	专用发票	普通销售	2	产成品库	南京进...		
2012-12-18	121218	2012-12-18	李燕	11	专用发票	普通销售	2	产成品库	合肥自...		
2012-12-20	121220	2012-12-20	李燕	13	专用发票	普通销售	2	产成品库	沃尔玛...		
2012-12-26	121226	2012-12-26	李燕	16	专用发票	普通销售	2	产成品库	江苏省...		
2012-12-26	0000000001	2012-12-26	李燕	18	产成品...	成品入库	2	产成品库			刘祥
2012-12-26	0000000002	2012-12-26	李燕	19	产成品...	成品入库	2	产成品库			刘祥
2012-12-27	0000000001	2012-12-27	李燕	20	材料出库单	领料	1	材料库			刘祥
2012-12-27	0000000001	2012-12-27	李燕	20	材料出库单	领料	1	材料库			刘祥
2012-12-27	0000000002	2012-12-27	李燕			调拨出库	1	材料库			刘祥

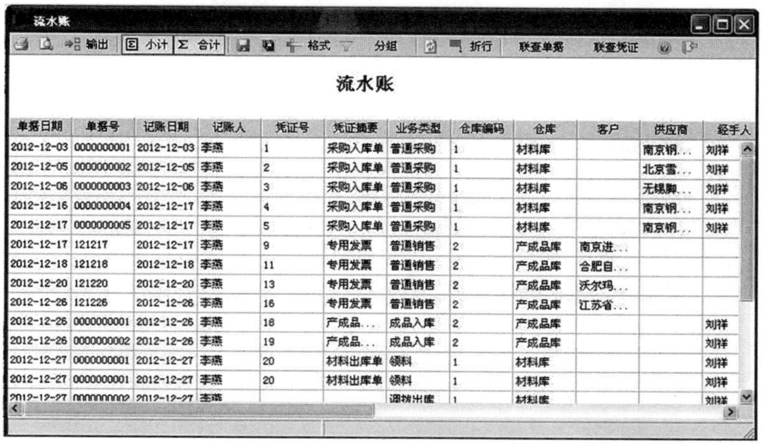

图 16-19　查询流水账信息

④ 查看完毕后,单击【退出】按钮后退出。

(2)在存货核算系统中查看"收发存汇总表"。

操作步骤参考"流水账"查询。

(3)在存货核算系统中查看"暂估材料/商品余额表"。

操作步骤参考"流水账"查询。

(4)在存货核算系统中进行"入库成本分析"。

操作步骤参考"流水账"查询。

(5)在存货核算系统中查看"存货周转率分析"。

操作步骤参考"流水账"查询。

6.备份本次实验数据,命名为实验账套十四

第17章　供应链管理系统期末处理

17.1　期末处理概述

在用友 ERP-U8 管理软件中,财务核算的期末处理是根据国家财会制度的要求以及企业有关利益各方的要求,按月或年进行定期的处理,而业务管理模块的期末处理主要是根据财务核算的需要及企业经营管理者的管理需求进行的处理;一般月末处理是自动完成的,企业完成当月所有日常工作后,软件系统将各个系统的单据封存,各种数据记入相关的账表,完成相关会计期间的期末处理工作。

由于从业务逻辑关系上来看,业务管理的期末处理是服务于财务核算的期末处理的,所以软件各模块进行期末处理时是有一定的先后顺序的,基本顺序为:采购管理期末处理→销售管理期末处理→库存管理期末处理→应收款、应付款管理期末处理→存货核算期末处理→薪资管理期末处理→固定资产管理期末处理→总账系统期末处理。值得注意的是,各模块在进行期末处理前,必须保证该会计期间内的所有业务都处理完毕并记账,特别要注意在总账模块进行期末处理时要先对期间损益结转生成的凭证进行二次记账后才能进行期末处理。

17.2　供应链管理系统期末处理内容

期末处理是当前会计期间的业务已经处理完毕,即所有业务单据已经录入完毕,并且准确无误,可以结束当前期间的业务操作,将本期余额结转为下一会计期间的余额,以便进行下一会计期间的业务操作。期末处理每月只能进行一次。期末处理完毕后,当月不能再处理有关业务。

供应链管理系统各模块期末处理的主要内容如下:

(1)采购管理期末处理。其主要工作是月末结账。即将当前的采购单据封存,结账后不允许再对该会计期间的采购单据进行增加、修改和删除处理。

(2)销售管理期末处理。其主要工作是月末结账。即将当前的销售单据封存,结账后不允许再对该会计期间的销售单据进行增加、修改和删除处理。

(3)库存管理期末处理。其主要工作是月末结账。即将当前的库存单据封存,结账后不允许再对该会计期间的出、入库单据进行增加、修改和删除处理。

(4)存货核算期末处理。其主要工作是期末处理和月末结账。当存货核算系统日常业务全部完成后,进行期末处理,自动计算全月平均单价及出库成本,自动计算差异率及本会计月的分摊差异,并对已经完成日常业务的仓库/部门做处理标志;期末处理完成后,才可以结账;为了保证业务与财务数据的一致性,还需要进行对账,将存货核算系统记录的存货明细数据与总账系统中存货科目和差异科目的结存金额和数量进行核对。

实验十五　供应链管理系统期末处理

【实验准备】

采购管理、销售管理、库存管理、存货核算有关 12 月的业务已经处理完毕,凭证已经生成。

引入实验十四的账套备份数据,将系统日期修改为"2012/12/31"。

【实验目的和要求】

(1) 了解和掌握用友 ERP-U8 软件各业务模块基本台账的查询功能。

(2) 掌握用友 ERP-U8 软件各业务模块期末处理的内容和操作方法。

(3) 理解用友 ERP-U8 软件各模块之间期末结转的业务内在逻辑关系。

【实验内容】

各业务模块的期末处理。

【实验资料】

采购管理、销售管理、库存管理、存货核算等业务模块最后的备份数据。

【实验指导】

1. 采购管理期末处理

(1) 结账处理。

操作步骤:

① 以"张晓军"身份注册进入企业应用平台,在企业应用平台"业务工作"页签中,执行"供应链"→"采购管理"→"月末结账"命令,打开"月末结账"对话框,如图 17-1 所示。

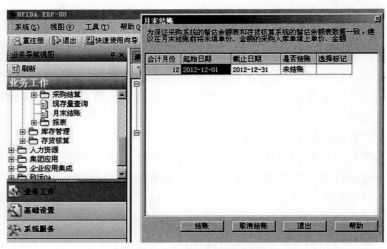

图 17-1　"月末结账"对话框(1)

② 单击"选择标记"栏,出现"选中"标记。

③ 单击【结账】按钮,系统弹出"月末结账完毕!"信息提示。

④ 单击【确定】按钮,在"是否结账"栏显示"已结账"。

⑤ 单击【退出】按钮后退出。

注意：

● 如果当月业务全部处理完毕,应进行月末结账。本会计期间不做完月末结账工作,系统将不允许处理下一个会计期间的数据。

● 本会计期间做完月末结账工作后,该月将不能再做任何处理,所有数据资料将不能再进行修改。

● 进行月末处理时,一次只能选择一个月进行结账,若前一个月未结账,则本月不能结账。

● 当月月末结账完成后,发现存在错误,可通过"取消结账"功能恢复到结账前状态,再进行修改。

（2）取消结账。

操作步骤：

① 执行"月末结账"命令,打开"月末结账"对话框。

② 单击"选择标记"栏,出现"选中"标记。

③ 单击【取消结账】按钮,系统提示"取消月末结账完毕"。

④ 单击【确定】按钮,在"是否结账"一栏显示为"未结账"。

⑤ 单击【退出】按钮后退出。

注意：

若应付款管理系统或库存管理系统或存货核算系统已结账,则采购管理系统不能取消结账。

2. 销售管理期末处理

（1）月末结账。

操作步骤：

① 执行"供应链"→"销售管理"→"月末结账"命令,打开"月末结账"对话框（其中蓝条是当前会计月）,如图 17-2 所示。

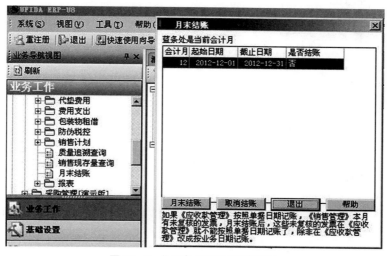

图 17-2　"月末结账"对话框（2）

② 单击【月末结账】按钮,系统开始结账。

③ 结账完成后,"是否结账"栏显示"是"。

④ 单击【退出】按钮后退出。

(2)取消结账。

操作步骤:

① 执行"月末结账"命令,打开"销售月末结账"对话框,其中蓝条是当前会计月。

② 单击【取消结账】按钮,"是否结账"一栏显示为"否"。

③ 单击窗口右上角【关闭】按钮返回。

注意:

若应收款管理系统或库存管理系统或存货核算系统已结账,则销售管理系统不能取消结账。

3. 库存管理期末处理

月末结账。

操作步骤:

① 执行"供应链"→"库存管理"→"月末结账"命令,打开"结账处理"对话框,如图17-3所示。

图17-3 "结账处理"对话框

② 选择会计月份"12"所在行,单击【结账】按钮。

③ 结账完成后,"已经结账"栏显示"是"。

④ 单击【退出】按钮后退出。

4. 存货核算期末处理

(1)期末处理。

操作步骤:

① 执行"供应链"→"存货核算"→"业务核算"→"期末处理"命令,打开"期末处理"对话框,如图17-4所示。

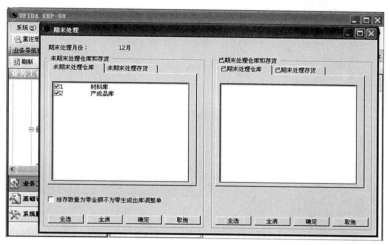

图 17-4 "期末处理"对话框

② 选择需要进行期末处理的仓库,单击【确定】按钮,打开"月平均单价计算表"窗口。

③ 单击【确定】按钮,系统自动计算存货成本完成后,系统弹出"期末处理完毕!"信息提示。

④ 单击【确定】按钮完成期末处理工作,如图 17-5 所示。

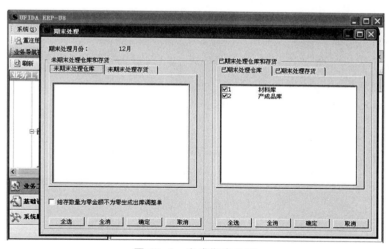

图 17-5 完成期末处理

⑤ 单击【退出】按钮后退出。

(2) 月末结账。

操作步骤:

① 执行"业务核算"→"月末结账"命令,打开"月末结账"对话框,如图 17-6 所示。

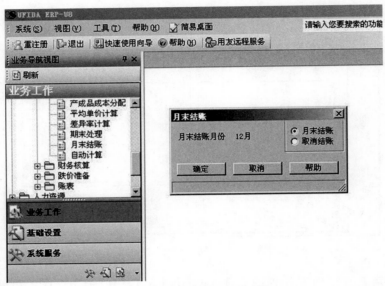

图 17-6　"月末结账"对话框

② 单击【确定】按钮,系统显示"尚有单据未生成凭证,12 月结账后将不能再生成凭证,不进行对账。确认进行 12 月结账吗?"信息提示。

③ 单击【确定】按钮,系统弹出有关月末结账完成的信息提示。

④ 单击【确定】按钮返回。

（3）对账。

操作步骤:

① 执行"财务核算"→"与总账系统对账"命令,进入"月末结账"窗口。

② 对账完毕后,单击【退出】按钮后退出。

5. 备份本次实验数据,命名为实验账套十五

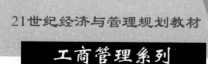

系统开发篇

第18章　Access 2010信息系统开发实验指南

18.1　实验指导思想

管理信息系统是一门理论和实践相结合的课程,其中许多概念、原理、方法具有较强的抽象性,若没有适当的实践经验是比较难以理解和消化的。因此要想理解和掌握管理信息系统,特别是系统分析、系统设计及系统实现,必须通过具体的实践才能有所领悟,因此对该门课程而言,实践教学环节是不可或缺的。

Access 2010 是 Microsoft Office 2010 家族重要成员之一,具有功能强大、操作简单、易学易用等特点。使用 Access 无须编写大量复杂的应用程序就可以通过简洁明了的用户操作界面轻松创建应用系统。通过本实验,学生不仅能学会如何使用 Access 这一小型数据库管理系统进行信息管理,还能培养其信息系统分析、设计的能力及创建系统的实际动手能力,为今后的实际工作打下良好的基础。

18.2　实验教学方案

由于本实验面向的教学对象是经济类、管理类学生,再加上实验教学学时的限制,为了能有效达到管理信息系统课程本身的教学目标,同时为了便于学生上机实践,本实验以开发一个简化的"企业职工考核评价系统"为总体任务,通过对该系统的一系列分析、设计,确定了该系统的信息需求、功能模块,并最终以 Access 2010 为开发环境和工具完整实现整个系统。通过本实验,学生应该学会如何使用 Access 2010 单独完成中小规模的信息系统的分析、设计和实现过程。

18.3　实验目的、任务和要求

18.3.1　实验目的和任务

第一,通过一个简化的"企业职工考核评价系统"的完整开发过程,学生能进一步理解和掌握管理信息系统的开发方法及流程,学会信息系统分析与设计,将理论和实践充分结合起来,加深对理论教学内容的理解。

第二,通过实验,学生能掌握 Access 2010 作为一款桌面数据库管理系统的主要功能和使用方法。

第三,通过实验,学生能学会利用 Access 2010 进行信息组织、存储、加工、展示等信息

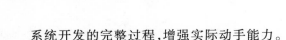

系统开发的完整过程,增强实际动手能力。

18.3.2 实验要求

本实验总体要求学生能将管理信息系统课程中有关系统分析、系统设计和系统实现的理论知识应用到具体的信息系统开发实践中,但由于学生专业背景不同,本实验对学生的具体要求是:

（1）由于本实验开发的是一个职工考核评价系统,要求学生首先要对企业职工考核评价业务过程有初步了解。

（2）由于本实验的开发环境是 Access 2010,要求学生了解利用 Access 2010 进行信息系统开发时的一般过程。

（3）按照实验内容,利用 Access 2010 有关功能依次正确完成各实验任务,最后得到一个功能相对简化但可实际运行的"企业职工考核评价"管理信息系统。

（4）为了保证实验的效率和延续性,特别要求每次实验课后,应及时备份有关实验数据。

18.4　实验学时和教学建议

根据实验内容和要求,表 18-1 列出了实验中各部分的学时安排建议,以供参考。

表 18-1　　实验学时安排计划一览表

实验内容	上机课时
实验一 创建数据库 实验二 建立数据表	2
实验三 查询设计	4
实验四 窗体设计	4
实验五 报表设计	2
实验六 宏应用	2
实验七 系统集成	2

第 19 章　Access 2010 概述

当今社会是一个信息化的社会,信息已成为各行各业的重要资源。随着计算机技术的快速发展,如何利用计算机保存和管理大量复杂的信息,快速而有效地为多个不同的用户和应用程序提供信息,辅助管理者进行有效决策,是信息管理亟待解决的重大问题。在计算机诞生的初期,信息管理是以人工的方式进行的,后来发展到文件系统;随着信息技术的飞速发展,目前信息管理已进入数据库系统阶段。

数据库系统阶段是指 20 世纪 60 年代至今,在这个阶段,计算机主要用于大规模的信息管理,涉及的信息量急剧增长。尽管硬件价格不断下降,但编写和维护软件的成本却相对增加,同时联机实时处理开始提出分布式处理等更多的要求。为解决多用户、多应用数据共享的需求,使信息为尽可能多的应用服务,数据库技术应运而生,出现了统一管理信息的专门软件——数据库管理系统(Database Management System, DBMS)。

目前,市场上的数据库管理系统软件种类繁多,典型的产品有 Oracle、DB2、SQL Server、Access 等,尽管这些数据库产品的功能不完全相同,使用方法上差别也较大,但它们都有一个共同的实现基础——关系模型,因此它们都属于关系型数据库管理系统(Relational Database Management System, RDBMS)。

Microsoft Access 2010 是 Microsoft 公司推出的 Office 2010 办公套装软件的主要组件之一,是一个面向对象的、采取事件驱动的新型关系型数据库,它为用户提供了一个数据库管理工具和数据库应用程序的开发环境,具有强大的数据处理功能。利用它可以组织和共享数据库信息,以便对数据库数据进行分析,做出有效决策。Access 具有界面友好、易学易用、开发简单、接口灵活等特点,因此被许多企事业单位在日常数据管理中选作后台数据库系统。

本章主要介绍 Access 2010 的特点、启动与退出、基本工作环境、数据库对象等。

19.1　Access 2010 系统的发展及特点

19.1.1　Access 系统的发展

1992 年,Microsoft 公司为挑战当时 DOS 操作系统上的数据库管理系统霸主 Borland 公司的 dBase 和 Paradox,推出了第一个供个人使用的 Access 1.0,这是第一个运行在 Windows 3.0 操作系统上的关系型数据库管理系统。自 1995 年 Access 成为 Microsoft Office 95 办公系列软件的一部分以来,Access 从 Access 2.0、Access 95、Access 97、Access 2000、Access 2002、Access 2003、Access 2007、Access 2010、Access 2013 逐步升级到 Access 2016 等版本,其功能也越来越强大,而操作越来越简单方便。随着版本的一次次升级,Access

现已成为世界上最为流行的桌面数据库管理系统。

19.1.2 Access 2010 系统的特点

Microsoft Access 2010 是 Microsoft Office 2010 系列办公软件的一个重要组成部分,具有与 Word、Excel、Powerpoint 等相似的操作界面,因此深受广大用户的喜爱。Access 2010 对以前的 Access 版本做了许多改进,在保留了原来好的功能的基础上,新增了一些功能,而操作却越来越简单。其主要特点如下:

(1)使用了与 Windows 完全一致的界面风格,具有与 Word、Excel、Powerpoint 等应用程序一致的操作界面,易学易用。

(2)采用单一的文件格式存储文件。一个 Access 数据库文件中包含了 6 种数据库对象,分别是表、查询、报表、窗体、宏和模块,而这些数据库对象都存储在同一个以 accdb 为扩展名的数据库文件中。在任何时候,Access 只需打开一个数据库文件,便可对各种数据库对象进行操作,从而使得对数据库的管理和操作更加便捷。

(3)提供了多种可视化工具,如各种向导、生成器、设计器等,用户利用这些可视化工具可以方便快捷地生成表、查询、窗体、报表等数据库对象,大大提高了工作效率。此外,Access 还提供了宏和模块对象,方便用户整合更加复杂的应用逻辑以创建功能更为强大的、更为完善的应用系统。

(4)提供了与其他数据库管理系统的良好接口。Access 可以通过开放数据库连接(ODBC)与其他数据库如 SQL Server 交换数据。Access 还能对诸如 txt、Excel、XML、HTML 等多种格式的数据进行访问,从而实现数据共享。

(5)能够处理多种数据类型。Access 支持对结构化和非结构化数据的存储和管理。通过 OLE(Object Linking and Embedding,对象链接与嵌入)技术支持对象嵌入和链接,从而方便地创建和编辑诸如声音、图像和视频等多媒体信息。

(6)具有强大的集成开发功能。Access 可以在可视化的界面 VBE(Visual Basic Editor,可视化基础编辑器)中用 VBA(Visual Basic for Applications,可视化基础应用)编写数据库应用程序,使用户能够方便地开发各种面向对象的应用程序,同时 Access 还支持结构化查询语言 SQL 的设计。

(7)利用 Access 全新的 Web 数据库和 Access Services,用户可以开发基于浏览器的应用程序并将其发布到 SharePoint 网站,以便通过互联网或企业内部网访问该应用程序、数据或表格,从而更方便地访问和管理自己的数据。

19.2 Access 2010 的启动与退出

19.2.1 Access 2010 的启动

Microsoft Access 2010 是 Microsoft Office 2010 系列办公软件的一个组成部分,通过运行 Microsoft Office 2010 安装盘上的 setup.exe 文件来启动安装过程,然后按照系统提示逐步操作就可以完成 Access 2010 的安装。安装完成后,用户可以通过以下三种方式来启动

Access 2010。

（1）使用【开始】菜单启动 Access 2010。

执行"开始"→"所有程序"→"Microsoft Office"→"Microsoft Access 2010"命令，即可启动 Access 2010。

（2）使用快捷方式启动 Access 2010。

如果在 Windows 桌面上有 Microsoft Access 2010 的快捷方式图标，则双击此快捷方式图标即可启动 Access 2010，或单击鼠标右键，在弹出的快捷菜单中选择【打开(O)】命令，也可启动 Access 2010。

以上两种启动方式启动 Access 2010 后的主窗口如图 19-1 所示。

图 19-1　Access 2010 主窗口 1

（3）使用已有的数据库文件启动 Access 2010。

双击扩展名为 accdb 的数据库文件，或在扩展名为 accdb 的数据库文件上单击鼠标右键，在弹出的快捷菜单中选择【打开(O)】，也可启动 Access 2010。此方法同时打开数据库文件。启动后的主窗口如图 19-2 所示。

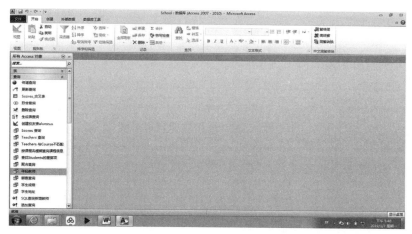

图 19-2　Access 2010 主窗口 2

19.2.2　Access 2010 的退出

当使用完 Access 数据库后,可以按照以下几种方法退出 Access 2010。

（1）单击 Access 2010 窗口标题栏右端的【关闭】按钮。

（2）单击【文件】选项卡中的【退出】按钮。

（3）按快捷键【Alt+F4】。

（4）双击 Access 2010 窗口左上角的控制菜单的图标Ａ。

（5）单击 Access 2010 窗口左上角的控制菜单的图标Ａ,从打开的菜单中选择【关闭(C)】命令。

（6）在标题栏单击鼠标右键,在弹出的菜单中选择【关闭(C)】命令。

19.3　Access 2010 的工作环境简介

与以前的版本相比,尤其是与 Access 2007 之前的版本相比,Access 2010 的用户界面发生了重大变化。Access 2007 中引入了两个主要的用户界面组件:功能区和导航窗格。而在 Access 2010 中,不仅对功能区进行了多处更改,而且还新引入了第三个用户界面组件 Microsoft Office Backstage 视图。

当新建或打开一个数据库文件后,就正式进入了 Access 2010 主窗口,该窗口主要由标题栏、功能区、导航窗格和状态栏、工作区等组成,如图 19-3 所示。

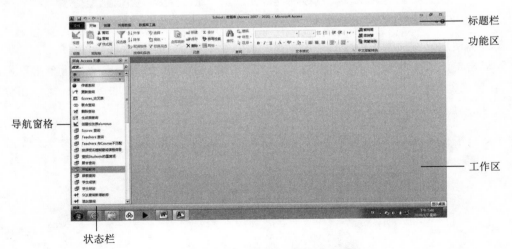

图 19-3　Access 2010 主窗口组成

19.3.1　标题栏

标题栏位于 Access 2010 主窗口的最上端,用于显示当前打开的数据库文件名和应用程序的名称 Microsoft Access,其右端是三个用来分别表示最小化、最大化和关闭 Access 的图标 □ 🗗 ✕。

19.3.2　功能区

功能区是菜单和工具栏的主要替代项,并提供了 Access 2010 中主要的命令界面。功能区的主要优势之一,是它将通常需要使用菜单、工具栏、任务窗格和其他用户界面组件才能显示的任务或入口点集中在一个地方。这样一来,用户只需在一个位置查找命令,而不用四处查找命令。

打开数据库时,功能区显示在 Access 主窗口的顶部,它在此处显示了活动命令选项卡中的命令,如图 19-4 所示。

图 19-4　Access 2010 功能区

功能区由一系列包含活动命令的命令选项卡组成。在 Access 2010 中,主要的命令选项卡包括【文件】、【开始】、【创建】、【外部数据】和【数据库工具】。每个选项卡都包含多组相关命令。除此之外,还有上下文选项卡,即根据用户正在操作的对象或正在执行的任务而在常规选项卡旁边显示的选项卡。例如,双击一个表对象,就会出现【表格工具】下的【字段】选项卡和【表】选项卡。而且,某些功能区选项卡只在特定情形下出现。例如,只有在【设计】视图中已打开对象的情况下,【设计】选项卡才会出现。

19.3.3　导航窗格

导航窗格取代了早期版本的 Access 中所用的数据库窗口。在打开数据库或创建新数据库时,数据库对象(表、查询、窗体、报表、宏和模块)的名称将显示在导航窗格中,实现对当前数据库的所有对象的管理和对相关对象的组织。单击导航窗格右上方的按钮 ,显示组织选项列表,用户可以从中选择,也可以自行定义组织方案。单击导航窗格右上角的小箭头或按 F11,将隐藏导航窗格。如果想要再次显示导航窗格,那么再次单击导航窗格右上角的小箭头。

注意:导航窗格在 Web 浏览器中不可用。若要将导航窗格与 Web 浏览器一起使用,必须先使用 Access 打开该浏览器。

19.3.4　状态栏

状态栏位于窗口的底部,显示当前操作的相关信息,帮助用户了解当前操作状态。在状态栏的右侧还包括用于切换视图的按钮。在 Access 2010 中,状态栏也具有两项标准功能:视图/窗口切换和缩放。

19.3.5　工作区

工作区是指窗口中除标题栏、功能区、导航窗格和状态栏以外的空间,主要用于创建

或编辑当前数据库对象。

19.4 Access 2010 的数据库对象

作为一个数据库管理系统，Access 是通过数据库对象来进行信息管理的。Access 2010 共有 6 种数据库对象，分别是表、查询、报表、窗体、宏和模块。不同的对象在数据库中有不同的作用：表是数据库的核心与基础，存放着数据库中的全部数据；查询、报表和窗体都是从数据库中获得数据信息，以实现用户的某一特定的需求，例如查找、统计、打印、编辑修改等；窗体用于提供一种良好的用户操作界面，通过窗体可以直接或间接地调用宏或模块，并执行查询、打印、预览和统计等功能，甚至可以对数据库进行编辑修改操作；利用宏可实现某些工作的自动化，利用模块则可实现更复杂的功能。

19.4.1 表

表是数据库中用来存储数据的对象，是整个数据库的基础。一个数据库所包含的信息内容，都是以表的形式来表示和存储的，表是数据库中其他对象的数据源。建立和规划数据库时，首先要做的就是建立各种数据表，将各种信息分门别类地存放在各种数据表中。Access 允许在一个数据库中包含多张表，可以在不同的表中存储不同类型的数据，通过在表之间建立关系，可以将不同表中的数据联系起来，以供使用。表以行、列格式展示数据，类似于 Excel 电子表格。表中的每一列称为字段，字段是 Access 中信息的最基本载体，用于描述某一条信息在某一方面的属性；表中的每一行称为记录，每条记录由一个或多个字段组成，一条记录就是一条完整的信息。

在数据库中，表是特定主题的数据的集合，因此，在数据库中应该为每个不同的主题建立不同的表，这样不仅可以提高数据库的工作效率，还可以减少数据输入产生的错误。

19.4.2 查询

查询是数据库的核心操作，是用得最多的数据库对象之一。查询可以按照不同的方式查看、更新和分析数据，也可将查询对象作为报表、窗体的数据源。查询的目的是按照一定的条件或准则对数据表或其他查询进行检索，筛选出符合条件的记录，形成一个动态数据集并显示在一个虚拟的数据表窗口中。用户可以浏览、查询、打印甚至编辑修改这个动态数据集中的数据，Access 会自动将所做的任何修改更新到对应的表中。查询对象的运行形式与数据表对象的运行形式几乎完全相同，但它只是数据表对象所包含数据的某种抽取和显示，其本身并不包含任何数据，在数据库中只记录查询的方式即规则。Access 中的查询包括选择查询、参数查询、交叉表查询和操作查询等。

19.4.3 报表

在 Access 中，如果要将数据库中的数据进行打印输出，使用报表是最简单有效的方法。用户可以在一个表或一个查询的基础上创建报表，也可以在多个表或多个查询的基础上创建报表。利用报表可以将数据库中需要的数据提取出来进行分析、整理和计算。

在报表中,可以控制显示的字段、每个对象的大小和显示方式,从而将数据信息以格式化方式显示或打印出来。另外还可以利用报表创建计算字段,或对记录进行分组,以便对各组数据进行汇总。

在 Access 数据库中,报表对象允许用户不用编写程序,仅仅通过可视化的直观操作就可以轻松地设计出各种精美的报表。

19.4.4　窗体

窗体类似于 Windows 环境下的应用程序窗口,是一种用于数据输入、输出和应用程序的执行控制的数据对象,是应用程序与用户在屏幕上进行交互的特定窗口。窗体的数据源可以是表、查询或 SQL 语句。窗体通过各种控件来显示相关信息。在窗体中还可以运行宏和模块,以实现更为复杂的功能。在一个完整的数据库应用系统中,用户往往是通过窗体对数据库中的数据进行各种操作,而不是直接对表或查询对象等进行操作。

19.4.5　宏

宏是指一个或多个操作的集合,其中每个操作实现特定的功能,如打开某个窗体或打印某个报表。这些操作都是系统预定义好的,用户不能自己创建。用户在使用宏的过程中不必编写任何代码,就可以完成对数据库的一系列操作。通过宏可以实现的功能主要有:打开或关闭数据表、窗体、打印报表或执行查询;弹出提示信息框,显示警告;实现数据的输入和输出;在数据库启动时执行操作;查询数据。

宏可以是包含一个操作序列的基本宏,也可以是由若干个宏的集合所组成的宏组。一个宏或宏组的执行与否还可以使用一个条件表达式是否成立来进行控制,即通过函数中的 if 操作来设置条件,宏将根据条件的真假进行不同的操作。

Microsoft Office 系列产品提供的所有工具中都提供了宏的功能,利用宏可以使大量重复性操作自动完成。宏可以单独使用,也可以在对象的事件中调用,用户还可以将宏转换为模块。

19.4.6　模块

模块是将 VBA 的声明、语句和过程作为一个单元进行保存的集合,也就是程序的集合。创建模块对象的过程也就是使用 VBA 进行编程的过程。在 Access 中的模块分为类模块和标准模块。类模块与某个窗体或报表相关联,标准模块存放供其他数据库对象使用的公共过程(子程序和函数)。模块可以与窗体、报表等对象结合使用,完成宏等无法完成的复杂功能。

尽管 Microsoft 在推出 Access 产品之初就将该产品定位为不用编程的数据库管理系统,但实际上,要想在 Access 的基础上进行二次开发来实现一个数据库应用系统,用 VBA 编写适当的程序是必不可少的,即若需要开发一个 Access 数据库应用系统,其间必然包括 VBA 模块对象。

第 20 章　企业职工考核评价系统的分析与设计

考核评价管理是一个组织管理工作中的一项重要任务,实现职工考核评价管理的计算机化,可以简化烦琐的工作模式,提高管理工作效率、工作质量和管理水平。本章将从系统开发的角度介绍企业职工考核评价管理系统的开发步骤、开发方法,以及考核评价管理系统分析和设计的结果。

20.1　需求分析

20.1.1　项目背景

职工是一个组织生存和发展的基本资源,组织要想在激烈的市场竞争中求得生存发展,应有效地利用宝贵的职工资源,充分发挥职工的工作积极性,实现合理的优胜劣汰,这就涉及职工的考核评价。

某企业是一个制造加工企业,对职工的考核评价一直以来都采用手工管理方式,这种管理方式已经为广大职工和管理层所熟悉和接受。但随着信息技术的飞速发展,人们对信息的需求越来越多,对信息处理的要求也越来越高,这种传统的手工管理的弊端日益显露出来。传统的手工考核评价模式,工作量大,处理能力有限,工作效率低,不能及时为管理层提供所需的管理信息,各种数据不能得到充分的利用,从而造成数据资源的极大浪费,因而越来越不适应信息时代对职工考核评价管理的需求。现在越来越多的组织采用电子化方式来建立职工考核评价系统,使得信息管理规范化、程序化,提高了信息处理的速度和准确性。采用电子化的考核评价方式,便于信息的检索、安全可靠、成本低廉,大大提高了管理效率,降低了人力资源管理成本。

20.1.2　可行性分析

从上面的介绍可以看出,开发企业职工考核评价系统,实现对职工考核评价信息管理的计算机化是非常必要的。但在开发任何一个系统之前还要对所要开发的系统进行可行性分析,目的是避免盲目投资,减少不必要的损失。可行性分析是在对当前系统有了初步了解的基础上完成的,主要从技术可行性、经济可行性、社会可行性三个方面分析论证系统开发的可行性。

(1)技术可行性是指在现有技术条件下能否满足所提出的系统开发要求,即根据现有的计算机软硬件性能、环境条件、基础管理、技术人员的开发能力等方面来衡量现有的技术条件能否达到系统目标所提出的要求。

（2）经济可行性是指根据系统的需求，要实现系统的功能需要投入的人力、物力和财力，从经济角度分析是否合算、可行。

（3）社会可行性是指一些社会或人的因素对系统的影响，即在具体的社会环境下，系统能否按照既定的方案顺利实施起来。它是对人员、制度、社会环境所形成的限制条件进行分析研究，了解它们可能对目标系统的影响。

由于使用计算机化的职工考核评价系统能够彻底改变原有工作状况、提高工作效率，能够为管理层提供更准确、及时、适用、易理解的信息，能够从根本上解决原来手工管理模式中信息滞后、资源浪费等问题，加之 Access 是一个简单易用、功能丰富的数据库管理系统，选择它可以很容易地开发职工考核评价系统，实现对职工考核评价管理所需要的功能，因此，开发这样一个信息系统是具备可行性的。

20.1.3　系统分析

在确定了系统可以开发后，就可以进行系统分析了。系统分析的主要任务是解决"做什么"的问题，即根据用户的需求，确定系统应具有的功能，建立新系统的逻辑模型。

系统分析的好坏直接决定了系统的成败，系统分析阶段的工作做得越好，系统开发过程就越顺利。系统分析工作主要包括以下三个方面：

（1）对组织当前的系统进行详细调查，目的是了解原来手工管理的业务流程。职工考核评价的手工管理流程是：人力资源管理部门根据企业的人员情况、发展目标、管理需求等制订本年度职工考核评价方案，各部门根据此考核评价方案组织对本部门职工进行考核评价，并将考评结果保存、整理并汇总上报。

（2）从已经获得的手工管理的业务流程中去除物理因素，只保留数据、信息处理部分，从而抽象出当前信息系统的逻辑模型，并用数据流程图表达出来，以反映当前系统"做什么"。

（3）建立新系统的逻辑模型，画出反映新系统要"做什么"的数据流程图。在实际分析时，首先分析目标系统与当前系统逻辑上的差别，弄清新系统到底要"做什么"，用户有什么需求，并从当前系统的逻辑模型导出目标系统的逻辑模型。在对企业职工考核评价业务的手工管理流程进行分析后，对新的职工考核评价系统流程进行整理，得到目标系统的数据流程图（由于篇幅和实验时间限制，分析结果做了简化），如图 20-1 所示。

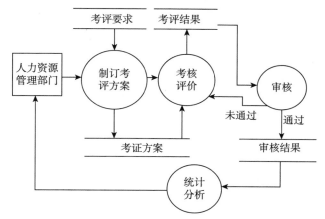

图 20-1　"企业职工考核评价系统"数据流程

其中各符号的含义如图 20-2 所示。

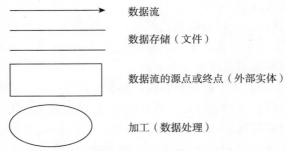

数据流

数据存储（文件）

数据流的源点或终点（外部实体）

加工（数据处理）

图 20-2　数据流程图符号及含义

经过用户需求分析和系统详细调查,结合图 20-1,最后确定新的企业职工考核评价系统的主要功能有(同样由于篇幅和实验时间限制,系统功能也做了简化):

（1）基础信息管理。主要包括对企业职工基本信息、企业内部门设置基本信息的浏览、维护等。

（2）职工考评信息的管理。主要包括各考评年度所有参加考评的职工详细的考核评价基础数据的管理,包括录入、查询、统计、汇总等。

20.2　系 统 设 计

系统分析确定了新系统的逻辑模型,解决了目标系统要"做什么"(What to do)的问题,但"怎么做"(How to do)则是系统设计需要解决的问题。系统设计就是根据新系统的逻辑模型建立新系统的物理模型。系统设计主要包括系统的功能模块划分、数据库设计、用户界面设计等内容。

20.2.1　系统的功能模块划分

根据对用户的需求分析,依据系统功能设计原则和模块划分的"高内聚、低耦合"原则,对本系统的功能进行了模块划分,得到如图 20-3 所示的功能模块结构图。

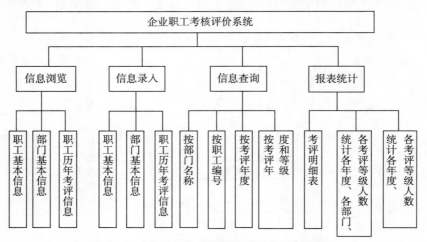

图 20-3　"企业职工考核评价系统"功能模块图

　　企业职工考核评价系统主要包括信息浏览、信息录入、信息查询和报表统计四个功能模块。各模块的主要功能如下：

　　（1）信息浏览。实现对企业职工基本信息、部门基本信息和职工历年考评信息的查看。

　　（2）信息录入。实现对企业职工基本信息、部门基本信息和职工历年考评信息的录入。

　　（3）信息查询。主要实现对企业职工考评信息的查询，可以按职工所在部门名称查询、按职工编号查询、按考评年度查询，还可以按考评年度和等级查询。

　　（4）报表统计。主要实现企业历年各部门所有参加考评的职工考评明细表，各年、各部门、各考评等级人数和各年度、各考评等级人数的统计。

20.2.2　数据库设计

　　数据库是数据库应用系统的数据源，其设计的好坏直接影响整个系统的设计开发过程。数据库设计通常首先要建立概念模型，再将概念模型转换为关系模型，最后再根据所建的关系模型生成实际的数据库。

　　1. 概念模型的建立

　　概念模型是在需求分析的基础上，通过 E-R 图（实体-关系图）描述用户数据和数据之间的关系，关于本系统所建立的 E-R 图如图 20-4 所示，其中：

　　（1）实体"职工"，用于描述企业职工的基本情况，其属性有职工编号、姓名、性别、所在部门等。

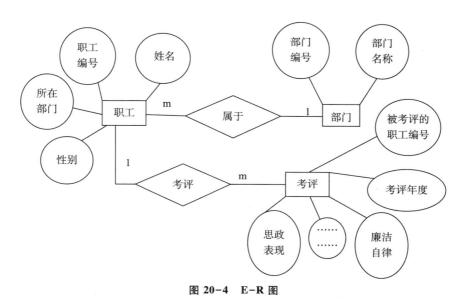

图 20-4　E-R 图

　　（2）实体"部门"，用于描述企业所设置的有关科室情况，其属性有部门编号、部门名称等。

　　（3）实体"考评"，用于描述企业职工的考核评价情况，其属性有被考评的职工编号、参加考评的年度及各项考评指标的得分情况等。

2. 概念模型的转换

根据 E-R 图,可将概念模型转换为关系模型,由图 20-4 可决定如下的三个关系:

(1) 职工表(职工编号、姓名、性别、所在部门),其中"职工编号"是主键,"所在部门"为参照"部门表"的外键。

(2) 部门表(部门编号、部门名称),其中"部门编号"是主键。

(3) 考评表(被考评的职工编号、考评年度、思政表现、业务能力、工作态度、工作业绩、廉洁自律)。其中"被考评的职工编号"和"考评年度"是主键,"被考评人编号"为参照"职工表"的外键。

20.2.3　用户界面设计

用户界面是用户使用系统时的操作窗口。系统是否好用,用户对于系统的印象,在很大程度上取决于用户界面的设计。用户界面设计包括输入、输出设计。好的用户界面必须让用户易学、易用、易理解,必要时还应给用户以简明扼要的信息反馈。本系统的许多输入、查询、浏览等操作都是通过简洁、直观、易操作的界面来完成的,极大地提高了工作效率。

第 21 章　基于 Access 2010 的企业职工考核评价系统的实现

第 20 章介绍了企业职工考核评价系统分析、设计的过程和结果,在确定了用户需求、设计了数据库、划分了功能模块后,接下来就可以具体实现该系统了。在具体实现一个应用系统时,一般采用按功能模块分别实现的方法,但本章为了介绍的方便,将按数据库的创建、数据表的建立、数据的查询统计、数据的浏览及系统集成等部分来介绍"企业职工考核评价系统"的实现内容和方法。

目前,管理信息系统常用的开发工具很多,大致分为前端的开发工具和后端的数据库。根据当前管理信息系统的设计思想,前端的开发工具有基于 C/S(Client/Server,客户机/服务器)结构的程序设计语言,如 VB、C++等,也有基于 B/S(Browse/Server,浏览器/服务器)结构的程序设计语言,如 ASP.NET、JSP 等。后端的数据库有小型桌面数据库管理系统,如 Access、Visual Foxpro 等,也有大型数据库管理系统,如 Oracle、SQL Server 等。鉴于实验学时和专业的限制,本章的实验选用小型桌面数据库管理系统 Access 来实现第 20章的企业职工考核评价系统。

实验一　创建数据库

使用 Access 数据库管理系统建立应用系统,首先需要建立一个数据库,然后在该数据库中添加所需的表、查询、窗体、报表、宏等对象。

【实验目的和要求】

掌握数据库的创建、打开和关闭。

【实验内容】

(1) 建立数据库"kpxt.accdb",将建立好的数据库保存在"D:\KPXT"文件夹中。

(2) 数据库的打开和关闭。

【实验步骤】

1. 数据库的创建

① 启动 Access 2010,如图 21-1 所示。

② 在 Access 2010 启动窗口中,单击中间窗格上方的"空数据库"图标,在右侧窗格的文件名文本框中,将给出的默认文件名"Database1.accdb",修改为"kpxt.accdb"。

③ 单击 按钮,在打开的"文件新建数据库"对话框中,选择数据库的保存位置,在"D:\KPXT"文件夹中,单击"确定"按钮,如图 21-2 所示。

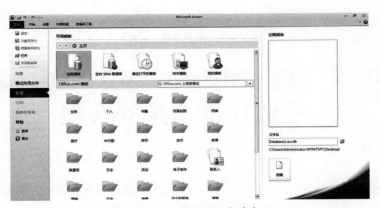

图 21-1　Access 2010 启动窗口

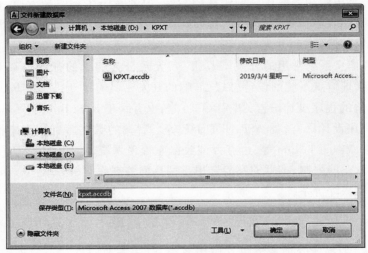

图 21-2　"文件新建数据库"对话框

④ 这时返回到 Access 启动界面,显示将要创建的数据库的名称和保存位置,如果用户未提供文件扩展名,Access 将自动添加上".accdb"。

⑤ 在右侧窗格下面,单击"创建"命令按钮,这时开始创建空白数据库,之后系统将自动创建一个名称为表 1 的数据表,并以数据表视图方式打开这个表 1,如图 21-3 所示。

图 21-3　表 1 的数据表视图

2. 数据库的打开和关闭

（1）打开数据库。

要求：以独占方式打开"KPXT.accdb"数据库。

操作步骤：

① 启动 Access 2010 后，执行"文件"→"打开"命令，弹出"打开"对话框。

② 在"打开"对话框的"查找范围"中选择"D：\KPXT"文件夹，在文件列表中选择"KPXT.accdb"，然后单击"打开"按钮右边的箭头，选择"以独占方式打开"，如图 21-4 所示。

图 21-4　以独占方式打开数据库

（2）关闭数据库。

要求：关闭打开的"KPXT.accdb"数据库。

操作步骤：

单击数据库窗口右上角的"关闭"按钮，或在 Access 2010 主窗口选执行"文件"→"退出"命令。

【实验总结】

新创建的数据库文件是一个空的文档。由于 Access 是一个面向对象的数据库管理系统，它的许多操作都是通过窗口来进行的，图 21-3 就是 KPXT.accdb 的数据库窗口。一般情况下，创建新的数据库文件或打开已有的数据库文件时，这个窗口就会显示出来。Access 可以处理多个不同的数据库，但是在同一时刻只能有一个数据库处于打开状态。

实验二　建立数据表

在 Access 数据库系统中，表是最基本的对象，用于存储数据库所有的数据信息。其他数据库对象，如查询、窗体、报表等都是在表的基础上建立并使用的。因此，表在数据库中占有很重要位置。为了使用 Access 管理数据，在创建好空数据库之后，还要建立所需要的表。Access 的表由表结构和表内容两部分组成，通常是先建立表结构，然后再向表中输入数据。建立表结构有两种方法:一是使用数据表视图(见图 21-3),直接在字段行输入字段名,这种方法比较简单,但无法对每一个字段的数据类型、属性值进行设置,一般还需要在设计视图中进行修改。二是使用设计视图,这是最常用的方法。本实验使用设计视图建立表结构。

【实验目的和要求】

(1)熟练掌握数据表的建立。

(2)熟练掌握表的有关属性设置。

(3)熟练掌握表之间关系的建立。

【实验内容】

(1)数据表的建立。

在"KPXT.accdb"数据库中利用设计视图创建职工表、部门表、考评表,各表的结构如表 21-1—表 21-3 所示。

表 21-1 职工表结构

字段名	类型	字段大小	说明
职工编号	文本	3	主键
姓名	文本	8	—
性别	文本	1	默认值为"男"
所在部门	文本	2	来自部门编号

表 21-2 部门表结构

字段名	类型	字段大小	说明
部门编号	文本	2	主键
部门名称	文本	6	—

表 21-3 考评表结构

字段名	类型	字段大小	说明
被考评的职工编号	文本	3	主键,来自职工编号
思政表现	数字	整型	取值范围[0,15]
业务能力	数字	整型	取值范围[0,30]
工作态度	数字	整型	取值范围[0,15]
工作业绩	数字	整型	取值范围[0,30]
廉洁自律	数字	整型	取值范围[0,10]
考评年度	数字	整型	主键,默认为系统当前年份

（2）设置表的有关属性。

（3）建立表之间的关系。

（4）数据录入。

【实验步骤】

1. 数据表的建立

① 打开数据库 KPXT.accdb。

② 在功能区上的"创建"选项卡的"表格"组中，单击"表设计"按钮，打开表设计器，如图 21-5 所示。

图 21-5　表设计视图

③ 在字段输入区的"字段名称"单元格输入"职工编号"；单击"数据类型"下方组合框，单击组合框右端按钮，打开组合框下拉列表，选择"文本"；在字段属性的"字段大小"单元格中输入"3"。

④ 重复步骤③，根据表 21-1，依次输入字段"姓名""性别""所在部门"及其数据类型和相应的字段大小。

⑤ 单击"职工编号"字段，选择"表格工具""设计""工具"组，单击"主键"按钮，则在"职工编号"左边的字段选定器上显示出一个钥匙图案，表示将该字段设为了主键，如图 21-6 所示。

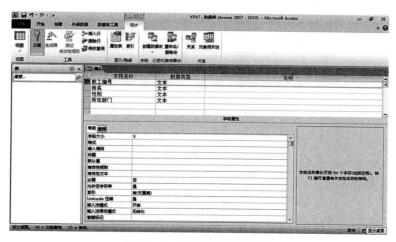

图 21-6　职工表的设计视图

⑥ 单击表"设计视图"窗格右上角的"关闭"按钮,弹出提示是否保存表设计的消息框,如图 21-7 所示。

图 21-7 提示是否保存表设计的消息框

⑦ 在消息框中单击"是"按钮,弹出"另存为"对话框。

⑧ 在"另存为"对话框中输入表的名称"职工表",如图 21-8 所示。

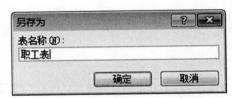

图 21-8 "另存为"对话框

⑨ 单击"确定"按钮,此时导航窗格中增加了一张名为"职工表"的表,如图 21-9 所示。

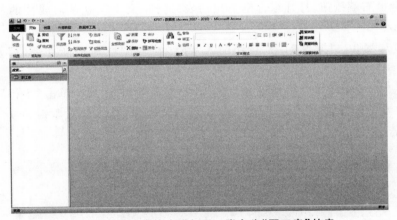

图 21-9 导航窗格中增加了一张名为"职工表"的表

至此,得到一张结构明确的空数据表。仿照上述实验步骤,根据表 21-2、21-3 分别建立"部门表"和"考评表"。

2. 设置表的有关属性

① 在导航窗格中右击"职工表",在弹出菜单中选择"设计视图",打开"职工表"的设计视图。

② 将光标定位至"性别"字段行,在"常规"选项卡下的"默认值"属性行中输入"男"。注意,引号必须是英文标点,如图 21-10 所示。

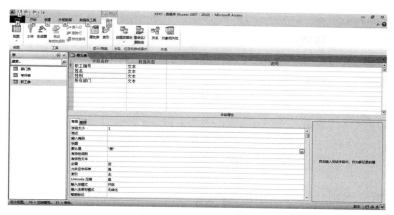

图 21-10　"性别"字段默认值属性设置结果

③ 选择"查阅"选项卡，在"显示控件"的下拉列表中将"文本框"换为"组合框"，在"行来源类型"中选择"值列表"，在"行来源"中输入"'男'；'女'"。注意，输入时双引号和分号都必须使用半角（英文标点），如图 21-11 所示。

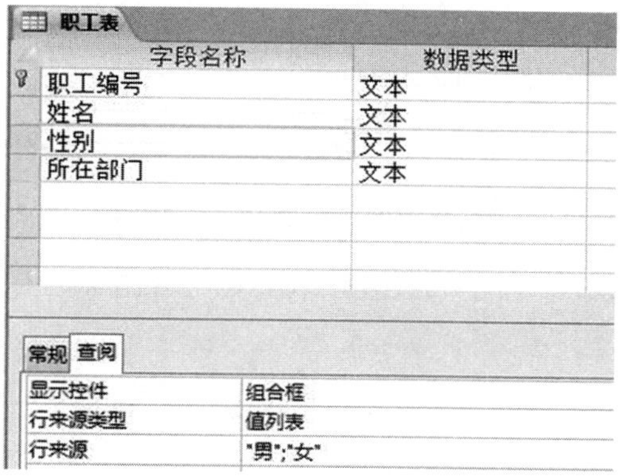

图 21-11　在设计视图中直接输入列表值

④ 将光标定位至"所在部门"字段行，选择"查阅"选项卡，在"显示控件"的下拉列表中将"文本框"换为"组合框"，在"行来源类型"中选择"表/查询"，在"行来源"中输入"SELECT 部门表.部门编号，部门表.部门名称 FROM 部门表；"，如图 21-12 所示。

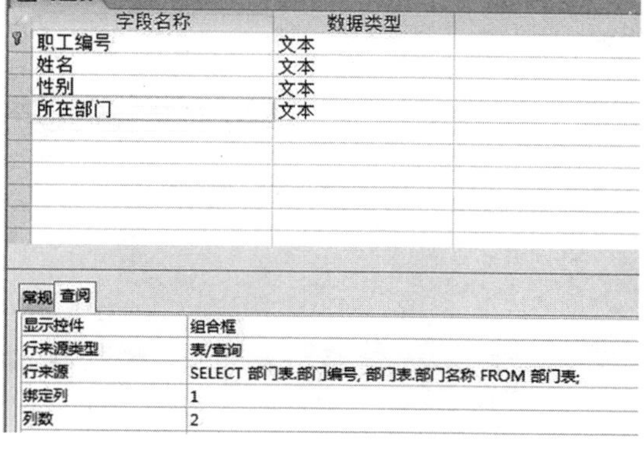

图 21-12　设置查阅列的数据来源

⑤ 关闭"职工表"。

⑥ 在导航窗格中右击"考评表",在弹出菜单中选择"设计视图",打开"考评表"的设计视图,仿照步骤②,设置"考评年度"字段的默认值为"=year(date())"。

⑦ 仿照步骤④设置"被考评的职工编号"字段的"行来源"为"SELECT 职工表.职工编号,职工表.姓名 FROM 职工表"。

⑧ 将光标定位至"思政表现"字段行,在"常规"选项卡下的"有效性规则"属性行中输入">=0 and <=15",在"有效性文本"属性行输入"该项考评指标分值在【0,15】范围内!",如图 21-13 所示。

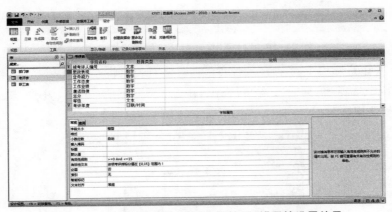

图 21-13 "思政表现"字段"有效性规则"属性设置结果

⑨ 重复步骤⑧,按表 21-3 说明,设置该表其他考评指标的有效性规则和相应的有效性文本。

⑩ 关闭"考评表"。

3. 建立表之间的关系

① 在功能区"数据库工具"选项卡的"关系"组中单击"关系"按钮,打开"显示表"对话框,选择要创建关系的数据表,如图 21-14 所示。

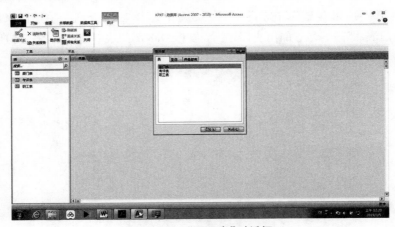

图 21-14 "显示表"对话框

② 按住 Ctrl 键逐个单击要建立关系的表,单击"显示表"对话框中的"添加"按钮,或

双击每一个表,选定的那些表立即显示在"关系"布局窗口中,如图 21-15 所示。

图 21-15　"关系"布局窗口中的表

③ 单击"显示表"对话框中的"关闭"按钮,关闭"显示表"对话框。

④ 将表中的主关键字段拖到其他表的外键字段,系统将显示"编辑关系"对话框。例如,建立"部门表"与"职工表"之间的一对多关系。将"部门表"中的主键字段"部门编号"拖到"职工表"的外键字段"所在部门"处。

⑤ 在"编辑关系"对话框中,根据需要设置关系选项。选择"实施参照完整性(E)",如图 21-16 所示。

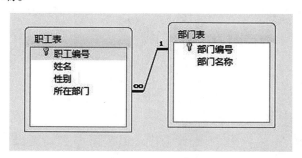

图 21-16　"编辑关系"对话框

⑥ 单击"编辑关系"对话框中的"创建"按钮,创建好"部门表"与"职工表"之间的一对多关系,如图 21-17 所示。该图中的关系线两端的符号"1"和"∞"分别表示一对多关系的"一"端和"多"端。

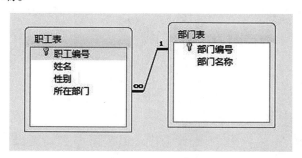

图 21-17　"部门表"和"职工表"之间的一对多关系

⑦ 对"职工表"和"考评表",按照步骤④至步骤⑥建立相应的关系。结果如图21-18所示。

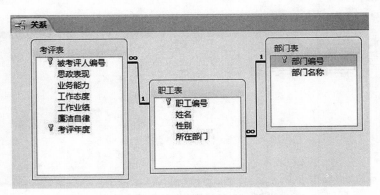

图 21-18 数据库"KPXT.accdb"中表之间的关系

⑧ 单击"关系"布局窗口右上角的"关闭"按钮,在弹出的对话框中,单击"是"按钮,保存该关系布局。

4. 数据录入

参照图21-19至图21-21,在各个数据表中输入记录。

部门编号	部门名称	单击以添加
01	生产部	
02	销售部	
03	质检部	
04	采购部	

图 21-19 部门信息表

职工编号	姓名	性别	所在部门
101	赵云龙	男	01
102	李振东	男	02
103	花云	女	03
104	孙兵兵	男	04
105	钱静	女	03
106	李义仁	男	01
107	吴悠悠	男	03
108	韩旭	男	02
109	孙兰兰	女	02
110	章文甜	女	04
111	夏小雪	男	03
112	郑正好	男	01
113	梅芳芳	女	04
114	周道	女	03
		男	

图 21-20 职工信息表

考评表

被考评人编	思政表现	业务能力	工作态度	工作业绩	廉洁自律	考评年度
101	13	24	13	26	8	2017
101	14	23	12	25	7	2018
102	14	25	13	25	8	2017
102	13	24	12	24	9	2018
103	10	20	12	20	7	2017
103	13	21	14	22	7	2018
104	14	28	14	28	9	2017
104	13	26	14	27	9	2018
105	10	22	11	24	7	2017
105	10	23	14	23	8	2018
106	12	23	12	24	8	2017
106	12	22	13	23	8	2018
107	11	18	10	19	7	2017
107	13	19	12	21	6	2018
108	14	27	13	25	9	2017
108	13	23	13	23	8	2018
109	12	26	12	24	8	2017
109	11	24	12	24	9	2018
110	12	22	13	24	8	2017
110	12	24	12	25	9	2018
111	13	28	14	27	9	2017
111	12	23	12	23	9	2018
112	10	26	13	21	7	2017
112	11	25	11	21	8	2018
113	13	25	12	22	9	2017
114	12	15	13	17	6	2017

图 21-21　考评信息表

① 打开“KPXT.accdb”,在“导航窗格”中选中“部门表”,双击打开“部门表”的“数据表视图”。

② 从第 1 个空记录的第 1 个字段开始分别输入“部门编号”“部门名称”的字段值,每输入完一个字段值,按 Enter 键或者按 Tab 键转至下一个字段。

③ 输入完一条记录后,按 Enter 键或者按 Tab 键转至下一条记录,继续输入下一条记录。

④ 输入完全部记录后,单击快速工具栏上的“保存”按钮,保存表中的数据。

依照上述步骤,依次输入“职工表”和“考评表”的数据记录。注意,在输入“职工表”中的“性别”“所在部门”字段的值时,可以从对应组合框中进行选择,以提高输入速度和准确性。在输入“考评表”中的“被考评的职工编号”字段的值时,也可以从对应组合框中进行选择。

【实验总结】

数据表是数据库中最重要的组成部分之一,用于存储和管理数据。数据库只是一个框架,数据表才是其主要的数据基础。一个数据库中可能包含若干张数据表,这些各自独立的数据表可以通过建立它们之间的关系而被连接起来,从而实现数据的有机整合并为整个数据库所用。

实验三　查询设计

查询是在指定的(一个或多个)数据表中,根据给定的条件从中筛选出所需的信息,以供查看、统计分析与决策。在 Access 2010 中,查询作为一个重要的对象,能够从多个有关表中检索、提取数据并以数据记录集合的形式呈现出来,供用户使用。

【实验目的和要求】

(1) 熟练掌握有关查询的创建方法。

（2）熟练掌握查询条件的正确表达。

（3）通过多表查询,深入理解表之间建立关系的重要意义。

【实验内容】

（1）查询统计各考评年度每个职工的考评情况。

（2）按部门名称查询该部门职工的考评情况。

（3）按职工编号查询该职工个人的考评情况。

（4）按考评年度查询该年度职工的考评情况。

（5）查询统计各年度、各部门、各考评等级的人数。

（6）按年度和部门查询各年度、各部门、各考评等级的人数情况。

（7）按年度和考评等级查询各年度、各等级的所有职工。

【实验步骤】

1. 查询统计各考评年度每个职工的考评情况

① 打开"KPXT.accdb"数据库,在功能区"创建"选项卡的"查询"组中单击"查询设计"按钮,打开查询设计视图（见图 21-22）。在"显示表"对话框中选中全部三张表,单击"添加"按钮,然后关闭"显示表"对话框。

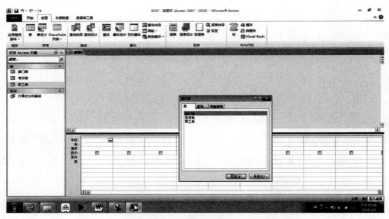

图 21-22　查询设计视图

② 双击"职工表"中"职工编号""姓名""性别","部门表"中"部门编号""部门名称"和"考评表"中"考评年度""思政表现""业务能力""工作态度""工作业绩""廉洁自律"字段,将它们依次添加到"字段"行的第 1—11 列上。

③ 单击快速工具栏上的"保存"按钮,在"另存为"对话框的"查询名称"文本框中输入"计算总分和等级",单击"确定"按钮。

④ 选择右端的空白字段,然后单击工具栏"生成器"按钮,弹出"表达式生成器"窗口。

⑤ 在"表达式生成器"文本框输入"=［思政表现］+［业务能力］+［工作态度］+［工作业绩］+［廉洁自律］",单击"确定"按钮。此时,在字段名出现:

表达式 1:［思政表现］+［业务能力］+［工作态度］+［工作业绩］+［廉洁自律］

⑥ 将"表达式 1"改为"总分"(注意保留分号)。

⑦ 在刚才字段的右侧空白字段,按照同样的步骤,输入"=等级：Iif([总分]>=90,
'优秀',Iif([总分]>=60 And [总分]<90,'合格''不合格'))"

⑧ 在"考评年度"和"职工编号"字段对应的"排序"行中分别选择"升序",如图 21-23
所示。

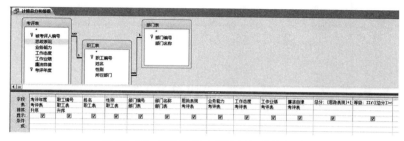

图 21-23　带"计算字段"查询设计视图

⑨ 单击功能区"查询工具/设计"选项卡"结果"上的"运行"按钮,查看查询结果,如
图 21-24 所示。

考评年度	职工编号	姓名	性别	部门编号	部门名称	思政表现	业务能力	工作态度	工作业绩	廉洁自律	总分	等级
2017	101	赵云龙	男	01	生产部	13	24	13	26	8	84	合格
2017	102	李振东	男	02	销售部	14	25	13	25	8	85	合格
2017	103	花云	女	03	质检部	10	20	12	20	7	69	合格
2017	104	孙兵兵	男	04	采购部	14	28	14	28	9	93	优秀
2017	105	钱静	女	03	质检部	10	22	11	24	7	74	合格
2017	106	李义仁	男	01	生产部	12	23	12	24	8	79	合格
2017	107	吴悠悠	男	03	质检部	11	18	10	19	7	65	合格
2017	108	韩旭	男	02	销售部	14	27	13	26	8	88	合格
2017	109	孙兰兰	女	02	销售部	12	26	12	24	8	82	合格
2017	110	董文雄	女	04	采购部	12	22	13	24	8	79	合格
2017	111	夏小雷	男	03	质检部	13	28	14	27	9	91	优秀
2017	112	郑正好	男	01	生产部	10	26	13	21	7	77	合格
2017	113	梅芳芳	女	04	采购部	13	25	12	24	7	81	合格
2017	114	周道	女	03	质检部	12	15	13	17	6	63	合格
2018	101	赵云龙	男	01	生产部	14	23	12	25	7	81	合格
2018	102	李振东	男	02	销售部	13	24	12	24	9	82	合格
2018	103	花云	女	03	质检部	13	21	14	22	7	77	合格
2018	104	孙兵兵	男	04	采购部	13	26	14	27	9	89	合格
2018	105	钱静	女	03	质检部	10	23	14	23	8	78	合格
2018	106	李义仁	男	01	生产部	12	22	13	23	8	78	合格
2018	107	吴悠悠	男	03	质检部	13	19	12	21	6	71	合格
2018	108	韩旭	男	02	销售部	13	23	13	23	8	80	合格
2018	109	孙兰兰	女	02	销售部	11	24	12	24	8	79	合格
2018	110	董文雄	女	04	采购部	12	25	12	25	8	82	合格
2018	111	夏小雷	男	03	质检部	12	23	12	23	9	79	合格
2018	112	郑正好	男	01	生产部	11	25	11	21	8	76	合格

图 21-24　查询结果

⑩ 关闭并保存查询。

2. 查询部门职工的考评情况

要求:以已建的"计算总分和等级"查询为数据源建立查询,按照"部门名称"查看某
部门所有职工的历年考评情况(按考评年度升序),并显示"部门编号""部门名称""职工
编号""姓名""等级""考评年度"等字段。

① 在功能区"创建"选项卡的"查询"组中单击"查询设计"按钮,打开查询设计视图,
在"显示表"对话框中切换到"查询"选项卡,选中查询"计算总分和等级",单击"添加"按
钮。然后关闭"显示表"对话框。

② 双击上部区域中查询"计算总分和等级"中"部门编号""部门名称""职工编号"
"姓名""等级""考评年度"等字段,将它们依次添加到"字段"行的第 1—13 列上。在

"部门名称"字段的条件行中输入"〔请输入部门名称〕",结果如图21-25所示。

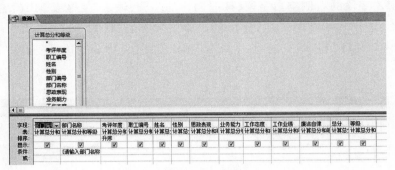

图 21-25　按部门名称查询

③ 单击快速工具栏"保存"按钮,在"另存为"对话框的"查询名称"文本框中输入"按部门名称查询",单击"确定"按钮。

④ 单击"查询工具/设计"选项卡"结果"组上的"运行"按钮,在"请输入部门名称"文本框中输入要查询的部门名称,如"生产部",单击"确定"按钮,显示查询结果,如图21-26所示。

部门编号	部门名称	考评年度	职工编号	姓名	性别	思政表现	业务能力	工作态度	工作业绩	廉洁自律	总分	等级
01	生产部	2017	112	郑正好	男	10	26	13	13	7	77	合格
01	生产部	2017	106	李义仁	男	12	23	12	24	8	79	合格
01	生产部	2017	101	赵云龙	男	13	24	13	26	8	84	合格
01	生产部	2018	112	郑正好	男	11	25	11	21	8	76	合格
01	生产部	2018	106	李义仁	男	12	22	13	23	8	78	合格
01	生产部	2018	101	赵云龙	男	14	23	12	25	7	81	合格

图 21-26　按"生产部"查询结果

3. 按职工编号查询该职工个人的考评情况

设计方法与"按部门名称查询该部门职工的考评情况"类似,参考上述操作步骤自行完成。

4. 按考评年度查询该年度职工的考评情况

设计方法与"按部门名称查询该部门职工的考评情况"类似,参考上述操作步骤自行完成。

5. 查询统计各年度、各部门、各考评等级的人数

要求:以已建立的"计算总分和等级"查询为数据源建立查询,统计各年度、各部门、各考评等级人数(按考评年度升序),并显示"考评年度""部门名称""等级"等字段。

① 在功能区"创建"选项卡的"查询"组中单击"查询设计"按钮,打开查询设计视图,在"显示表"对话框中切换到"查询"选项卡,选中查询"计算总分和等级",单击"添加"按钮。然后关闭"显示表"对话框。

② 将"考评年度""部门名称""等级""职工编号"字段依次添加到下面的字段行。

③ 单击"查询工具/设计"选项卡"显示/隐藏"组中的"汇总"按钮,使查询设计视图中出现"总计:"行。

④ 在"考评年度""部门名称""等级"三个字段"总计"行选择"Group By",并更改"职工编号"字段名为"人数:职工编号",对应"总计"行选择"计数",如图 21-27 所示。

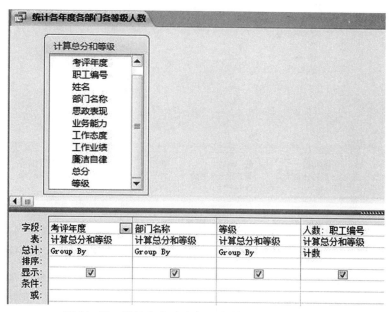

图 21-27　统计各年度各部门各等级人数设计视图

⑤ 单击快速工具栏"保存"按钮,在"另存为"对话框的"查询名称"文本框中输入"统计各年度各部门各等级人数",单击"确定"按钮。

⑥ 单击"查询工具/设计"选项卡"结果"组上的"运行"按钮,显示查询结果,如图 21-28 所示。

考评年度	部门名称	等级	人数
2017	采购部	合格	2
2017	采购部	优秀	1
2017	生产部	合格	3
2017	销售部	合格	3
2017	质检部	合格	4
2017	质检部	优秀	1
2018	采购部	合格	3
2018	生产部	合格	3
2018	销售部	合格	3
2018	质检部	合格	4

图 21-28　统计各年度各部门各等级人数查询结果

6. 按年度和部门查询各年度、各部门、各等级的人数

① 打开查询"统计各年度各部门各等级人数",在"考评年度"字段的条件行中输入"[请输入考评年度]",在"部门名称"字段的条件行中输入"[请输入部门名称]",结果如图 21-29 所示。

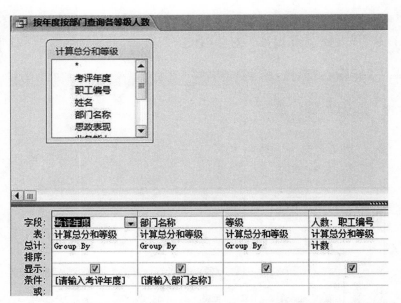

图 21-29　按年度和部门查询各年度、各部门、各考评等级人数情况设计视图

② 单击"文件"菜单中的"对象另存为"命令,在弹出的"另存为"对话框中将查询"统计各年度各部门各等级人数"另存为"按年度按部门查询各等级人数",如图 21-30 所示。

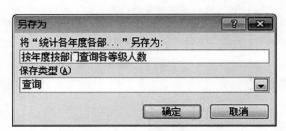

图 21-30　"另存为"对话框

③ 单击"确定"按钮。

④ 单击"查询工具/设计"选项卡"结果"组上的"运行"按钮,在"请输入考评年度"文本框中输入要查询的考评年度,如"2017",单击"确定"按钮,在"请输入部门名称"文本框中输入要查询的部门名称,如"采购部",单击"确定"按钮,显示查询结果,如图 21-31 所示。

图 21-31　查询结果

7. 按年度和考评等级查询各年度、各等级的所有职工考评情况

参考实验内容②,创建该查询,并命名为"按年度和考评等级查询职工考评情况",设计视图如图 21-32 所示。

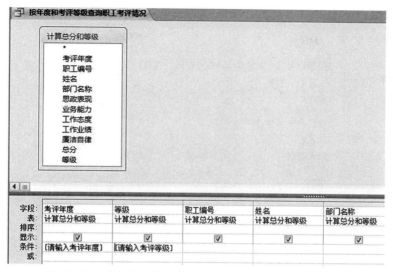

图 21-32 按年度和考评等级查询职工考评情况设计视图

【实验总结】

查询是 Access 数据库的一个重要对象,通过查询筛选出符合条件的记录,构成一个新的数据集合,并以数据表视图的方式进行显示。但与数据表不同的是,查询的结果并不是数据的物理集合,而是动态数据集合(临时表)。查询中所存放的是如何取得数据的方法和定义,只涉及表、字段和筛选条件,相当于程序,只有在运行查询时才会从查询数据源中抽取数据;只要关闭查询,查询的动态集就会自动消失,而数据表所存放的是实际的数据。数据表和查询都可以作为查询的数据源,查询也是窗体和报表的数据源。

实验四 窗体设计

【实验目的和要求】

(1)熟练掌握各种类型窗体的创建方法。

(2)熟练掌握各种控件的建立方法。

(3)熟练掌握窗体及各控件的属性设置。

(4)子窗体的应用。

【实验内容】

(1)以多页选项卡形式在一个窗体内分别显示职工、部门和职工考评信息。

(2)建立职工信息、部门信息、职工考评信息录入窗体。

(3)建立有关各种信息的查询窗体。

【实验步骤】

1. 信息浏览多页窗体

① 打开"KPXT.accdb"数据库,在功能区"创建"选项卡的"窗体"组,单击"窗体设计"按钮,进入窗体设计视图。

② 在窗体"属性表"对话框(若该对话框未显示,可双击设计窗口左上角的实心小方

块——窗体选择器）选中"数据"选项卡中，找到"记录源"，打开其下拉列表，选择"职工表"，如图 21-33 所示。

图 21-33 为窗体建立数据源

③ 单击工具栏"添加现有字段"按钮，弹出"字段列表"对话框，选择所有字段，将它们拖到窗体的主体节中，根据需要，调整大小和位置，如图 21-34 所示。

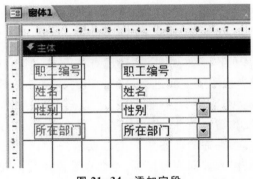

图 21-34 添加字段

④ 单击"控件工具箱"中的命令按钮控件 ，在窗体上单击要放置命令按钮的位置，弹出第一个"命令按钮向导"对话框，在"类别"中选择"记录导航"，在"操作"中选择"转至前一项记录"，再单击"下一步"；在弹出的第二个"命令按钮向导"对话框中选择"文本"单选按钮，将按钮文本改为"上一条"，单击"完成"按钮，如图 21-35 和图 21-36所示。

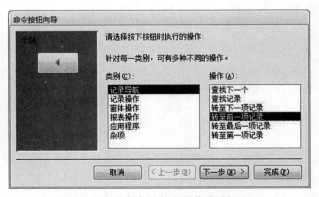

图 21-35 "命令按钮向导"对话框之一

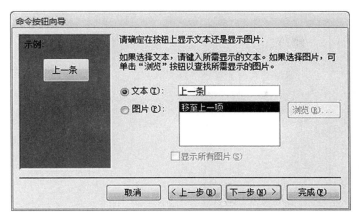

图 21-36 "命令按钮向导"对话框之二

⑤ 按照同样步骤,在该窗体上放置"下一条""第一条""最后一条"三个命令按钮,适当调整各命令按钮的大小和位置。

⑥ 单击快捷工具栏保存按钮,在"另存为"对话框中,输入窗体名"职工信息子窗体",单击"确定"按钮。

⑦ 切换到"窗体视图",效果如图 21-37 所示。

图 21-37 职工信息子窗体

⑧ 仿照步骤①至步骤⑦创建子窗体"部门信息子窗体""职工考评信息子窗体",其"窗体视图"效果分别如图 21-38 和图 21-39 所示。

图 21-38 部门信息子窗体

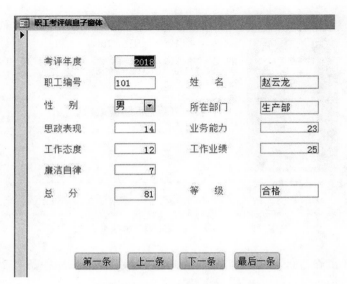

图 21-39　职工考评信息子窗体

⑨ 在功能区"创建"选项卡的"窗体"组，单击"窗体设计"按钮，进入窗体设计视图。单击快捷工具栏保存按钮，将该窗体命名为"信息浏览"。

⑩ 单击"窗体设计工具/设计"按钮，在"控件工具箱"中选择"选项卡"控件，然后在设计视图的主体节选定位置单击并拖动出合适尺寸的矩形，如图 21-40 所示。

图 21-40　添加选项卡控件

⑪ 右击该选项卡控件，在弹出菜单中选择"插入页"菜单项，增加一页"页 3"。

⑫ 单击选项卡中的"页 1"页标签，在"控件工具箱"中选择"子窗体/子报表"控件，然后在"页 1"中适当位置单击，在弹出的"子窗体向导"中，选择"使用现有的窗体"选项下面的"职工信息子窗体"，如图 21-41 所示。

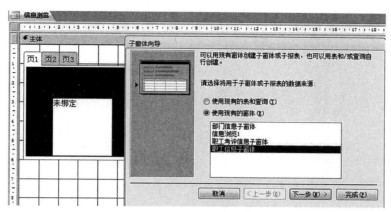

图 21-41　"子窗体向导"对话框

⑬ 单击"下一步",再单击"完成"按钮,返回窗体设计视图。

⑭ 删除子窗体左上角的标签"职工信息子窗体"。单击选项卡中的"页 1"页标签,在其属性窗口的"格式"选项卡中将其"标题"属性改为"职工基本信息",类似地,将"页 2""页 3"的"标题"属性改为"部门基本信息"和"职工考评信息",切换到窗体视图,效果如图 21-42 所示。

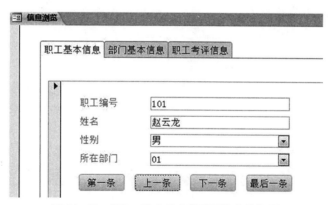

图 21-42　"职工基本信息"页面的窗体视图

⑮ 仿照步骤⑫至步骤⑭,将"部门信息子窗体""职工考评信息子窗体"分别添加到主窗体"信息浏览"的"部门基本信息"页和"职工考评信息"页。完成效果如图 21-43 和图 21-44 所示。

图 21-43　"部门基本信息"页面的窗体视图

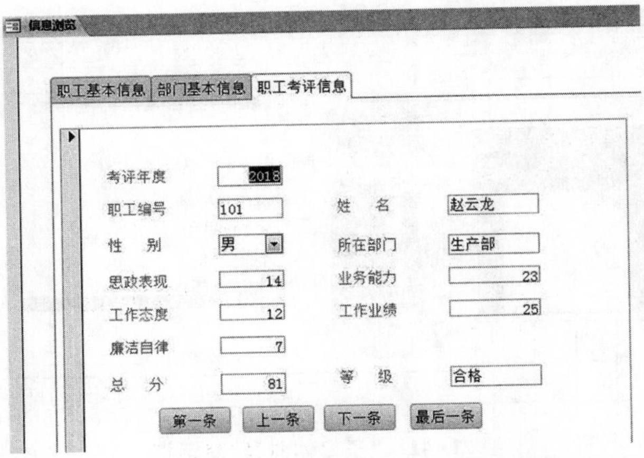

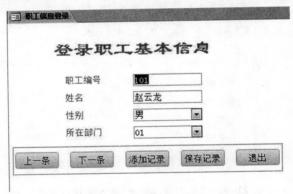

图 21-44 "职工考评信息"页面的窗体视图

2. 建立职工信息、部门信息、职工考评信息录入窗体

① 仿照实验内容（1）中操作步骤①至步骤⑦，以"职工表"为记录源创建窗体"职工信息登录"，在该窗体的设计视图中添加一个"标签"并将其"标题"属性改为"登录职工基本信息"，根据需要将该标签的"字体名称""字号"等外观属性进行设置，同时将该窗体的"导航按钮""记录选择器"属性设置为"否"。设计完成后的窗体视图效果如图 21-45 所示。

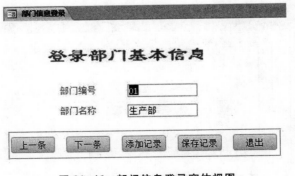

图 21-45 职工信息登录窗体视图

② 参照步骤①以"部门表"为记录源创建"部门信息登录"窗体，设计完成后的窗体视图效果如图 21-46 所示。

图 21-46 部门信息登录窗体视图

③ 参照步骤①以"考评表"为记录源创建"职工考评信息登录"窗体，完成后的窗体设计视图效果如图 21-47 所示。

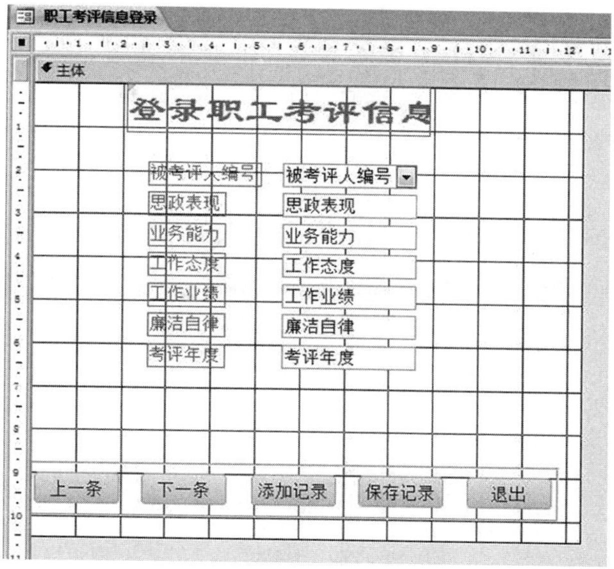

图 21-47　职工考评信息登录窗体设计视图一

④ 选择"控件工具箱"中的"直线"控件，放在命令按钮组上方的适当位置，并设置好其有关外观属性，如"宽度""边框样式"等。再选择"控件工具箱"中的"文本框"控件，放在"直线"控件下方的适当位置，弹出"文本框向导"，单击"取消"按钮，如图 21-48 所示。

图 21-48　职工考评信息登录窗体设计视图二

⑤ 将标签"Text8"中的文字改为"总分"，单击带有"未绑定"字样的文本框对象，在其中输入计算总分的表达式" =［思政表现］+［业务能力］+［工作态度］+［工作业绩］+［廉

洁自律]"。

⑥ 选择该文本框"属性表"对话框中"其他"选项卡,将其"名称"属性修改为"zf"。

⑦ 再次选择"文本框"控件,将其放置在"总分"标签下,将标签"Text9"中的文字改为"等级",单击带有"未绑定"字样的文本框对象,在其中输入评定等级的条件表达式"=IIf([zf]>=90,'优秀',IIf([zf]>=60 And [zf]<90,'合格','不合格')),"如图 21-49 所示。

图 21-49 职工考评信息登录窗体设计视图三

⑧ 切换到窗体视图,效果如图 21-50 所示。

图 21-50 职工考评信息登录窗体视图

3. 建立有关各种信息的查询窗体

（1）按部门名称查询各部门所有职工历年考评情况。

① 打开"KPXT.accdb"数据库，在功能区"创建"选项卡的"窗体"组，单击"窗体设计"按钮，进入窗体设计视图。

② 单击快捷工具栏保存按钮，在"另存为"对话框中，输入窗体名"按部门名称"，单击"确定"按钮。

③ 在窗体"属性表"对话框（若该对话框未显示，可双击设计窗口左上角的实心小方块——窗体选择器）选中"数据"选项卡，找到"记录源"，打开其下拉列表，选择"按部门名称查询"。

④ 单击工具栏"添加现有字段"按钮，弹出"字段列表"对话框，选择"部门编号"和"部门名称"字段，将它们拖到窗体的主体节中，根据需要，调整字号大小和位置。

⑤ 在"控件工具箱"中选择"子窗体/子报表"控件，然后在主体节的适当位置单击。在弹出的"子窗体向导"中，选择"使用现有的窗体"选项下面的"职工考评信息子窗体 1"。（"职工考评信息子窗体 1"的快速创建方法是：复制一份"职工考评信息子窗体"，更名为"职工考评信息子窗体 1"，然后删除其中的"部门编号""部门名称"字段，保存即可）

⑥ 单击"下一步"，在弹出的"子窗体向导"中，选择"自行定义"单选按钮，选择"部门编号"作为主窗体和子窗体的链接字段，如图 21-51 所示。

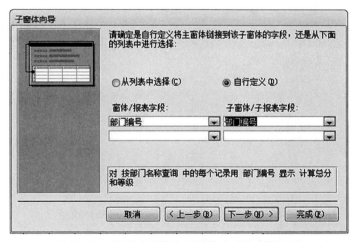

图 21-51　设置主窗体和子窗体之间的链接字段

⑦ 单击"下一步"，指定子窗体或子报表名称，单击"完成"按钮。

⑧ 删除子窗体名称标签。将主窗体的"导航按钮""记录选择器""允许添加""允许删除""允许编辑""允许筛选"属性设置为"否"。设计完成后的窗体设计视图如图 21-52 所示。

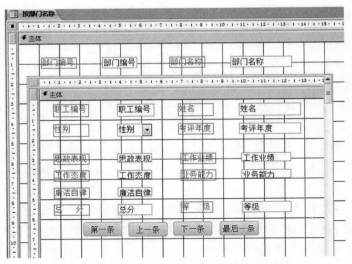

图 21-52　"按部门名称"查询窗体的设计视图

⑨ 切换到窗体视图,在弹出的"请输入参数值"对话框输入部门名称"采购部",单击"确定"按钮,如图 21-53 所示。

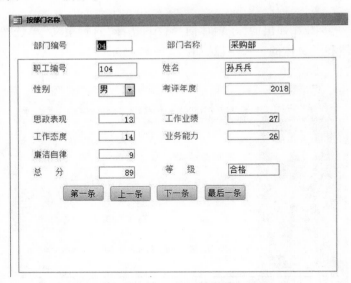

图 21-53　"按部门名称"查询窗体的窗体视图

(2) 按职工编号查询该职工历年考评情况。

仿照(1)的操作步骤,以查询"按职工编号查询个人考评情况"为记录源,以"职工考评信息子窗体 2"为子窗体("职工考评信息子窗体 2"的快速创建方法:复制一份"职工考评信息子窗体",更名为"职工考评信息子窗体 2",然后删除其中的"职工编号""姓名""性别""部门编号""部门名称"字段,单击保存即可),以"职工编号"为主窗体和子窗体的链接字段,可建立"按职工编号查询该职工历年考评情况"的窗体,完成后的窗体设计视图和窗体视图分别如图 21-54 和图 21-55 所示。

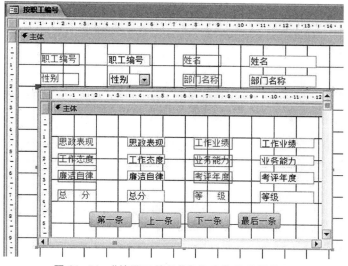

图 21-54　"按职工编号"查询窗体的设计视图

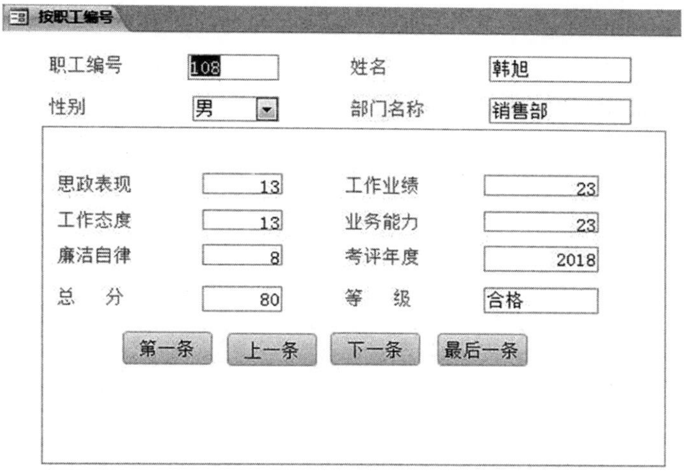

图 21-55　"按职工编号"查询窗体的窗体视图

（3）按考评年度查询各年度所有职工的考评情况的窗体。

仿照（1）的操作步骤，以"按年度查询职工考评情况"为记录源，以"职工考评信息子窗体 3"为子窗体（"职工考评信息子窗体 3"的快速创建方法：复制一份"职工考评信息子窗体"，更名为"职工考评信息子窗体 3"，然后删除其中的"考评年度"字段，单击保存即可），以"考评年度"为主窗体和子窗体的链接字段，可建立按考评年度查询各年度所有职工的考评情况的窗体，完成后的窗体设计视图和窗体视图（考评年度为"2017"）分别如图 21-56 和图 21-57 所示。

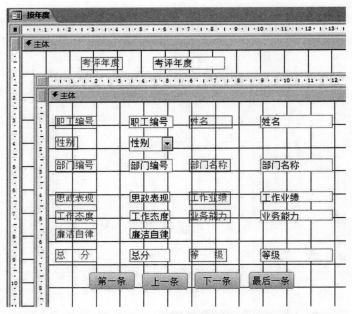

图 21-56 "按年度"查询窗体的设计视图

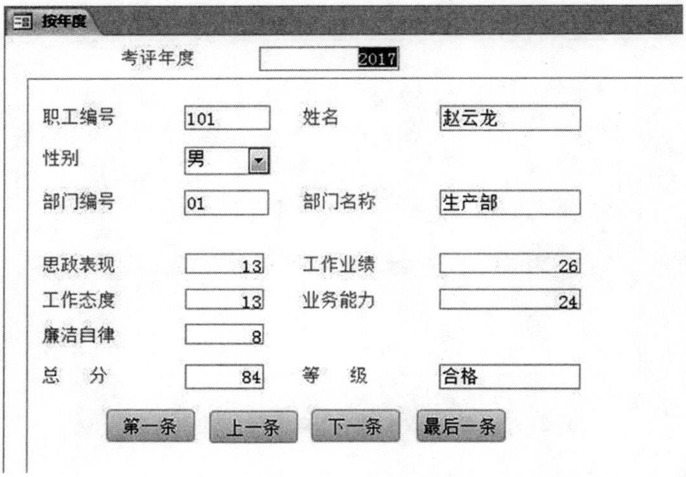

图 21-57 "按年度"查询窗体的窗体视图

（4）按考评年度和考评等级查询所有符合条件的职工考评情况的窗体。

仿照（1）的操作步骤，以"按考评年度和考评等级查询职工考评情况"为记录源，以"职工考评信息子窗体 3"为子窗体，以"考评年度"和"等级"为主窗体和子窗体的链接字段，可建立"按考评年度和考评等级查询各年度、各等级所有职工的考评情况"的窗体，完成后的窗体设计视图和窗体视图（考评年度为"2017"，考评等级为"优秀"）分别如图 21-58 和图 21-59 所示。

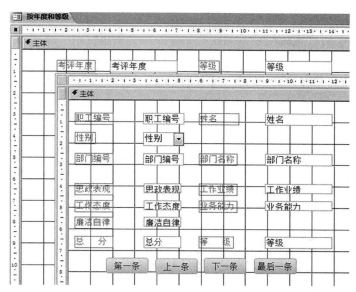

图 21-58　"按考评年度和考评等级"查询窗体的设计视图

图 21-59　"按考评年度和考评等级"查询窗体的窗体视图

【实验总结】

　　窗体是 Access 数据库应用中一个非常重要的对象,是用户和 Access 应用程序之间的主要接口和界面,用户可以通过窗体提供的操作界面来操作数据表,避免直接操作数据库时使数据丢失或遭到破坏。窗体包含文字、图形、图像、音频和视频等不同形式的信息,使用窗体不仅可以显示、查询、增加、修改、删除、打印数据,还可以将整个应用程序组织起来,形成一个完整的应用系统。

实验五　报 表 设 计

【实验目的和要求】

　　(1)熟练掌握各种类型报表的创建方法。

　　(2)子报表的建立方法。

【实验内容】

（1）创建企业职工考评明细报表。

（2）统计各年度、各考评等级的人数。

（3）统计各年度、各部门、各考评等级的人数。

【实验步骤】

1. 创建企业职工考评明细报表

① 打开"KPXT.accdb"数据库，在"创建"选项卡的"报表"组中，单击"报表向导"按钮，打开"报表向导"|"请确定报表上使用哪些字段"对话框，在"表/查询"下拉列表框中选择报表的数据源"查询:计算总分和等级"。在"可用字段"窗格中，将全部字段发送到"选定字段"窗格中，如图 21-60 所示。

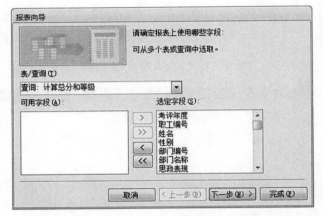

图 21-60 "请确定报表上使用哪些字段"对话框

② 单击"下一步"按钮，在打开的"请确定查看数据的方式"对话框中，选择"通过部门表"，如图 21-61 所示。

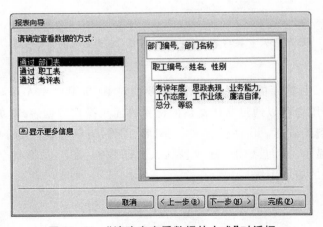

图 21-61 "请确定查看数据的方式"对话框

③ 单击"下一步"按钮，在打开的"是否添加分组级别"对话框中，选择按"考评年度"字段分组，单击向上的"优先级"箭头，如图 21-62 所示。

图 21-62　"是否添加分组级别"对话框

④ 单击"下一步"按钮,打开的是"请确定明细信息使用的排序次序和汇总信息"对话框,由于这里不排序也不汇总,可直接单击"下一步"按钮。

⑤ 在打开的"请确定报表的布局方式"对话框中,选择"递阶"式布局,方向选择"纵向",如图 21-63 所示。

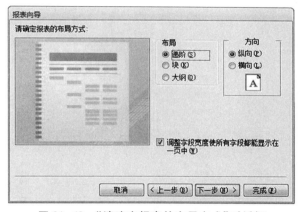

图 21-63　"请确定报表的布局方式"对话框

⑥ 单击"下一步"按钮,在打开的"请为报表指定标题"对话框中,输入"考评明细表",选择"预览报表"单选项,然后单击"完成"按钮,如图 21-64 所示。

图 21-64　"请为报表指定标题"对话框

⑦ 单击“关闭打印预览”按钮，切换到报表的设计视图，将“报表页眉”节的报表标题改为“企业职工考评明细表”，“页面页脚”节的报表日期文本框移到“报表页眉”节的报表标题右端，并设置其“格式”属性为“短日期”。按下图报表设计格式调整有关控件的大小和位置，如图 21-65 所示。

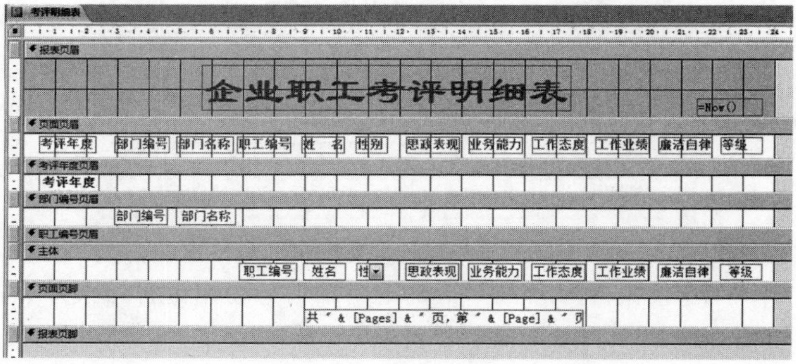

图 21-65 “考评明细表”的设计视图

⑧ 切换到报表视图，如图 21-66 所示。

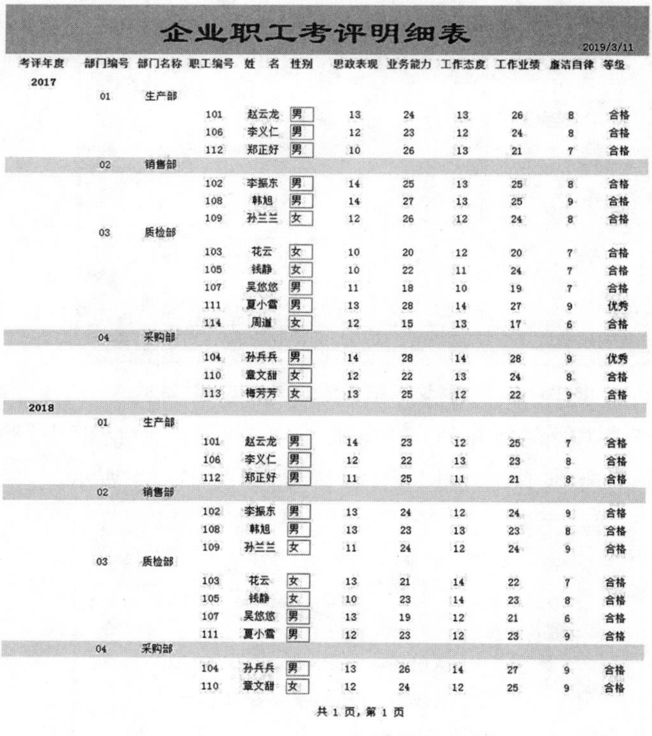

企业职工考评明细表

2019/3/11

考评年度	部门编号	部门名称	职工编号	姓 名	性别	思政表现	业务能力	工作态度	工作业绩	廉洁自律	等级
2017											
	01	生产部									
			101	赵云龙	男	13	24	13	26	8	合格
			106	李义仁	男	12	23	12	24	8	合格
			112	郑正好	男	10	26	13	21	7	合格
	02	销售部									
			102	李振东	男	14	25	13	25	8	合格
			108	韩旭	男	14	27	13	25	9	合格
			109	孙兰兰	女	12	26	12	24	8	合格
	03	质检部									
			103	花云	女	10	20	12	20	7	合格
			105	钱静	女	10	22	11	24	7	合格
			107	吴悠悠	男	11	18	10	19	7	合格
			111	夏小雪	男	13	28	14	27	9	优秀
			114	周道	女	12	15	13	17	6	合格
	04	采购部									
			104	孙兵兵	男	14	28	14	28	9	优秀
			110	章文甜	女	12	22	13	24	8	合格
			113	梅芳芳	女	13	25	12	22	9	合格
2018											
	01	生产部									
			101	赵云龙	男	14	23	12	25	7	合格
			106	李义仁	男	12	22	13	23	8	合格
			112	郑正好	男	11	25	11	21	8	合格
	02	销售部									
			102	李振东	男	13	24	12	24	9	合格
			108	韩旭	男	13	23	13	23	8	合格
			109	孙兰兰	女	11	24	12	24	9	合格
	03	质检部									
			103	花云	女	13	21	14	22	7	合格
			105	钱静	女	10	23	14	23	8	合格
			107	吴悠悠	男	13	19	12	21	6	合格
			111	夏小雪	男	12	23	12	23	9	合格
	04	采购部									
			104	孙兵兵	男	13	26	14	27	9	合格
			110	章文甜	女	12	24	12	25	9	合格

共 1 页，第 1 页

图 21-66 “考评明细表”的报表视图

2. 统计各年度、各考评等级的人数

① 打开“KPXT.accdb”数据库，在“创建”选项卡的“报表”组中，单击“报表向导”按钮，打开“报表向导”|“请确定报表上使用哪些字段”对话框，在“表/查询”下拉列表框中

选择报表的数据源"查询:计算总分和等级"。在"可用字段"窗格中,将"考评年度""等级""职工编号""姓名""性别""部门名称"字段发送到"选定字段"窗格中,如图 21-67所示。

图 21-67　"请确定报表上使用哪些字段"对话框

② 单击"下一步"按钮,在打开的"请确定查看数据的方式"对话框中,选择"通过考评表",如图 21-68 所示。

图 21-68　"请确定查看数据的方式"对话框

③ 单击"下一步"按钮,在打开的"是否添加分组级别"对话框中,选择先按"考评年度"字段分组,再按"等级"字段分组,如图 21-69 所示。

图 21-69　"是否添加分组级别"对话框

374

④ 单击"下一步"按钮,在打开的"请确定明细记录使用的排序次序"对话框中,按"职工编号""升序"排序,如图 21-70 所示。

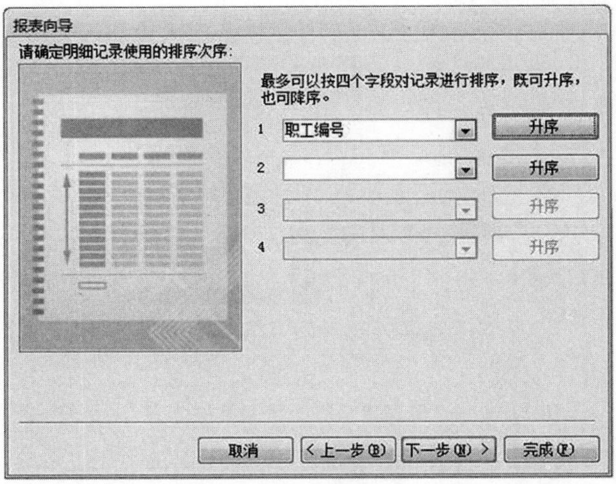

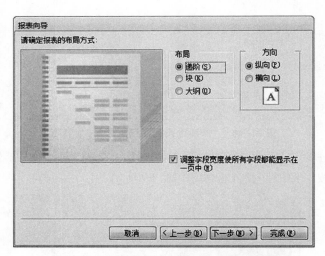

图 21-70 "请确定明细记录使用的排序次序"对话框

⑤ 单击"下一步"按钮,在打开的"请确定报表的布局方式"对话框中,选择"递阶"式布局,方向选择"纵向",如图 21-71 所示。

图 21-71 "请确定报表的布局方式"对话框

⑥ 单击"下一步"按钮,在打开的"请为报表指定标题"对话框中,输入报表的标题"统计各年度各考评等级人数报表",选择"修改报表设计"单选项,然后单击"完成"按钮,打开报表的设计视图窗口(部分标签和文本框未显示出来),如图 21-72 所示。

图 21-72　报表的设计视图

　　⑦ 单击"报表设计工具/设计"选项卡"分组和汇总"组中"分组和排序"按钮,在设计视图下方出现"分组、排序和汇总"窗格,调整组页眉/页脚为"有页眉,有页脚"显示状态,使得分组"考评年度"和"等级"在设计视图中出现"考评年度页脚"节、"等级页脚"节,如图 21-73 所示。

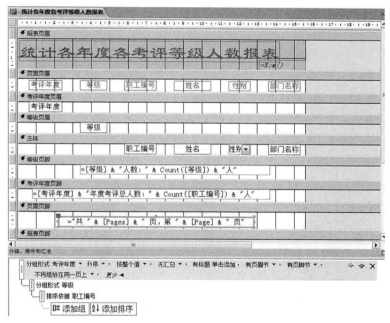

图 21-73　添加报表分组页脚后的设计视图

　　⑧ 参考图-14,在"等级页脚"节添加一个文本框控件,删除其标签部分,直接在文本框中输入:=[等级] & "人数:" & Count([等级]) & "人"。

　　在"考评年度页脚"节添加一个文本框控件,删除其标签部分,直接在文本框中输入:=[考评年度] & "年度考评总人数:" & Count([职工编号]) & "人"。

　　⑨ 单击保存按钮,切换到报表视图,显示效果如图 21-74 所示。

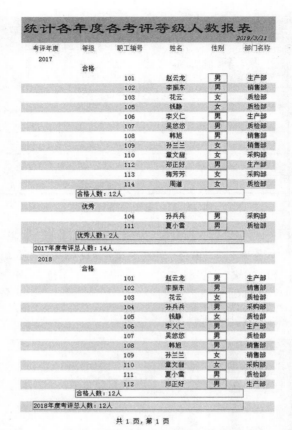

图 21-74　设计完成后的报表视图

3. 统计各年度、各部门、各考评等级的人数

① 打开"KPXT.accdb"数据库,在"创建"选项卡的"报表"组中,单击"报表向导"按钮,打开"报表向导"|"请确定报表上使用哪些字段"对话框,在"表/查询"下拉列表框中选择报表的数据源"查询:统计各年度各部门各等级人数"。在"可用字段"窗格中,所有字段发送到"选定字段"窗格中,如图 21-75 所示。

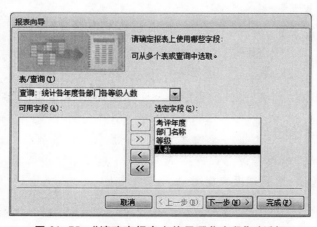

图 21-75　"请确定报表上使用哪些字段"对话框

② 单击"下一步"按钮,在打开的"是否添加分组级别"对话框中,选择按"考评年度"分组,如图 21-76 所示。

图 21-76　"是否添加分组级别"对话框

③ 单击"下一步"按钮,在打开的"请确定明细信息使用的排序次序和汇总信息"对话框中,按"部门名称""升序"排序,如图 21-77 所示。

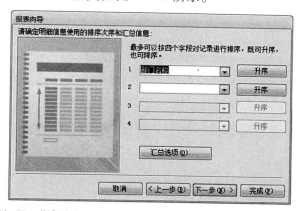

图 21-77　"请确定明细信息使用的排序次序和汇总信息"对话框

④ 单击"汇总选项(O)…"按钮,在打开的"汇总选项"对话框中选择需要计算的汇总值"汇总","显示"分组框中选择"明细和汇总"选项,如图 21-78 所示。

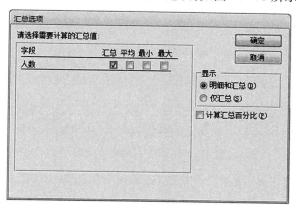

图 21-78　"汇总选项"对话框

⑤ 单击"确定"按钮,返回"请确定明细信息使用的排序次序和汇总信息"对话框,再单击"下一步",在打开的"请确定报表的布局方式"对话框中,确定报表所采用的布局方式。这里依然选择"递阶"式布局,方向选择"纵向"。

⑥ 单击"下一步"按钮,在打开的"请为报表指定标题"对话框中,指定报表的标题为"统计各年度各部门各等级人数",选择"修改报表设计"单选项,然后单击"完成"按钮,打开报表的设计视图窗口,如图 21-79 所示。

图 21-79　报表的设计视图

⑦ 删除"考评年度页脚"节的"汇总"文本框,调整有关控件位置和外观,如图 21-80 所示。

图 21-80　调整后的设计视图

⑧ 单击"保存"按钮,切换到报表视图,显示效果如图 21-81 所示。

图 21-81　设计完成后的报表视图

【实验总结】

Access 2010 的报表对象可将数据表或查询的数据以格式化的形式显示并打印输出，还可以根据需要对报表中的数据进行一些统计运算。报表的数据源与窗体相同，但通过报表只能查看数据，而不能对数据进行编辑。

实验六　宏　应　用

【实验目的和要求】

熟练掌握宏和宏组的建立方法。

【实验内容】

（1）创建一个"登录验证"条件宏。

（2）创建一个"系统登录"宏组。

（3）创建一个"主控面板"宏组。

（4）创建"信息录入"宏组、"信息查询"宏组、"报表统计"宏组。

（5）创建一个 AutoExec 宏。

【实验步骤】

1. 创建一个"登录验证"条件宏

① 打开"KPXT.accdb"数据库，在"创建"选项卡的"宏与代码"组中，单击"宏"按钮，打开"宏设计器"。

② 在"添加新操作"组合框中，输入"if"，单击条件表达式文本框右侧的按钮。

③ 打开"表达式生成器"对话框，在"表达式元素"窗格中，展开"KPXT.accdb/Forms/所有窗体"，选中"验证密码"窗体（该窗体的设计结果见实验七有关内容，下同）。在"表达式类别"窗格中，双击"Text0"，在"表达式值"中输入：<>"zgkpxt"，如图 21-82 所示。单击"确定"按钮，返回到"宏设计器"中。

图 21-82　"表达式生成器"对话框

④ 在"添加新操作"组合框中单击下拉箭头,在打开的列表中选择"MessageBox",在"操作参数"窗格的"消息"行中输入"密码错误！请重新输入系统密码！",在类型组合框中,选择"警告！",其他参数默认。

⑤ 重复步骤②和③,设置第 2 个 IF。在 IF 的条件表达式中输入条件:

[Forms]！[验证密码]！[Text0] like "zgkpxt"。在"添加新操作"组合框中,选择"CloseWindow","对象类型"参数为"窗体","对象名称"为"验证密码"。

⑥ 在"添加新操作"组合框中,选择"OpenForm","视图""窗体名称""窗口模式"参数分别为"窗体""主控面板""普通",设置的结果如图 21-83 所示。保存宏名称为"登录验证"。

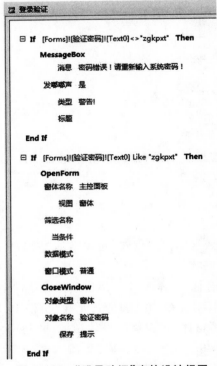

图 21-83　"登录验证"宏的设计视图

2. 创建一个"系统登录"宏组

要求:在"KPXT.accdb"数据库中创建宏组"系统登录",其中子宏"进入系统"的功能是打开"验证密码"窗体;子宏"退出系统"的功能是退出 Access 2010。

操作步骤:

① 在"KPXT.accdb"数据库中,选择"创建"选项卡"宏与代码"组,单击"宏"按钮,进入宏设计窗口。

② 在"操作目录"窗格中,把程序流程中的"Submacro"拖到"添加新操作"组合框中,在子宏"名称"文本框中,把默认名称"Sub1"修改为"进入系统"(也可以双击"Submacro"),如图 21-84 所示。

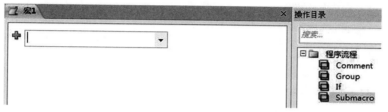

图 21-84 宏设计视图及操作目录

③ 在"添加新操作"组合框中,选择"OpenForm","窗体名称""视图""模式"参数分别为"验证密码""窗体""普通"。

④ 重复步骤②创建子宏"退出系统",在"添加新操作"组合框中,选择"QuitAccess"。

⑤ 单击"保存"按钮,"宏名称"文本框中输入"系统登录",设计视图效果如图 21-85 所示。

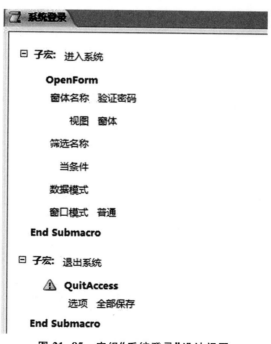

图 21-85 宏组"系统登录"设计视图

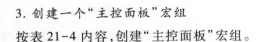

3. 创建一个"主控面板"宏组

按表 21-4 内容,创建"主控面板"宏组。

表 21-4 "主控面板"宏组内容

子宏	增加新操作	视图	窗体名称	窗口模式
信息录入	OpenForm	窗体	信息录入子面板	普通
信息浏览	OpenForm	窗体	信息浏览	普通
信息查询	OpenForm	窗体	信息查询子面板	普通
报表统计	OpenForm	窗体	报表统计子面板	普通
退出系统	QuitAccess			

4. 创建"信息录入"宏组、"信息查询"宏组、"报表统计"宏组

按表 21-5、表 21-6、表 21-7 内容,仿照实验内容(2),依次创建"信息录入"宏组、"信息查询"宏组、"报表统计"宏组。

表 21-5 "信息录入"宏组内容

子宏	增加新操作	视图/对象类型	窗体名称/对象名称	窗口模式
部门信息	OpenForm	窗体	部门信息登录	普通
职工信息	OpenForm	窗体	职工信息登录	普通
考评信息	OpenForm	窗体	职工考评信息登录	普通
返回	CloseWindow	窗体	信息录入子面板	

表 21-6 "信息查询"宏组内容

子宏	增加新操作	视图/对象类型	窗体名称/对象名称	窗口模式
按部门名称	OpenForm	窗体	按部门名称	普通
按职工编号	OpenForm	窗体	按职工编号	普通
按考评年度	OpenForm	窗体	按年度	普通
按年度和等级	OpenForm	窗体	按年度和等级	普通
返回	CloseWindow	窗体	信息查询子面板	

表 21-7 "报表统计"宏组内容

子宏	增加新操作	视图/对象类型	窗体名称/对象名称	窗口模式
考评明细	OpenReport	报表	考评明细表	普通
年度部门等级	OpenReport	报表	统计各年度各部门各等级人数	普通

（续表）

子宏	增加新操作	视图/对象类型	窗体名称/对象名称	窗口模式
年度等级	OpenReport	报表	统计各年度各考评等级人数报表	普通
返回	CloseWindow	窗体	报表统计子面板	

5. 创建一个 AutoExec 宏

① 打开"KPXT.accdb"数据库,在"创建"选项卡的"宏与代码"组中,单击"宏"按钮,打开宏设计器。

② 在"添加新操作"组合框中,选择"OpenForm","窗体名称""视图""模式"参数分别为"系统登录""窗体""对话框"。

③ 单击"保存"按钮,在"宏名称"文本框中输入"AutoExec",设计视图效果如图 21-86 所示。

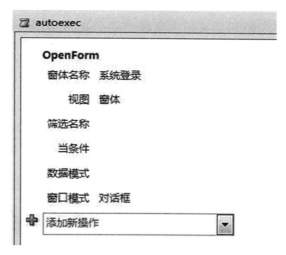

图 21-86　自动宏"AutoExec"的设计视图

【实验总结】

宏是 Access 数据库系统中一个重要对象。宏是一个或多个操作的集合,其中的每个操作都能够实现特定的功能,如打开窗体、打印报表、验证数据的有效性等。利用宏能让大量重复性的操作自动完成而无须编写程序,用户只需要将各种操作依次定义在宏里,运行宏时,系统就会按照所定义的顺序自动运行,从而使用户能更方便、更快捷地操作 Access 数据库,节省了执行任务的时间,提高了工作效率。

宏组则是由若干宏组成,在一个宏组中含有多个子宏,每个子宏都有单独的名称并能独立运行。通常在一个数据库应用系统中,有很多的操作需要自动执行,这就需要设计大量的宏。用户可以将若干功能相关或相近的宏组合在一起,形成宏组,每个宏组则作为独立的数据库对象存在于数据库中,方便用户对宏的管理和维护。充分利用 Access 提供的大量的宏操作,用户可以设计出一个功能基本完善的数据库应用系统。

实验七 系统集成

【实验目的和要求】

（1）掌握 Access 数据库应用系统设计的一般步骤。

（2）熟练地将 Access 数据库中的各个对象有机地集成起来，构成一个小型的 Access 数据库应用系统。

【实验内容】

（1）创建"系统登录"和"验证密码"窗体。

（2）创建"主控面板"窗体。

（3）创建"信息录入子面板""信息查询子面板""报表统计子面板"。

（4）系统集成。

（5）系统的运行。

【实验步骤】

1. 创建"系统登录"和"验证密码"窗体

首先使用窗体设计视图，创建两个窗体："系统登录"窗体和"验证密码"窗体，如图 21-87 和图 21-88 所示。

"系统登录"窗体包括一个标签，其标题为"欢迎使用企业职工考核评价系统"，两个命令按钮"登录系统"和"退出系统"。

"验证密码"窗体包含一个文本框控件和一个命令按钮，文本框的"输入掩码"属性设置为"密码"。单击"确定"按钮对用户所输入的密码进行验证，只有输入的密码为"zgkpxt"时才能打开"主控面板"窗体，否则弹出消息框，提示用户输入的密码错误。

图 21-87 "系统登录"窗体

图 21-88 "验证密码"窗体

2. 创建"主控面板"窗体

利用窗体设计视图,按照前面有关窗体的设计方法,设计如图 21-89 所示的"主控面板"窗体。该窗体中包含一个标签控件,其标题为"企业职工考核评价系统";五个命令按钮,分别是"信息浏览""信息录入""信息查询""报表统计"和"退出系统"。窗体左边放置一个图像控件,可根据需要选择合适的图片。有关控件的外观可自行确定。

图 21-89 "主控面板"窗体

3. 创建"信息录入子面板""信息查询子面板""报表统计子面板"窗体

仿照"主控面板"窗体的创建方法,依次创建"信息录入子面板"窗体、"信息查询子面板"窗体、"报表统计子面板"窗体,完成效果分别如图 21-90、图 21-91、图 21-92 所示。

图 21-90　信息录入子面板

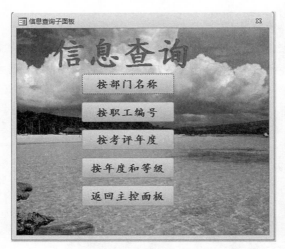

图 21-91　信息查询子面板

图 21-92　报表统计子面板

4. 系统集成

① 打开"KPXT.accdb"数据库,打开"验证密码"窗体,切换到设计视图中,选中"确定"按钮,在"属性表"窗口的"事件"选项卡中,选择"单击"项为"登录验证",如图 21-93 所示。

图 21-93　"验证密码"窗体设计视图及"事件"选项卡设置

② 打开"系统登录"窗体,切换到设计视图中,选中"登录系统"按钮,在"属性表"窗口"事件"选项卡中,选择"单击"项为"系统登录.进入系统",如图 21-94 所示。

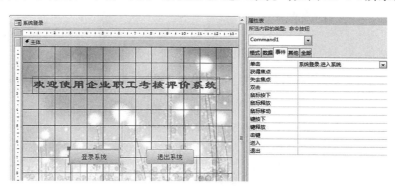

图 21-94　"系统登录"窗体设计视图及"事件"选项卡设置

③ 在"系统登录"窗体的设计视图中,选中"退出系统"按钮,在"属性表"窗口"事件"选项卡中,选择"单击"项为"系统登录.退出系统"。

④ 仿照步骤②,按表 21-8 依次给"主控面板""信息录入子面板""信息查询子面板"和"报表统计子面板"窗体中有关命令按钮设置对应的单击事件。

表 21-8　　有关窗体命令按钮的单击事件

窗体名称	按钮	单击事件
主控面板	信息浏览	主控面板.信息浏览
	信息录入	主控面板.信息录入
	信息查询	主控面板.信息查询
	报表统计	主控面板.报表统计
	退出系统	主控面板.退出系统

（续表）

窗体名称	按钮	单击事件
信息录入子面板	部门信息	信息录入.部门信息
	职工信息	信息录入.职工信息
	考评信息	信息录入.考评信息
	返回主控面板	信息录入.返回
信息查询子面板	按部门名称	信息查询.按部门名称
	按职工编号	信息查询.按职工编号
	按考评年度	信息查询.按考评年度
	按考评年度和考评等级	信息查询.按考评年度和考评等级
	返回主控面板	信息查询.返回
报表统计子面板	考评明细表	报表统计.考评明细
	统计各年度各部门各等级人数	报表统计.年度部门等级
	统计各年度各等级人数	报表统计.年度等级
	返回主控面板	报表统计.返回

5. 系统的运行

① 启动 Access 2010，打开"KPXT.accdb"数据库，系统将自动运行实验六中设计的名为"AutoExec"的宏，出现"系统登录"界面，如图 21-95 所示。

图 21-95 "系统登录"界面

② 单击"登录系统"按钮，出现"验证密码"界面，如图 21-96 所示。输入正确的登录密码，单击"确定"按钮。

图 21-96　"验证密码"界面

③ 若密码正确,则出现系统主界面——"主控面板"界面,如图 21-97 所示。

图 21-97　"主控面板"界面

④ 用户根据需要单击对应按钮,出现相应界面,再单击适当按钮,完成数据库操作。

⑤ 若想结束操作,单击主界面的"退出系统"按钮,即可退出 Access 2010。

【实验总结】

本实验通过有关控制面板,利用宏和宏组,将前面有关实验中已经创建好的各数据库对象有机地集成在一起,基本实现第 19 章所介绍的"企业职工考核评价系统",读者可在此基础上,进一步扩充和完善本系统的功能,从而进一步熟悉和掌握如何利用 Access 2010 数据库管理系统来建立一个小型的数据库应用系统。